罗克汀文集

罗克汀 ◎ 著
陈立胜 ◎ 编

中山大学出版社
·广州·

版权所有　翻印必究

图书在版编目（CIP）数据

罗克汀文集/罗克汀著，陈立胜编. —广州：中山大学出版社，2020.11
（中山大学哲学名家文集）
ISBN 978-7-306-06986-3

Ⅰ.①罗…　Ⅱ.①罗…②陈…　Ⅲ.①社会科学—文集　Ⅳ.①C53

中国版本图书馆 CIP 数据核字（2020）第 192008 号

出 版 人：	王天琪
策划编辑：	嵇春霞
责任编辑：	麦晓慧
封面设计：	曾　斌
责任校对：	赵　冉
责任技编：	何雅涛
出版发行：	中山大学出版社
电　　话：	编辑部 020-84110771，84110283，84111997，84110771
	发行部 020-84111998，84111981，84111160
地　　址：	广州市新港西路 135 号
邮　　编：	510275　传　真：020-84036565
网　　址：	http://www.zsup.com.cn　E-mail：zdcbs@mail.sysu.edu.cn
印 刷 者：	佛山家联印刷有限公司
规　　格：	787mm×1092mm　1/16　16.75 印张　283 千字
版次印次：	2020 年 11 月第 1 版　2020 年 11 月第 1 次印刷
定　　价：	66.00 元

如发现本书因印装质量影响阅读，请与出版社发行部联系调换

中山大学哲学名家文集

主　编　张　伟

编　委（按姓氏笔画排序）

　　　　马天俊　方向红　冯达文　朱　刚　吴重庆

　　　　陈少明　陈立胜　周春健　赵希顺　徐长福

　　　　黄　敏　龚　隽　鞠实儿

中山大学哲学名家文集

总　序

　　中山大学哲学系创办于1924年,是中山大学创建之初最早培植的学系之一。1952年逢全国高校院系调整而撤销建制,1960年复办至今。先后由黄希声、冯友兰、傅斯年、朱谦之、杨荣国、刘嵘、李锦全、胡景钊、林铭钧、章海山、黎红雷、鞠实儿、张伟等担任系主任。

　　早期的中山大学哲学系名家云集,奠立了极为深厚的学术根基。其中,冯友兰先生的中国哲学研究、吴康先生的西方哲学研究、朱谦之先生的比较哲学研究、李达先生与何思敬先生的马克思主义哲学研究、陈荣捷先生的朱子学研究、马采先生的美学研究等,均在学界产生了重要影响,也奠定了中山大学哲学系在全国的领先地位。

　　日月其迈,逝者如斯。迄于今岁,中山大学哲学系复办恰满一甲子。60年来,哲学系同仁勠力同心、继往开来,各项事业蓬勃发展,取得了长足进步。目前,我系是教育部确定的全国哲学研究与人才培养基地之一,具有一级学科博士学位授予权,拥有国家重点学科2个、全国高校人文社会科学重点研究基地2个。2002年教育部实行学科评估以来,稳居全国高校前列。2017年,中山大学哲学学科成功入选国家"双一流"建设名单,我系迎来了跨越式发展的重要机遇。

　　近年来,中山大学哲学学科的人才队伍不断壮大,且越来越呈现出年轻化、国际化的特色。哲学系各位同仁研精覃思、深造自得,在各自的研究领域均取得了丰硕的成果，不少著述产生了国际性影响，中山大学哲学系已逐渐发展成为全国哲学研究的重镇之一。

为庆祝中山大学哲学系复办60周年，我系隆重推出"中山大学哲学名家文集"。本文集共六种，入选学者皆为在中山大学哲学学科发展过程中做出重要贡献的学界耆宿，分别为朱谦之先生、马采先生、杨荣国先生、刘嵘先生、罗克汀先生、李锦全先生。文集的编撰与出版，亦为表达对学界前辈的尊重与敬仰。

"中山大学哲学名家文集"的出版，得到中山大学出版社的鼎力支持，在此谨致以诚挚谢意！

中山大学哲学系
2020年6月20日

前　言

罗克汀，原名邓焯华，广东省番禺县雅瑶村人，1921年10月20日（农历）出生于广州一中医世家。父亲邓鹤芝（1879—1964）乃广东伤寒派名医，曾在广州大市街设致和堂医馆，历任广州普仁善堂医务主任、光汉中医专科学校（今广东省立国医学院）教授、广州中医学院教授，有《方剂学讲义》等数种医著传世，颇受中医界推重。在父亲的影响下，罗克汀先生从小就养成了读书的习惯，视读书为生活一大乐趣。1938年年底广州陷于日军之前，他随家迁至曲江，越级报考广东省立文理学院（原广东省立勷勤大学教育学院），以优异的成绩考入该校社会教育系。在校期间，罗克汀在张栗原教授、郭大力教授指导下，研究哲学和政治经济学，并对自然辩证法产生了浓厚兴趣，为此他又苦读数学与理论物理学。1941年，他从自然辩证法的立场撰写了《数学史的考察》一文，并首次以"克汀"这个笔名刊发在《群众》（1942年第七卷二十二期）上面，当时他还是大学二年级的学生。

1943年大学毕业后，罗克汀先生辗转去往桂林，在中国农村经济研究会工作，并参加了桂林文化界抗战工作队的工作，同时他还在广州大学讲授经济学。在桂林期间，他孜孜耕耘于自然辩证法研究领域，在一年内写成《科学新论》一书初稿，后来经过修改补充，分为两书出版，即《自然科学讲话》《自然哲学概论》。

1944年，罗克汀先生从桂林经贵阳抵重庆，任教于陶行知主持的育才学校社会科学组，并在何其芳先生推荐下在社会大学讲授哲学。在渝期间，他发表了一系列文章介绍马克思主义哲学，时有"南罗（克汀）北艾（艾奇）"之称。侯外庐先生主动邀约罗克汀先生，一起合作著成《新哲学教程》一书。1946年，罗克汀先生被聘为重庆西南学院哲学系教授，年仅25岁。由于罗克汀先生积极参与民主运动、介绍马克思主义哲学思想，1947年6月1日他被重庆当局缉捕入狱，关在重庆"中美合作所"渣滓洞监狱达两年之久。1949年，时任民盟主席张澜先生向主持西南军政大计的张群提名释放包括罗克汀先生在内被关押的二十一名文化界名流，在梁漱溟与范朴斋的奔走与斡旋下，罗克汀先生遂于1949年3月31日得以获释出狱。

1949年5月20日，罗克汀先生脱险抵达香港，在香港南方学院担任教授，并在杜国庠先生担任主编的《大公报》副刊《思想与生活》及《文汇报》副刊《学术思潮》上撰写文章。后来杜国庠赴京参加新政协，罗克汀先生便担任了这两个副刊的主编。

1950年1月，罗克汀先生携家眷从香港返回广州，担任南方大学（今华南师范大学）教授兼第一研究室主任，研究室的任务是为华南地区培养马克思主义哲学的理论工作者，罗克汀先生采用自由讨论班（席明纳）的形式教学，深受学生的欢迎。

1953年1月，罗克汀先生被调到中山大学，担任哲学教授和哲学研究室主任，讲授辩证唯物主义，并从事这方面的研究工作。由于他在讲课与论著中大量运用自然科学的最新成果来论证和补充辩证唯物主义的基本原理，因而在反右斗争中被认为是"忽视"阶级斗争，遂被打成"右派"，并被剥夺了参加辩证唯物主义教学工作的权利。

直到1960年，罗克汀先生才得以恢复教学工作，改教欧洲哲学史和现代西方哲学。也就在这个时期，罗克汀先生决定将自己的研究领域集中于现代西方哲学，尤其是现象学。对他来说，现象学完全是一个陌生的领域。为此，他搜集了大量的研究资料，在教学之余，他把全副精力都用在阅读现象学文献上。经过近二十年的积累，他的研究成果才陆续问世。在1979年召开的第一届现代外国哲学研讨会上，罗克汀宣读了他的现象学研究论文，引起了与会者对现象学的重视。他在1980年《哲学研究》第3期上所刊发的《胡塞尔现象学是对现代自然科学的反动》一文，是大陆学术界自1964年以后首次发表的关于现象学的文章。而《现象学理论体系剖析》《从现象学到存在主义的演变》两书则分别是国内学术界研究胡塞尔现象学与现象学运动的最早专著。

1996年4月3日，罗克汀先生因病于广州逝世，享年75岁。

罗克汀先生的一生体现了现代中国知识分子的命运，其著述都带有鲜活的时代气息。

他在学生时期即关注当时的社会思潮。抗战时期，日本学者秋泽修二出版《东洋哲学史》《支那社会构成》两书，宣称中国社会的"停滞性"是马克思所说的亚细亚社会形态的一种体现，为当时的日本侵华战争提供了意识形态上的论证。罗克汀即在《群众周刊》（1943年第八卷）上发表《论中国社会发展阻滞的原因》一文加以驳斥。1946年，李公朴先生遇刺身亡，罗克汀先生特撰《学习李公朴先生》一文谴责专制暴行，并与重庆界文化名人、社会大学留渝教授邓初民、何其芳、张有渔等人发出公开唁电慰问李公朴夫人张曼筠女士。同年，陶行知去世，罗克汀先生又发表《陶行知的哲学思想》，对陶行知的思想进行了高度肯定。亦在同一年，《希望》第1期第1辑刊发舒芜的《论主观》一文，对客观主义表示质疑，这与延安同时期的反对主观主义"调子"不合，故引起左翼上层的强烈反响，周恩来、胡乔木、茅盾、蔡仪、胡风在座谈会上都纷纷批判舒芜的主观主义。罗克汀先生在《萌芽》1946年7月5日第1期发表《还有待于辛勤的创造》一文，专门批评舒芜的观点。此外，他对冯友兰、费孝通、张申府的批评（《关于冯友兰底知行论》《"论武器"质疑》《谈谈青年对形式逻辑应有的态度》）都反映了当时左翼知识分子的立场。罗克汀先生在这一时期的论战性文字很多，都刊发在共产党所支持的报刊上面，如《群众周刊》《民主与科学》《思想与生活》《青年知识》《萌芽》《科学与生活》《唯民周刊》《新华日报》。

1951年，罗克汀先生担任南方大学第四部（政治研究院）副主任，实际主持政治研究院的日常工作。该院负责培训、"改造"国民党时代的广东军政要员、大学知识分子，北京大学教授。《性史》作者张竞生博士即是其中的一名学员，在负责"改造"的青年班干部的眼中，张竞生博士是不愿意"配合"的典型，他们决心以"尖锐批评"的方式攻破这个"顽固堡垒"；罗克汀先生则坚持热情相待、循循善诱的原则，及时纠正了"教育"过程之中出现的粗暴现象。

在50年代批判胡适运动之中，罗克汀先生先后发表了《论胡适底实用主义的"真理论"之反动本质》《批判胡适的所谓"科学试验室的态度"与"历史的态度"》《什么是"世界主义"》（《光明日报》1955年1月11日，《南方日报》1955年2月5日，《光明日报》1955年5月22日，三文分别收入当年的北京三联书店《胡适思想批判》第2—4辑中）、《反对胡适对于自然科学的歪曲和危害——从天文学及非欧几何学的例子考察》（《中山大学学报》1955年第3期）等一系列文章。

另外，他还为当时如火如荼的农业合作化运动撰写了《论关于农业合作化问题中的本质与主流范畴》一书。

可以说，他一直在努力跟上时代的步伐，但时代的步伐也转得太快了，一向以左翼自居的他最终被打成了右派，他的哲学系同事在《理论与实践》上发表了《批判右派分子罗克汀在哲学教学工作中的修正主义观点》，后来这位同事在80年代还将此论文作为申请教授职位的科研成果！

罗克汀先生的学术研究大致可以分为两个时期、三个领域。一是1949年前的自然辩证法研究与马克思主义哲学研究，一是1979年以后的现代西方哲学研究，尤其是现象学研究。

罗克汀早期《自然科学讲话》一书共十章，依次讨论了科学的定义、科学与社会生活之关系、科学与哲学之关系、科学的分类、自然科学与社会科学之关系、自然科学的对象、科学发生与发展进程、现代科学对形而上学之反驳、学习科学应有之态度、五四启蒙运动与科学思想之关系十大问题，所论内容涉及科学哲学、科学社会学、科学史、自然哲学等领域。与后来程式化的"自然辩证法"著作相比，所论内容要活泛、丰富得多。《自然哲学概论》一书共分三编。第一编"当做科学底总方法论看的唯物辩证法"，该编分别论述了辩证唯物论与自然科学的关系、科学的宇宙论、唯物辩证法的核心法则与派生法则等诸问题；第二编"科学理论诸问题"，该编对科学研究的对象和内容、科学的历史性质和任务、空间和时间及科学的危机进行了深入的讨论；第三编"科学史论研究举例"，该编结合自然科学史的具体案例，论证了辩证唯物论与自然科学的关系。罗克汀先生的这两部关于自然科学的著作系统地论述了自然科学发生、发展的历史，论述了科学方法论的本质，是国内较早的自然辩证法论著，在学术史上具有开拓性意义。罗克汀先生的自然辩证法研究成果在40年代末曾一度被山东的新华书店改编，成为当时"解放区被审定的师范课本"。

《新哲学教程》一书为罗克汀先生与侯外庐先生合著，开头以连载的形式刊登在邓初民主编的《唯民周刊》上。实际上除导论以及开头意识起源部分由侯先生执笔外，全书实由罗克汀先生一人撰写，这一点在侯外庐先生的自传《韧的追求》中有专门的交代，侯老明确说："我不过挂名而已。"全书编排顺序依次是"哲学的对象与内容""唯物论与唯心论""辩证法唯物论""唯物辩证法底诸法则""辩证唯物论在自然界上的应用与检证""唯物辩证法底重要的诸范畴""辩证唯物论的认识论"，以及"人类思维及哲学思想的发生"。《新哲学教程》在论述的系统化方面远远超过了前此而出的同类著述，它既深入浅出，又与一般的哲学通俗读物不同，无论在理论深度方面，还是在理论表达方面，都胜过此前的同类著述。它的另一个特点是：书中几乎每一个论点的阐述都紧密结合哲学史的考察，在人类思想发展史中，给出新哲学的位置，同时又标出新哲学的独有主张，使"新哲学"原理的表达具有深厚的历史性，这也是其他同类著述所少见的。另值得称道的是，书中还设专章"辩证唯物论在自然界上的应用和检验"，援用大量自然科学的新成果来论证新哲学的正确性。爱因斯坦的相对论、普朗克的量子论、闵可夫斯基的四元空间理论、黎曼与罗伯切夫斯基的非欧几何等20世纪最新科学成果，均被作者信手拈来，以充实、应用、检证"新哲学"原理，从而纠正了前此而出的同类著述对自然科学新成果的忽视倾向。《新哲学教程》一书被当代学者誉为国内战争时期"唯一一本宣传辩证唯物主义哲学的基本教材，它在中国现代无产阶级哲学思想发展史上占有重要地位"。鉴于该书在中国现代学术思想史中的地位与作用，《民国丛书》编辑委员会将它收入该丛书的第一编中，由上海书店于1989年重新刊行于世。

60年代后，罗克汀先生转向西方哲学的研究，《现象学理论体系剖析》《从现象学到存在主义的演变》两书即这一时期研究成果的集中表现。这也是中国大陆学术界研究胡塞尔现象学与现象学运动最早的专著。当时大陆学术界对现象学的研究几乎还是空白，一些现象学的基本概念尚未有固定的译名，其内涵亦未有清楚与准确的界定，研究的难度是可想而知的。罗克汀先生一直坚持中国学者研究现象学一定要有自己的特色，不能一味跟着西方学者走，而在他看来，中国自己的特色就是马克思主义立场！为此他总结出一套研究现代西方哲学的方法论：①横向研究与纵向研究相结合，在剖析理论体系、结构的同时，暴露出其内部矛盾，并从纵向发展上指明这一矛盾的发展将导致理论体系产生演变。②社会状况分析与认识发展史、自然科学史的分析相结合，从各种历史条件因素的总汇中把握理论体系产生发展的宏观文化背景。③正确处理根本观点与各基本观点之间的关系。④揭示各流派发生、发展及演变的相对独立性规律。基于这一方法论考量，罗克汀先生从社会历史的宏观文化背景的分析入手，提出现象学的根本观点即是严密科学与非严密科学的对立。由此根本观点入手，罗克汀先生从人与科学对立的本体论意义、认识论意义、方法论意义及价值论意义诸方面阐述现象学的先验性、理念性及无限性特质。罗克汀先生在对现象学理论体系进行横向剖析之同时，又对现象学发生、发展与演变进行了一番史的考察,特别揭示出由胡塞尔现象学向海德格尔和萨特的存在主义过渡的理论契机与时代背景,在一定程度上改变了当时学术界就现象学论现象学、就存在主义论存在主义的单调局面。

本文集由上下两编构成。上编收录著作选《新哲学教程》,该教程原版时间为1946年,为尊重历史,尽量保持原貌,仅做个别修改;下编则按时间先后,选编了罗克汀先生不同时期的论文,这些论文既反映了罗克汀先生一生的学思生涯,更反映了中国知识分子在现代如何"活着"的生命历程。

附录　罗克汀先生著作目录

《自然哲学讲话》,新知书店1946年版。
《新哲学教程》,新知书店1946年版。
《自然科学概论》,新生活书店1948年版。
《哲学浅释》,香港初步书店1949年版。
《思想起源与思想方法》,广州正大书店1950年版。
《甚么是生产知识》,南方通俗读物联合出版社1951年版。
《马克思主义哲学唯物主义的基本知识》,广东人民出版社1954年版。
《实践在认识中的地位与作用》,上海人民出版社1955年版。
《论关于"农业合作化问题"中的本质与主流范畴》,广东人民出版社1956年版。
《辩证唯物主义与自然科学》,广东人民出版社1957年版。
《现代西方哲学论集》,广东人民出版社1986年版。
《现象学理论体系剖析》,广州文化出版社1990年版。
《从现象学到存在主义的演变》,广州文化出版社1990年版。
《现代西方哲学探究文集》,中山大学出版社1992年版。

陈立胜
2020年2月18日

目 录

上编 著作选：新哲学教程

序 ·· 2
第一章 哲学的对象和内容 ·· 4
第二章 唯物论与唯心论 ··· 14
   第一节 唯物论与唯心论的区别 ··· 14
   第二节 唯物论与唯心论之历史考察 ··· 18
第三章 辩证法唯物论 ·· 32
   第一节 辩证法唯物论的成立和发展 ··· 32
   第二节 什么是辩证法唯物论 ·· 39
   第三节 辩证唯物论的基本论点 ··· 42
   第四节 物质·运动·空间·时间 ··· 48
第四章 唯物辩证法底诸法则 ··· 54
   第一节 根本的和核心的法则——对立统一的法则 ······························ 54
   第二节 派生的法则 ··· 63
第五章 辩证唯物论在自然界上的应用和检证
     ——形而上学还是辩证法？唯心论还是唯物论？ ···················· 81
   第一节 辩证法的诸法则及唯物论的基本论点在自然界上的应用及
         检证 ·· 81
   第二节 辩证唯物论之物质运动观在自然界上的应用及检证 ····· 95
第六章 唯物辩证法底重要的诸范畴 ·· 107
   第一节 现象与本质、根据与条件 ·· 107
   第二节 形式与内容 ··· 111
   第三节 必然性与偶然性 ··· 115
   第四节 法则与因果 ··· 119
   第五节 可能性与现实性 ··· 123

第七章　辩证唯物论的认识论 ·············· 125
第一节　认识论中的两条路线 ·············· 125
第二节　当作认识论看的辩证法 ············ 130
第三节　认识的过程 ···················· 142

第八章　人类思维及哲学思想的发生 ·········· 155
第一节　从历史上拆穿哲学的降生秘密 ········ 155
第二节　从理论的历史拆穿哲学的生成秘密 ····· 166

下编　论文选

数学的史的考察 ·························· 174
论中国社会发展阻滞的原因
　　——兼评几位史家对于这一个问题的意见 ······ 182
陶行知的哲学思想
　　——谨以此文纪念陶行知先生 ·············· 194
哲学有什么用处 ·························· 198
近代中国启蒙运动与科学的发展 ·············· 204
胡塞尔现象学是对现代自然科学发展的反动 ······ 217
从胡塞尔到萨特现象学本体论的演变 ············ 231
论美国实用主义发展的主要趋势 ·············· 244

上 编

著作选：新哲学教程

序

　　这本书是应书店之约而写成的,最初我答应要写的有三本,此书为第一本,历史科学(我不用历史哲学之名)为第二本,经济学为第三本。这三样学问属于三位一体的,联系起来给青年朋友做一个概括的参考,本来是件很有益的事,但是应约经年,并没有写出一字。这其中的原因,第一,我向来不写教本式的读物,即过去因了讲学随时编成的讲义,因了不成其为研究,从来没有把它出版;第二,我曾勉力试验编写通俗读物,但总不满意而停笔。因此,著作契约行将食言,颇为不安。幸克汀兄来渝,愿意合作,于是讨论了写作大纲之后,开始工作,预期一年把三本读物写完,然彼此都是小心动笔的人,一年期满,只写成这一本书,其他两本颇不敢轻举了。

　　没有哲学修养,便不会裁成事物,所谓"迎刃而解"者,必有其"刃",哲学就是一把宝刃,不但可以斩截乱麻似的现象界,给与规律的说明,而且可以铲除荆棘,在人类实践行为方面,给与指南的引津,故曰"不但要解答世界,而且要变革世界"。这当然和形而上学是分道扬镳的,把理论的灰色性升化入仙境,为迷妄说教的是形而上学,而把理论的灰色性时刻在常青的现象界检证并丰富了行动指南的真实的是科学的哲学。哲学亦是在平凡实地上起家的,它和科学不能分离,但它的范畴(理论的科学)则和科学分野,它并不因为科学发达而被宣告死刑,如中国的实验主义者所言,反而是因了科学的进步更检证出理论的高级标准。

　　一门学问编成教程,总带有教条性,所以我常对青年朋友说,与其读一本概论,不如读一本范例的著作,这就是说真理是具体的。没有编写成哲学的人,但有他的范例的哲学著作,如《资本论》《德国农民战争》《国家与革命》。如果入门研究的青年,为了使自己容易接近哲学的深远处(这"深远"二字指具体的范例创作),亦需要教科书类的帮助,则不妨把我们的书看一看,看完之后切不可当作圣经,只把它作一个阶梯,登高自卑而已。

韩退之所谓"传道"者，本书或可有见闻之助，而所谓"解惑"者，则端赖学而且思的读者自己。

侯外庐

序于赴京途中之民联轮上，时民国三十五年（1946年）六月二日船过汉口

第一章

哲学的对象和内容

和科学、艺术、伦理、道德、宗教等一样,哲学也是意识形态(ideology)之一。哲学这一个名词是由英文 philosophy 一词意译而来的。而英文名词又源于希腊文 philos(爱好)及 sophia(智慧)两词。因此,从字义的根源上说,所谓哲学就是爱好智慧之意。在历史上,首先明确地使用哲学这一名词来指着一种学问的,见于希腊哲学家苏格拉底及柏拉图两氏的著作之中,他们都用哲学来指关于世界的一般根本的知识。但随着历史的发展,有许多学者便极力企图歪曲哲学的对象和内容,他们扬言:哲学是超经验、超科学,甚至是超社会历史的东西,它是与各个时代的实际生活及人类的实践经验无关的。因此,他们便企图把哲学变成一种抽象的说教,把它当作一切历史阶段上的学问,而声言这是一种离开了社会历史发展而独立存在的永恒真理。其实,每一个历史时代的哲学都不外是该时代的社会生活及科学研究的产物。

就本来的意义而不加以任何歪曲和增减地说来,所谓哲学不外是人们站在一定立场上去观察事物(自然界的和社会的)时的一种观点、态度、方法和基本理论。属于不同社会生活集团的人们就有着不同的社会地位,站在不同的社会生活地位上就有着不同的立场。有不同的立场,对于一切事物和问题便有着不同的看法,即是有着不同的观点、态度、方法和基本理论。(如从中国的大资产者大地主集团的立场出发的反民主、和平、团结、统一的封建法西斯思想及从中国人民大众的立场出发的拥护和平、民主、团结、统一的反封建法西斯的思想。)

各个人都生活在一定的社会生活当中,社会的人,不是孤立的个体,而是"社会关系的总和",因为,各个人都参加了和他们的意志无关的社会生产关系。人们参加了特定的社会生产关系,在社会生产关系当中占有了一定的地位,因而人们必然地成了特定社会生活集团中的分子。这就是说,人们必然站在特定的社会历史的立场上去观察世界一切事物,站在一定的社会生活集团利害上去提出问题、观察问题、分析问题和解决问题。同样，人们也必然站在一定的历史地位上去负担历史的任务，或站在推动历史向前发展的进步立场上改造事物，变革世界，而使它适应人类进步的要求；或企图挡住历史前进的车轮，而在历史上扮演了反动者的角色。所有这些，由于出发的立场的不同，必然会在哲学思想上得到本质上的不同的表现形态。有些哲学思想符合社会历史进步的要求，体现着人民大众的历史意志；而有些则体现着违反历史要求的少数者的统治集团的主观需要。所以，我们可以说，有着不同的立场便有着不同的哲学思想，没有立场的超然的哲学思想是没有的。在历史上的替统治集团服务的哲学家，当然也曾经再三地声称他们的哲学是没有立场的超然的永恒真理。但他们这样说，不过是为了要掩饰他们替少数者集团服务的本质，其实，离开了特定的社会立场，人们便失却了观察事物时的立足点。在一般上，我们可以说，有什么样的立场，便有什么样的哲学思想。观察社会历史背景就是说明哲学思想的本质的最正确的科学方法。

哲学是对于世界事物的一种根本看法，所以哲学就成了世界观。科学的哲学从客观世界事物（自然界和社会）的发展中抽象出最普遍的法则，所以便成了一种最正确的科学的宇宙观。因此，恩格斯曾经如下写道：

……辩证法的法则，是从自然和人类社会的历史中抽取出来的。但是它们并非别的，却是这两个历史发展的领域的最普遍的法则……（《自然辩证法》）

科学的哲学既然从自然界和社会界的历史发展中，抽出了最一般的法则，因此，它不过是按照了自然界和社会界的事物的一般发展的原来样子，而不加以任何歪曲和增减地去说明它。这样，科学的哲学便成了客观世界的一般运动规律的正确的反映。正是因为它如实地说明了客观世界的一般运动和发展的法则，因此，反过来，科学的哲学又成了认识客观世界的最正确的方法，成了最正确的科学的思想方法论。因此，科学的哲学是最正确的世界观，同时又是科学的总的方法论。

为什么科学的哲学——辩证唯物论是最正确的宇宙观和思想方法论呢？因为，辩证唯物论是人类历史实践和思想发展的最高成果，它不但是哲学史的总结，而且也是科学史的总结，它是人类认识历史的总和及结论。科学的哲学和古代自然发生的辩证唯物论不同，它不是一种天才的臆测，而是科学的总结。古代唯物论经过了观念论的否定阶段而达到了近代唯物论的否定之否定的阶段，并不是一种简单的复归，而是加上了两千多年来，人类的实践、认识以及科学的内容的。科学的哲学与它的以前一切的哲学（连费尔巴哈的直观唯物论及黑格尔的观念论的辩证法都包括在内）的关系就好像近代化学与燃素说的关系一样，一切辩证法唯物论以前的哲学都只是辩证唯物论的前史，它只提供给辩证唯物论的建立以某些素材。辩证唯物论站在19世纪的工人运动的历史和19世纪中叶的科学水平之上，扬弃了作为它的前史的一切哲学，因此，辩证唯物论是关于客观事物发展的最完全、最彻底和最深刻的学说。在过去的一切哲学体系中（连黑格尔的自然哲学都包括在内）都充满着主观的虚构和烦琐的文饰，在历史上只有辩证唯物论才首次科学地如实地说明了自然界和社会界的客观事物的运动规律，所以，在谈到了哲学的对象时，恩格斯曾经明确地指出：哲学是"关于自然、社会以及人类思维发展的一般规律"的科学。

科学只从个别、单一、侧面上去探讨世界，各个科学仅只抽取自然界或社会界的现象之一面、多面或多面之互相关系以作为研究的对象。因而科学从简单到复杂，从低级到高级如次地可以得到一个自然界和社会界的运动形态的体系：

（甲）自然界的运动形态——
   （一）机械的——物体的移动、转动与振动
   （二）物理的——声（发音体的振动与传音媒介质的波动）
                  热（分子的运动）
                  光（光子的运动）
                  电（电子的运动）
   （三）化学的——原子最外层的电子的运动
   （四）生命的——原形质的运动

自然界中产生了人类，人类在生产运动的过程中创造了社会——

（乙）社会界的运动形态——
   （一）经济的——社会的真实的基础
   （二）政治的——政治、法律的上层建筑
   （三）精神的——意识形态的上层建筑

因此，各个科学和上列的各个运动形态的过程相适应，便有：

（一）研究数量关系和空间形式及关系的——数学

（二）研究机械的运动形态的——力学

（三）研究物理的运动形态的——物理学

　　声的——声学

　　热的——热学

　　光的——光学

　　电的——电学

（四）研究化学的运动形态——化学

　　有机的——有机化学

　　无机的——无机化学

（五）研究生命的运动形态的——生物学

（六）研究社会界的运动形态的——社会科学

科学的哲学广泛地考察了自然界、社会，以及人类思维的领域，而从中抽象出最一般的法则，因此，哲学便成了科学的综合。明确说来就是自然科学和社会科学的综合。一般历史上的观念论者，力图将哲学剥离出科学。近人冯友兰便是把哲学和科学绝对对立起来，而将哲学变成了超科学的学问的一个最好代表。他认为哲学的研究是和实际无关的，哲学不外是要从一种"纯粹思考"来讨论各种抽象问题。至于自然科学，就冯先生看来，认为它是以说明实际、探求真理为目的，因此完全和哲学的任务不同。哲学研究的是"真际"，所谓"真际"是和实际生活无关的，因而是空虚的、抽象的、神秘的；至于科学呢？它却是研究"实际"（自然的及社会的）的一切事物的。

就冯先生看来，科学是日益进步的，因为人类认识"实际"事物，日有进展，而事物也日有变化。但哲学则是"万古长存"、一成不变的。因为哲学只是一种超事物、超科学的抽象知识，实际的生活变动、科学的进展对它毫无影响。哲学的成立在冯先生看来不外是靠了人类具有思考能力，而思考能力是古今中外大体同一的，因此哲学具有永恒的价值，由此他认定了科学和哲学是"种类"上的不同，他称科学为"自然"的学问，就是按着事物本身原来的样子而不加以任何增减地去说明它的意思；至于哲学呢？他称为"本然"，就是"本来而然"的意思，简言之，不外承认它是超于我们人类经验而生存的一种真理。

冯先生的错误,第一点,是将科学和哲学的血缘关系完全割断了,将它们绝对对立起来,因而将哲学变成了超科学的神秘东西。第二点,冯先生将哲学离开了历史来考察,把哲学变成了一种超历史的、超社会的东西,这是抹杀了哲学产生的物质基础。第三点,不可避免地,冯先生眼中的哲学将会变成没有血液的死的东西,变成了一些空虚的形式推论,表面上是肯定了哲学永恒的价值,其实如果古今如一,那么哲学就永不会有划时代的进步,这就等于否定了哲学。同时在这一点上,冯先生将无法说明为什么在哲学史上每一个时代都出现了各种伟大的学说和理论,特别是冯先生将无法解释新哲学的发生、成长和壮大的历史。总之,冯先生的意见不外是在抽象言词的背后出售唯心论的神秘主义的毒药。

如果我们说以冯友兰氏为代表的割裂科学与哲学的正确关系的主张是观念论的话,那么,机械主义者却从另外一个角度来否定哲学,因为同样没有能够理解科学与哲学的正确关系。他们扬言,由于历史和科学与哲学发展的结果,哲学应该被消灭了。他们在科学的伪装底下大声疾呼,以"实证科学"来代替哲学,他们的口号是:"科学本身就是哲学。"

远在1922年的时候,米宁(Minin)已经公开宣言:"把哲学扔到垃圾堆里去!"以后从亚克雪洛德、布哈林、斯班切诺夫,到波利切夫斯基等都扬言哲学就是现代科学的结论,因而主张必须抛弃马列主义的哲学。机械论者,他们不但公开暴露他们的面目,而且还无耻地歪曲了恩格斯的话,而声言恩格斯是"哲学消灭论"的创建人。下面这一段话,便是被这些机械主义的健将们用作"根据"的。

> 唯物论实质上是辩证法的,他使企图超乎科学以上的一切哲学,成为多余的东西了。当每一门的科学都要求确定自己在一般事物和知识体系中的地位时,这种讨论一般联系的任何特殊科学,就成为多余了。(恩格斯《反杜林论》,吴理屏译文)

其实,在这一段话里并不是指唯物辩证法的消灭,而只是说明在辩证唯物论以前及以外的一切反科学的哲学是"成为多余"了。因为这些哲学,不能够真正完全综合科学的成果,而企图超于科学之上,在所谓自然哲学体系中,就没有巩固的科学基础,而充满了神秘的虚构。至于辩证唯物论呢？它是科学的综合，它总结了现代自然科学和社会科学的成果，因而它是具有巩固的科学基础的。但它又不等同于科学本身，它是一切科学的总的方法论，因而反过来它成了一切科学的指导。正如伊里奇所指出的一样：

> 没有坚实的哲学基础，任何自然科学，任何唯物论也不能够跟布尔乔亚观念的进攻和布尔乔亚宇宙观的复活作斗争。为要能担当这一斗争而使这一斗争胜利地进行到底，现代的自然科学家就同时应当是现代的唯物论者，应当是马克思所创导的唯物论——辩证法唯物论——的自觉的拥护者。（伊里奇《战斗唯物论的任务》）

因此，作为一切科学的总的方法论的科学的哲学——辩证唯物论不但不会被消灭，而且将随着历史和科学的向前发展而不断地丰富和壮大起来。在《反杜林论》中，恩格斯接着即指出辩证唯物论以前之一切哲学是被扬弃了。这就是说形式上是被消灭了，而内容却被保留和发展了。辩证唯物论成立以前之一切哲学都成为契机而被吸收于新哲学当中，消极的、反科学的因素是被消灭了，而积极的内容不但被保留而且发展了起来。

为了说明哲学与科学对象不同和它们之间的正确关系，我们必须从科学与哲学之历史发展上来说明它。

在古代奴隶社会的初期，由于工商业者以及进步的奴隶主集团的实践活动，引发了人们向自然界的突进，因而产生了最初的天文学、地理学、数学（算术及几何学）、力学、医学等科学知识。但当时生产力水平的低下、实践活动范围的狭窄，使各个科学要成为一个独立体系是不可能的。因此，这时科学的总的体系便在自然哲学之下被综合于哲学之中。这时候，科学与哲学是不可分的，一个伟大的哲学家便同时是一个伟大的科学家。德谟克利特不但是一个最伟大的唯物论者，而且是一个科学家，他对数学、天文、地理、医学、物理学等都有卓越的贡献。亚里士多德不但是一个最卓越的哲学家，而且也是科学研究的集大成者，在当时的一切科学领域中都可以找到他的辛勤贡献。及后，由于古代哲学的崩溃，布尔乔亚的科学抬头，十六七世纪天文学、力学、数学等都有了广大的发展，最卓越的成绩就是牛顿和伽利略的古典力学、林耐的分类系统。至于微积分学及解析几何，它们的创立人们还没有注意它们的哲学意义。在古代，由于人们实践活动范围的深度、广度、密度的不够，因而要他们对自然界的诸运动形态做个别、单一、侧面、因素的精深的、详密的、完尽的科学研究是不可能的，他们的科学知识只是一些断片。零碎的知识使建立科学的统一的宇宙观失却了可能。因而他们的宇宙观便带上了一种天才臆测的性质，缺乏了严格的、完整的、精密的科学基础。其中最明显的，譬如以赫拉克利特为代表的伊奥尼亚派（自然发生的辩证唯物论），他们的辩证的唯物思想便带上了原始的、朴素的气息，由于科学基础的不巩固，在他的学说中还不可避免地具有很重的神秘色彩。此外如德谟克利特的"原子论"，不论如何伟大，但和以科学实验为基础的近代化学上的杜尔顿（Dalton）的"原子论"相比显然有着性质上的不同。

布尔乔亚的工商业以及机械化农业的发展，大大地增加了对自然科学的需要，从前的缺乏科学系统性的知识自然不足以适应时代的需要。从哪里去找寻科学的知识呢？阿拉伯人有数学、地理、天文等零碎知识，而中世纪的欧洲则一无所有。要建立科学，则只有在布尔乔亚的工商业和农业的实践活动的基础上，向自然界突进，以创建适应他们这一个时代需要的科学体系。过去的原始的臆测自然不足以适应要求，大机械工业时代要求人们对各个自然现象做个别的、侧面的、单一的、深刻的和精密的以及完整的研究。科学系统建立的过程开始就是要搜集许多单一的、个别的，以及侧面的素材，以做建立的基石。因此，科学在这时的任务就是要搜集大量素材，因而恩格斯指出十六七世纪为"搜集科学"的阶段。

有了科学便要求有实证的科学方法，培根（Bacon）大呼，人类的实践活动已经比过去不知广泛了千万倍，但还恋恋于过去的方法论是可耻的。要对自然界的各种现象做一种解剖学方式的研究，当时就要求人们应用实验的实证方法。因此，这时就出现了培根的归纳法和笛卡尔（Descartes）的演绎法。

由于人们收集了相当大量的自然界素材（牛顿的古典力学、林耐的分类系统……），因而就要求哲学家按照自然界的素材去组织统一的、完整的宇宙观。人们习惯于个别、单一、侧面的研究了，因而便忘记了一般的联系、运动、发展、变化及事物内部的矛盾斗争。正如恩格斯所指出一样："只见树木而不见森林。"后来，培根和洛克（Locke）将自然科学上的宇宙观引回到哲学上来，便形成了形而上学的宇宙观，发展起来便形成了17世纪英国的唯物论及18世纪法国的机械唯物论。

如果我们说，在古代自然哲学的时期里，科学是综合于哲学之体系中，因而可以说科学是从属于哲学的话；那么十七八世纪的机械唯物论则是科学的结果。他们站在当代科学的水平之上，总结了当代科学的成果，才产生了机械唯物论。形而上学的唯物论在最初是从自然科学的研究中产生出来的发展观。

科学发展的行程从"搜集阶段"走向"整理阶段"，从十七八世纪走到 19 世纪，科学中所积压下来之自然界的搜集素材日益增多。这时就要求人们按照这些材料的内在的互相关系去整理和排列它们，将它们整理成为一个科学的完整系统，这就是说已经进入了"整理阶段"。要整理这些材料就要有思维方法，即是必要在一定观点、态度、方法之下去整理它们。用什么思想方法呢？过去有形式逻辑（以形而上学为基础的逻辑），但有许多素材却恰和形式逻辑的观点互相冲突。这时，形而上学的思考就显现得完全无力了。要完成"整理阶段"的科学任务就得求救于辩证法，求救于以马克思为代表的唯物论的辩证法。因此，这样就在布尔乔亚的学者面前摆下了两条道路：不是走向冲破形而上学的藩篱，皈依新哲学；便是无力整理现代科学的素材，结果便彷徨道左，大呼科学的危机。

20 世纪，资本主义已经发展到了它的最高（垂死）阶段——帝国主义，而它的科学也已经发展到了最高（垂死）阶段。这时代，一部分天才的科学家（如爱因斯坦、闵可夫斯基、黎曼、普朗克等）不自觉地冲破了传统思想的藩篱而运用了辩证的思考，因而获得了辉煌的成果；但另一方面，由于他们不能够自觉地变成一个辩证唯物论者，结果便有所谓 20 世纪的"科学危机"。

到了 20 世纪，资本主义国家的生产力和生产关系已经不能够相适应了，产生了不可调和的冲突。因此有大规模的生产危机和经济恐慌爆发。这种危机反映在科学上便形成了 20 世纪的"科学危机"。科学危机的出现，证明了布尔乔亚的科学已达到了它的发展的顶点，再不能够有很大的发展了，要使科学能够大步地向前发展，便非要求我们用新的社会关系、用新的科学思维方法来代替布尔乔亚的生产关系和形而上学的科学思维方法不可。

所以科学危机有着两个特征，其一，从一方面说，科学发展有一种停滞的现象，寄生主义和腐化以及与这相适应的社会生产技术发展的相对停滞，原来是帝国主义时代的特征，这特征是从帝国主义经济的垄断组合中产生出来的。生产及运销产生了垄断组合，由于失却了自由竞争，因此生产技术的改进和科学的进步便失却了一个很大的推动力。另一方面，金融寡头为了避免过剩的危机便有计划地阻止科学向前发展，许多科学上的新发明被托拉斯、卡迪尔的巨头用高价收买了专利权，但目的并不是为了要使用它，而是为了把它搁置起来或直接把它废止了。这为了什么呢？这是为了防止生产力的提高以及由此引起了更巨大的经济恐慌。

所谓"科学危机"的另一个特征就是说，许多布尔乔亚的科学家已经在科学研究的道途上迷失了方向，结果彷徨道左、手足无措，因此便大声地喊出了"科学危机"的呼号。德国物理学天才普朗克曾经描述，这种危机产生于科学思想上的纷乱，没有一个科学真理不被怀疑，没有一个荒谬的学说不被崇奉，由于科学思想上的无政府状态，因而形成所谓"科学危机"。由此，我们可以知道，所谓"科学危机"的产生，是由于布尔乔亚科学家失却了正确哲学指导。自伽利略和牛顿以来，在自然科学中所形成的形而上学的思考方法经过了三四个世纪的时间，到了20世纪已经达到非崩溃不可的地步了。

照理说来，自然科学是要按着自然界物质运动的实际而不加以任何增减地说明它的，因此，自发地是唯物主义的。但科学本身也是有社会历史性的，在市民社会中我们可以看见，当资产者要推动社会生产向上发展和如实地去认识现实生活的时候，在他们的自然科学中就有唯物主义的因素（如十七八世纪时代的自然科学）；但当他们需要转移人民大众的视线，当布尔乔亚社会已经走下坡路的时候，自然科学中的观念主义和神秘说教便非常流行了。这些自然科学的观念论者，企图歪曲现代科学的研究成果，而宣布他们的观念主义的胜利。因此，便产生了主观的物理学、生机论的生物学、观念论的数学、反科学因果法则的自由意志观等荒谬理论。而历史上许多科学的天才，虽然他们忠实于科学的研究，但由于他们没有能够自觉地掌握现代的新哲学以作为研究上的指导，因此他们便抵挡不住观念主义的进攻，以爱因斯坦和普朗克的果敢和天才也不免要陷入敌人的陷阱里去。因此，我们可以知道，今天的布尔乔亚科学已经到了登峰造极的时代，如果不能够自觉地掌握新哲学以作为研究上的指导，而只是变成了俗流哲学渣滓的俘虏，那么，布尔乔亚科学也就绝不能够再前进一步。

从20世纪的"科学危机"的出现我们便可以知道，到了今天，科学和哲学已经变成了不可分离的统一体了。到了现在，科学是不从属于哲学了,而哲学也不从属于科学,在这种意义上说,科学和哲学是对立的,但它们又是不可分离地统一着的。科学离开了哲学是盲目的,根本上不能前进一步,因为科学失却了哲学便寸步难行,它只有靠科学的哲学的指导和启发,才能够顺利地向前发展;同时,科学又是哲学的基石,离开了科学,哲学是空虚的、抽象的、神秘的、没有内容的。科学提供哲学以内容;哲学提供科学以出发的基点和思想方法上的指导,两者是不可分离地综合在一起的。可惜,十年前叶青之流,还竟毫无增减地贩过来了米宁主义的劣货,在"哲学往何处去"底下打了一个"?"之后,便自问自答地扬言哲学应该被消灭了。他还无耻地机械地玩弄了黑格尔的三段论法,企图应用"科学—哲学—科学"的图式来混淆视听。其实,在五光十色的辞藻掩饰之下的哲学消灭论,真是可以休矣!

第二章

唯物论与唯心论

第一节 唯物论与唯心论的区别

自从有了系统的哲学思想以后,便有了唯物论和唯心论这两种哲学思想的对立,因为这两种哲学思想的对立,归根到底地说来是体现着敌对社会中(奴隶社会中的奴隶主和奴隶、封建社会中的领主和农奴、行东和徒弟、资本主义社会中的有产者和无产者等等)进步阶级和保守阶级、统治者和被统治者、革命者和反动者之间的对立和斗争的。唯物论的哲学思想告诉人们以自然界和社会界的物质运动的实际规律,把人们的视线吸引在现实生活的斗争上面,无情地揭穿了一切神秘的神父主义思想,因此在历史上面唯物论总是一种革命的思想,它武装了先进的革命阶级,变成了现实斗争中的一种最锐利的武器。相反地,唯心论的哲学却是统治者和"帮闲者"的哲学思想,它引导人们忘却现实生活而相信一切神父主义的说教,以企图保存现社会的秩序,因此它是保守阶级和一切反动分子的最便利的"廉价"武器。

正因为唯心论和唯物论的对立和斗争体现着阶级社会中敌对阶级的对立和斗争,因此,我们可以说,自从有阶级社会和思想斗争以来便有唯物论和唯心论思想的斗争了。唯物论思想和唯心论思想的对立自从由统一的原始思想中分裂开来以后,便随着社会历史上阶级斗争的展开而展开。两千余年来的哲学史就是一部唯物论和唯心论的对立及斗争的展开史,而本义上又是逐渐走向唯物论完全体系的历史,这一种思想斗争像一根红线似的贯串着整部哲学史。当然,唯物论和唯心论的对立斗争在各个不同的社会历史时代中是采取了不同的斗争形态的:有时斗争以一种剧烈的形式展开,短兵相接,厮杀一场(如18世纪时法国唯物论者反唯心论的斗争);有时这一种斗争形式又若隐若现,在斗争的表面蒙上了一层纱罩,用烦琐哲学的辞藻装饰起来（如中世纪时唯名论和唯实论的斗争）；有时是唯心论和公开的神父主义的反动哲学思想压倒了一切（如中世纪的黑暗时代）；有时又是革命的唯物主义的思想蔚然大观，以雷霆万钧、汹涌澎湃的力量形成了不可抗拒的洪流，在思想斗争中占了主导的地位（如18世纪的布尔乔亚的唯物哲学及无产阶级运动兴起了以后的辩证唯物论的革命哲学）。这些现实思想斗争形式的不同，一方面体现了社会历史的具体环境在各个时代的差异；另一方面也可以看出各个时代革命阶级行动的勇猛和彻底的程度。大体说来，如果一个历史时代里，革命阶级的行动愈彻底、愈勇猛、愈伟大，那么它的思想斗争武器——唯物论哲学也就会表现得更彻底、更光辉、更丰富和更伟大。例如法国的资产阶级革命是比英国和德国的资产阶级革命更彻底的，因而法国18世纪的唯物论思想无论和英国或德国比较起来都是更光辉、更丰富和更伟大的。相反地，如果在那一个历史时代的阶级畏首畏尾、裹足不前、左右动摇，那么它的哲学思想虽然在大致上还可能是唯物论，但不免内容贫弱些，不够彻底、不够丰富，而且还常常用神秘的外衣掩饰起来（如斯宾诺莎的唯物思想便用神秘的面纱——"神"——笼罩起来，黑格尔的辩证法也是被颠倒了头脚的），以免引起反动者的讨伐。同样，有时统治者的唯心论表现为公开的神父主义说教的形式（如柏克莱主教的哲学思想）；有时却在糖衣包藏之下出售唯心主义的毒药（如号称经验批判论及经验一元论的伪唯物论哲学思想）；有时甚至混进了唯物论的阵营中间以歪曲唯物论的形式传播唯心哲学的思想（如一切歪曲辩证法唯物论的走卒们）。总之，唯物论和唯心论哲学所表现出来的形态是由革命阶级的革命程度和反动者所采取的态度所决定的。此外还有一种"二元论"，它没有明确说明物质和精神的先后问题，在表面上说来是两者并重的，不过，实际上，它有着一定的偏向。二元论产生的根源主要是由于"怕羞"，形成了一种不彻底的、调和这矛盾对立的折中哲学，而归根上它还是唯心的。

不过，在此我们有一点要注意，唯物论和唯心论的斗争也是不能够离开科学发展的。哲学思想和科学思想的发展常常是彼此交织着而平行展开的。哲学思想在斗争中常常采取科学的成果作为哲学的武装，很明显地，18世纪的唯物哲学离开了十七八世纪自然哲学（球体和天体力学、数学等等）的成就是不可能的。科学的发展和哲学的发展既然是彼此交织着的，那么科学中的斗争和哲学中的斗争也是彼此交织着的。科学也是有阶级性的。当然，就本来的面目来说，自然科学是按照自然界物质运动的实际样子如实地去说明它的，只有这样我们才能够认识现实，推动生产力向前发展，因此，就本来说，自然科学都应当是一种自发的唯物论思想。不过，在阶级社会中，科学也是阶级性的东西，当统治阶级要认识现实、推动生产力向前发展时，他们便如实地去解释科学，但当社会走着下坡路的时候，这时科学真理便会危害他们的利益，于是科学便变质了。好像资产阶级社会下坡期便产生了唯心主义的自然科学，说什么数学是从和客观实际无关的纯粹理性中得来的；生物学是研究些什么"活力"、什么"目的性"等等；在物理学上他们又将它全变成了主观感受的产物，所有这些唯心的自然科学都是和哲学上的唯心论关联着的，而且，他们还往往将这些所谓自然科学当作了基础。

一般地说来，只有唯物论者才能够在大体上如实地去理解科学，不过，形而上学的唯物论由于他们本来的偏狭性，还没有能够完全正确地去理解科学，只有最彻底的唯物论——辩证唯物论才能够正确地去理解科学。它将科学的成果吸收进了哲学之中而使哲学更丰富、更向前发展，过去假设的东西现在证实了（被科学上的发现证实了），而新的学说、假说、规律等又在新的基础上产生出来。只有辩证唯物论才能够懂得科学斗争和哲学斗争的相互关联和步调一致。

那么，究竟唯物论和唯心论的基本分界线在哪里呢？恩格斯明确地回答道：

> 一切哲学的最高问题是思维对存在，精神对自然的关系问题……按照他们如何回答这个问题，哲学家分成两大营垒。谁肯定精神先于自然而存在……组成了唯心论的营垒，谁认为自然是基本的发端，便参加了唯物论的各个学派。（《费尔巴哈论》）

同样的问题，列宁也曾经明确地写道：

> 是否把自然、物质、实体的外界看作根本元素，而认定意识、精神、知觉、心理等等为附属元素——这就是实际上将哲学划分为二大营垒的一个根本问题。（《唯物论和经验批判论》）

存在和思维（自然和精神、物质和意识、物理和心理等等）的分离及其认识是哲学思想发生的前提条件，而从社会生活的物质条件上说，就只有在奴隶社会初期的农业耕作和工商业的广泛发展的社会实践的基础上才有可能。因此，一切哲学家在他开始的时候，首先便要接触到思维对存在的关系问题。站在进步阶级立场上的人们，敢于正视现实，首先他们就在劳动生活中间得到许多真理知识（好像一个农人，他决不会以为不要播种、耕耘，而只靠思维就能够有收获）。同时，他们也并不害怕一切东西（连社会在内）的运动变化，因此他们便根据实践、根据科学事实把世界当作一幅物质运动变化的图画来看。所以一位导师曾经这样写道：

> 唯物论的宇宙观就是说简单地了解自然，按照其本来面目而不加以任何旁的增添。
>
> 世界之图画乃是物质如何运动及"物质如何思想"之图画。

至于保守阶级的反动者呢？他们脱离了劳动生活，于是以为意识、思维可以支配一切东西，把思维夸大起来、"神"化起来，以为在一切事之先便有了思维、意识等作用。不然他们就会问：没有思维或意识的支配，物质怎样发生作用呢？恰如他们不相信奴隶没有了奴隶主支配而能够好好地进行物质生产工作一样，他们也不相信在没有思维、意识之前物质也一样地能够发生运动、变化。因此他们便主张思维、意识是第一次的，物质是派生的。所以当谈到唯心论的认识根源时，一位哲学家曾经这样地发掘它道：

> ……直线性和偏面性，见树不见林和呆板固执性，主观主义和主观的盲目性——这些就是唯心论的认识论根源。
>
> 哲学的唯心论是将认识论的一个片段或一方面，偏面地夸张成为一种脱离物质、脱离自然的，神化的绝对体了。唯心论就是宗教的教义，这是很对的。

唯心论是对于统治阶级有利的，它可以在人民大众中间散播阶级统治的合理性，现存社会万古长存的幻觉。因此，唯物论和唯心论这两条思想战线的斗争是不能够调和的，辩证唯物论和唯心论更是壁垒分明。关于这

一种对立,一位导师解释得最清楚,他说:

甲,与唯心论相反,唯心论认为世界是"绝对观念""世界精神""意识"之体现——马克思主义的哲学的唯物论的出发点是:世界按其自然之本质说是物质的;世界各色各样的现象,乃是运动着的物质的各种不同的形态;为辩证法所确定的现象的互相联结与互相依存性,乃是运动着的物质的发展的规律性;世界是按着物质运动的规律而自己发展的,用不着任何"世界精神"。

乙,与唯心论相反,唯心论断言:真实存在的只有我们的意识;物质世界、存在、自然只存在于我们的意识、感觉、想象、概念之中——马克思主义的哲学的唯物论的出发点是:物质、自然、存在乃是客观的真实性,他在意识之外离开意识而存在的;物质是最初的,因为它是感觉、想象、意识的来源,而意识是第二次的、派生的,因为它是物质的反映、存在的反映;思维是高度发展的物质的产品——即脑子的产品,而脑子是思维的器官,因之如果不想陷入于蠢笨的谬误中就不能够将思维从物质脱离开来。

丙,与唯心论相反,唯心论怀疑认识世界及其规律的可能性,不相信我们的智识的可靠性,不承认客观真理,而认为世界上充满着科学所永远不能认识的"自在之物"——马克思主义的哲学的唯物论的出发点是:世界及其规律是完全可以认识的;为经验及实际所考验过的我们的智识是可靠的智识,有客观真理的意义;世界上没有不可认识之物,而只有尚未认识之物,而且这种物件将来亦会被科学及实践的力量所发现和认识的……

第二节　唯物论与唯心论之历史考察

明白了唯物论和唯心论的对立斗争的实际以后,我们便要说明这两条思想战线的斗争在哲学史上所表现出来的情形了。

在古代哲学史上,希腊时代首先发生的一种朴素的自然哲学思想便是伊奥尼亚学派，其中最伟大的代表便是赫拉克利特。赫拉克利特是当时工商业分子和进步的奴隶主集团的社会力量的代言人。由于当时社会实践活动的广泛展开（航海、商业、手工业、农业耕作、矿冶等等），因此他们有着许多还没有被分门别类的科学知识，这些科学知识便被完全吸收进了自然哲学的思想当中，推翻了古代宗教、神话的迷信传说和原始人们的无知的幻想。他们朴素地把自然当作一幅物质自动运动，不断地变化、更新和发展的图画来看，这些物质是互相关联着的，其中没有一种东西能够静止不动。关于物质的来源，他们并没有假定是什么"神"创造出来的，而是认为由一种原始的东西变化而来的。赫拉克利特认为世界的一切东西都是由"火"依着一定规律发展而来的，他说：

> 世界是一切中的统一的，不由任何神与任何人所创立，而过去、现在、将来都是永久活着的火，规律地燃烧和规律地熄灭。

同时，赫拉克利特又认为对立物的矛盾和斗争是一切事物运动的基本条件，他们不怕斗争，因此他认为："斗争是万物之父，万物之王。"当然，以赫拉克利特为代表的古代哲学思想是非常朴素的、幼稚的，他们没有能够对自然界事物做详细的考察，因此不免带上了许多神秘的成分，这是当时社会生产和科学水平低下的结果。

奴隶社会矛盾的展开，使许多奴隶主为了他们自己的利益走向反动，组成了以贵族和奴隶主土地大所有者为中心的反动集团，这一个扫灭了小市民的集团便使用了唯心论的武器。过去他们还需要推动生产向前发展，现在呢，他们只以维持现状为满足了，他们脱离了生产，变成了"四体不勤，五谷不分"的劳心者，在古代希腊，这种唯心哲学最明显的代表便是柏拉图了。同时，另一方面，进步的工商业者却又继承了古代唯物思想的传统而向前加以发挥，因此和柏拉图壁垒鲜明地斗争着的有伟大的唯物论者：德谟克利特。

自从伊奥尼亚学派崩溃了以后，自发的辩证唯物论的色彩便消失了，柏拉图将这种辩证法转变成了他的唯心主义的概念辩证法，而德谟克利特却将唯物论变成了机械的唯物论。辩证法和唯物论被割裂了，唯物论和唯心论展开了短兵相接的斗争，在这斗争中，许多辩证因素和唯物因素都得到了更深刻的发挥，这样，就为后来文艺复兴时代布尔乔亚哲学准备了基础。

柏拉图的哲学是贵族的意识形态，在他看来，只有不变的"理念"才是真正的实在，它是一切事物变化的基础。他肯定了"神"的存在，认为这是最高的理念，因此柏拉图的哲学思想是和宗教及政治上的等级制度混在一起的。他认为现实一切东西不过是永久理念世界的不完善的反映，因此正如一位导师所指出的一样，柏拉图的概念的辩证法洗去了一切具体的内容，而使它变成了僵死的、没有血肉、没有实质的东西。

德谟克利特完全和柏拉图相反，他是一个实际活动者。他跑过了许多地方，研究过了许多种科学（天文学、地理学、数学、生理学、医学、政治学、教育学、语言学、宗教学等），因此他有着丰富的科学知识。德谟克利特对数学特别有研究，他的"原子论"是和这有关系的。根据德谟克利特的意见，认为只有原子和空虚才是实在的东西，原子是一种自动变化发展的东西，而原子的运动是它和空虚的相互作用引起的。物质的多种多样在德谟克利特看来是因为原子大小、形状等的不同，经过了运动变化以后而产生出来的。德谟克利特的思想虽然带上了机械的性质，但他光辉地将机械运动和物质统一起来，将世界当作一幅物质自动发展的图幅来看，却是一个伟大的唯物论者的思想。

希腊哲学到了亚里士多德的时候达到了最高的阶段。亚里士多德在大体上说来是一个二元论者，他常常动摇于唯物论和唯心论之间。他承认客观物质世界的实在是唯物论的因素，但他又认为物质是一种没有生气的东西，必须有非物质的动力来做发端，这又是唯心论的思想。

亚里士多德承认了运动和发展的概念，他以为运动就是矛盾，不过这矛盾是在一个不变的基础上变化着的。亚里士多德也懂得发展过程的意义，不过，他却不能够说明有机生命的发生，在说明发展时带着目的论的色彩。

亚里士多德的主要贡献在于他研究了"辩证思维的一切主要形式"，他曾经建立了逻辑学的基础。首先将普遍、特殊和个别统一于具体的概念之中；他研究了科学的关联，而首先企图将科学分为理论的、实用的和技术的三种。

对于亚里士多德的哲学思想，一位哲学家在他的札记中曾经这样地评价道：

亚里士多德处处把客观的逻辑和主观的逻辑混合在一起，并且处处是客观的逻辑，分外显明。他对于认识的客观性是毫不怀疑的。他朴素地信仰理性力，信仰认识的力量、威力及客观真实性。他对一般与个别——概念与各个物象、事物、现象的可感觉的现实性之辩证法，混淆不清。烦琐哲学和神父主义接受了亚里士多德的死东西，而未接受他的活东西：询问、探讨、迷堂，于是使人迷惑失路了。

在亚里士多德以后，由于奴隶社会日渐走向下坡路，一切进步性都失掉了，哲学公开走向了神秘主义的说教，科学也日渐没落。在这以后只有伊壁鸠鲁（公元前3世纪）还不失为一个伟大的唯物论者。此后不久，随着奴隶社会的死亡，历史进入农村统治城市的封建社会时期，它挽救了古代末期的劳动力危机，然而因了自然经济束缚，顾得了劳动力的活路，而其他方面则把天地缩小到小天井，顾不了城市文明的毁灭。哲学到了中世纪社会便变成了宗教的"婢女"。但也不是说进步思想毫无成就，它都在"异端邪说"的被咒骂中过日月，也常被加以禁止。庙堂或经院哲学变成了解释教义的东西，而农民或山林思想在整个中世纪中都是在发展着的，这就是恩格斯所说的三种异端了。到了中世纪的社会敲响了丧钟的时候，首先是农民民主主义的异端高扬，在基督教的解释展开了新世界观之后，科学和哲学的研究才又在黑暗的状态中苏醒过来了。

当欧洲的哲学正沉醉于僧侣的烦琐哲学的教义的时候，阿拉伯已经由于工商业的需要，特别是由于商业资本的活动，而带动了科学的发展。天文学、地理学、数学、生理学、医学、物理学、化学等都有了许多重要的发现，一直到了今天还流行着的阿拉伯记数法和算术就是当时的产物。在这进步的工商业和科学发达的基础上，阿拉伯也产生了几个卓越的哲学家，如亚威罗埃斯、亚威森拉等。他们在注释亚里士多德的学说的形式下，而做出了在大体近于唯物论的结论。亚威罗埃斯否认灵魂不死而承认物质世界的永久存在，这一种唯物思想不可避免地要受到当时反动者——回教正统派方面的迫害，因为这一种思想是直接地威胁到教主们的实际利益的。在以后，由于反动者的迫害日益加剧，而阿拉伯的国家也走向"下坡"，因此阿拉伯的科学和哲学思想竟没有来得及进一步地向前发展。不过，当欧洲的人们从黑暗梦中苏醒过来的时候，他们便接受了阿拉伯的学说思想而在商业资本发达的基础上进一步地加以发挥了。

中世纪的欧洲是一个科学和哲学上的黑暗时代，他们接受了亚里士多德的"死的东西"而把它捧上了"皇座"，哲学除了注释和证明教义以外，便以解说亚里士多德的东西为满足。这时候，教主和领主具有绝对无上的权威，对于"异端邪说"的科学思想和唯物思想不少假借地加以迫害，一切和教义相反的东西都被当作"洪水猛兽"，而不惜用尽一切残酷的手段把它扑灭。因此，这时唯物论要和唯心论公开斗争是不可能的。而且中世纪世代相传的生产方式使科学的发展失去了刺激，科学的不发达使哲学患了"贫血症"，因此，中世纪时代的哲学思想便失去了生气勃勃的精神。不过，唯物论和唯心论的斗争无论在哪一个历史时代中都是没有终止过的，在中世纪教主和领主"权威"之下，哲学中两条战线的斗争在烦琐哲学外衣的掩蔽之下，以"唯名论"和"唯实论"的斗争方式展开了。根据"唯名论"者的意见，一般的概念不过是一种名称，用以表示一种相似的事物，只有个别的事物才是真正的实在。"唯实论"相反，认为一般概念是实在的东西，在还没有个别事物以前，就已经存在了。而个别事物呢？不过是这些概念的"属性"或"偶然"的东西而已。"唯名论"和"唯实论"的论争最初是在神学的领域中展开的，带上了烦琐哲学的性质，但不久这种性质就被冲淡了，到了13世纪末叶的时候，顿斯、柯斯特企图排斥"神"的"全能"，在神和理性之间划下了一条界线，而将研究自然界事物的任务交给了理性。此后，奥康（Ockam）又把这种学说发挥起来，而主张只有人类自身才是真正的实在。

"唯名论"是唯物思想在中世纪抬头的表现。他反对"神"，而主张如实地去了解自然的实际。这一种思想，是当时工商业逐渐兴起的结果，这样，不可避免地要产生一种个人本位的自由主义思想，这一种思想反映到哲学上来便否定了"神"的全能，而产生出了一种近于人本主义的唯物思想。这一种哲学思想曾经从教会烦琐哲学的内部中，削弱了它的力量，动摇了它的统治基础。此外，13世纪时，英国的罗杰·培根（Roger Bacon, 1214—1294）曾经在教会方面的不断迫害下研究了实验的自然科学，成了十六七世纪唯物思想的先驱。

文艺复兴以后，工商业的发展来得特别快，商业资本的发展（包括对于海外殖民地及半殖民地的掠夺）在一定的历史条件下完成了原始资本累积的任务（这个过程是和对农民的掠夺和农民的破产相伴随着的），因此便出现了大规模的手工业工场和简单机械制造业。这些原始工业的发展，大大地促进了科学向前发展,由于殖民事业而引起的世界商业,对于科学的发展也是一个刺激的因素。从资本主义发展的历史上来说,英国是一个先进的国家,在十三四世纪的时候,它的海外贸易事业也很发达,后来,它打败了当时海上的贸易霸主葡萄牙和西班牙,取得了海外"掠夺"的霸权。这种对落后民族的掠夺,使他们从商业贸易的"差额"中每年获得许多"黄金",而当时的对外贸易中的输出又以羊毛为主,因此,高额的利润引起了贵族和大地主的垂涎。于是在十四五世纪的时候便发生了大规模的"圈耕地为牧场"的运动,这样一来,农民失去了土地,只好流入城市中,工场便得到了廉价的劳动力。贵族、大地主和资产者利益的息息相关是英国阶级妥协的基础,同时也是所谓"大宪章运动""光荣革命"的最根本原因。由此看来,可知英国的资产阶级革命是不彻底的,不流血并不就是"光荣",资产阶级革命的不彻底使唯物论的哲学思想发展得不够彻底。因此,英国的唯物论哲学到了洛克手上便很快地向右转到柏克莱的主观唯心论的深渊里面去了。

不过,十六七世纪自然科学发展得很快,封建社会末期,被称作"异端"的科学家曾经用血和肉来与教主和领主的反民主的专制力量作斗争。哥白尼临死时掷下了一纸战书——反传统地以太阳为中心的地动说。这个学说出现以后立即吹响了民主和科学的号角。为了消灭这些市民新生的科学,封建力量不惜用尽一切残酷手段扑灭这些勇敢天才的科学家。"异端裁判所"判处了布鲁诺死刑;尔维特快要发现血液循环说了,而加尔文烧死了他,在烧死前还活活地烤了两个钟头;至于近代科学之父伽利略也曾在晚年下狱。不过,市民终于代替了腐朽的封建力量,到了牛顿,他便以皇家科学院会员和造币厂厂长的身份优厚地生活到80多岁,这一点便说明了民主"温床"对于培育科学的"保姆"作用。

在十六七世纪的时候,机械制造业还不过刚要开始走上道路。因此,首先的问题就是要处理机械运动形态,而事实上,科学研究也需要从低级的机械运动形态开始。因此,在这时只有天体和地体的机械学及算学比较发达,其余物理学、化学、生物学等还在襁褓之中。在这种情形之下,科学家的主要任务,是要对自然界的事物分门别类地做精密研究,因为古希腊留下的不过是只有一些天才臆测的学说和一些幼稚的科学的粗浅研究,至于中世纪及阿拉伯人也不过留下了一些科学研究的断片。所有这一切,自然不能够满足这时的需要。所以,科学家这时主要是搜集大量自然界的材料，而个别、独立地对它们做精密的考察，于是结果便渐渐地养成了一种思想：他们不从互相关联的物质运动的统一中去观察自然界，相反地是从孤立的、静止的、死的观点上来看事物。他们不把物质的发展当作一个本质上的变化过程来处理，相反地，他们将它看作是纯粹数量上的增减的绕圈子运动。这一种观点，后来英国的哲学家培根和洛克把它引用到哲学上来，而形成了几世纪以来的机械的形而上学的思维方法。

新的社会实践、新的自然科学、新的斗争经验（对自然界的和对社会的）提出了建立新的思维方法、新的科学方法论的需要，并提供了可能。自亚里士多德以来的烦琐的三段论法，确已不能够满足人们的需要了，因此，在这基础上便产生了培根的归纳法以及笛卡尔的演绎法。

培根可以说是英国经验论和近代唯物论的始祖，他放弃了阻碍人们真正认识实际（特别是自然界）的烦琐哲学，而创立了从个别事物出发以综合得出一般概念和规律的归纳法。这一种归纳法虽然不过还是一种形式逻辑的东西，但在当时和以后都发生了很大的影响和作用，被当作近代实验自然科学的研究方法。大体上说来，培根的经验论是一种还不够完备的形而上学的唯物论。在他的学说中还可以找出若干辩证的因素（虽然是很幼稚的）。他反对把物质的构成还原为同形的原子，他主张物质的多样性是由各种总质量不同的原始物质而来的，这些原始物质各有着它们的运动。由此看来，培根的学说中形而上学的色彩还不够充分地"鲜明"。

和培根的经验主义相反，笛卡尔却提倡理性主义，这是因为当时法国的经济还赶不上英国，因此唯物论在这时就不够英国来得彻底和直率了。当笛卡尔在物理学中承认物质的客观性和实体性的时候，他大体上是站在机械唯物论的立场上的；但当他在形而上学中承认神和神所联合得出来的两个概念——思维和外延的实在性的时候，他便退到了唯心哲学的阵营里面去了。企图把旧的东西和新的东西（机械的自然科学）调和起来，这使笛卡尔的哲学带上了矛盾的二元论的特质，这是当时法国资产者衰弱和怯懦的表现。

笛卡尔是一个卓越的数学家和物理学家，他曾经创建了解析几何学，在历史上首次将运动、变化的概念引进数学当中。他的哲学思想也是反映了当时数学发展的趋势的，数学的发展使人们产生一种思想：企图将物质的多种多样性抽象简化而成一种数量上的东西。因此笛卡尔将延长这一抽象的属性给予了物质，这样物质和运动分离了，运动变成了只是空间位置的转移，变成了不是物质的根本属性。于是，结果便无法说明运动的源泉而把它归到神的"丰功伟绩"上去，认为是"神"创造出了物质，并给它以伟大的"一击"，因此才发生了运动。

笛卡尔强调了理性认识而降低了感性认识的作用，因此他主张人类认识应该从一般定理、原则或概念出发，而"演绎"出个别的东西，这种方法是和他的数学上的几何证法相一致的。不过在笛卡尔的学说中也包含了许多辩证因素，如数学中的运动变化概念、物质的互相作用的说明，第一次企图说明世界起源的历史过程（虽然是不正确的）等都显示了笛卡尔的天才的伟绩，且对后来的辩证唯物论做了宝贵的投资。

进一步地将培根的机械唯物论加以极端的发挥的是霍布斯（Hobbes）。到了霍布斯的时候，自然科学更发达了，特别是数学，有了解析几何学也有了微积分学。同时这时候英国的资本主义经济也更发达了，因此就需要有比培根更积极、更彻底、更果敢的唯物论哲学家。完成这一个历史任务的就是霍布斯。由此看来，霍布斯的唯物论是比培根更高一个历史阶段的。根据霍布斯的意见，认为只有算学的方法才是真实的。所以物质不过是没有任何具体内容和性质的死的东西，物质仅有延长的几何学的属性。这样的结果是运动和物质隔开了，运动变成了机械运动，静止和运动也变成了绝对对立的东西。霍布斯唯物论的战斗性和积极性表现在他否定了"神"及一切神秘力量在哲学中的位置，他认为哲学的任务是要认识物体的发生和性质，超物体的领域不是哲学的范围。认识物体的实在自然用不着什么"神"及神秘力量。这些是英国布尔乔亚当时要推动社会生产力向上发展，要认识现实，克服自然的战斗性的反映。

斯宾诺莎（Spinoza）是到达18世纪法国唯物论者的过程中一座雄伟的"桥梁"。他的哲学是资产阶级抬头的表现。斯宾诺莎哲学的出发点是"实体"——自然界。他认为自然界具有严格的机械的因果法则。他的哲学思想是用"神"（实体）的外衣掩蔽起来的，这是当时资产阶级（荷兰）不够坚决果敢的表现。

斯宾诺莎的唯物论的战斗性，主要在于他将思维这一属性给与了自然界，这样不但打击了唯心主义，而且也克服了二元论的怯懦性，因此他是一个唯物论者。斯宾诺莎的唯物论的缺陷在于他的形而上学性。他认为"实体"是不动的、永恒的、抽象的。只具有延长和思维这两个属性，在这里斯宾诺莎的思想又带上了"物活论"的性质。因此马克思曾把斯宾诺莎的"实体"称为："与人脱离的形而上学上颠倒的自然。"（见《神圣家族》）不过，斯宾诺莎的哲学虽然有这些缺点，但作为辩证唯物论的前驱，他还是非常伟大的，他懂得了自然现象的互相关联、互相作用的事实，他反对了"神"对于物质运动所立下的"丰功伟绩"，而将它归之于自然界本身严格的因果性。

洛克是18世纪法兰西唯物论的直接前驱。大体上说来，洛克还是第一个唯物论者。他承认感觉的经验是认识的泉源，因此他主张人的天赋只是一张"白纸"，靠感觉的经验才着上了色彩。不过，当洛克主张思维的概念并不能够反映客观实在，思维变成了由主观到客观之间的阻碍时，他就有动摇到唯心论阵营的倾向了。洛克又曾把事物的质量分为客观的本原的质量（延长性、形态、重量等）和主观的次要的质量（颜色、热、音等）。从这一点也可以看出洛克是从唯物论的阵营中"向后撤退"了。

如果我们说洛克的哲学思想是英国内部贵族妥协了的资产阶级集团走向反动化的倾向的反映的话，那么柏克莱主教的主观唯心论哲学就是这些反动集团公开的、正式的走向反动化的反映。柏克莱公开地将反动的宗教教义和哲学结合起来，这又是反动的资产者集团走向公开拥护宗教的表现。

柏克莱将一切客观的东西（连洛克所说的客观的本原的质量也在内）完全变成了主观的知觉上的东西。他大胆地宣称："存在就是被知觉。"他否定了物质，而认定它不过是主观知觉上的综合（如硬的、青色的、圆的等等）。

柏克莱的学说是公开宣扬神父主教的。他的目的是要和当时正在抬头和日益发展的唯物论和无神论的潮流斗争。不过，十七八世纪是唯物哲学占了主导的时候，柏克莱的哲学最多只不过是博得了一些反动者的垂青和喝彩。不久，便出现了和柏克莱壁垒鲜明的18世纪法兰西唯物论者，在这些伟大人物的面前，柏克莱的神秘说教便"黯然失色"。

法兰西唯物论是自培根至18世纪时资产阶级唯物论的总结。在资产阶级革命中，法国的市民在大革命中表现得更彻底、更勇猛、更坚决，因此，法国唯物论哲学很少妥协、懦弱的色彩。和教会的神父主义针锋相对，他们提出了战斗的无神论；和封建思想及唯心主义壁垒鲜明的他们拥护了"光辉的"机械唯物论哲学；和封建社会的秩序相对立，他们提出了民主主义的思想，主张要建立"理性的王国"。

18 世纪法国唯物论者第一个成就在于他坚决的战斗唯物论。他们高呼要否定一切传统的教条、观念、信仰、法规等等，而主张一切东西都重新用"理性"的尺度来衡量，不合于"理性"（当然这是资产阶级的理性）的就不能够存在。

其次，他们光辉地拥护了唯物论，肯定了物质的客观性和首次性，承认了物质作用于感觉器官所产生的经验为唯一的认识来源。世界就是物质因素的综合，并依着内在法则运动，而认识这些法则就是"理性"的任务。不过他们理解的运动只是空间位置的转移，对于发展过程也只理解为一种绕圈子的运动，事物本身的固有的矛盾被忽略了，质的变化被还原为纯粹数量上的增减，这表明了他们的唯物论的机械性和形而上学性。

最后，法兰西唯物论者认为：如果观念来源于经验，人是环境的产物，那么要消灭不合理的东西就要改变环境，做出了一个产生合理东西的"理性王国"，这一点充分说明了他们理论和革命行动的联系。

但当走进了社会领域时，法国资产阶级的局限性便表现出来了，本来，如果人是天生平等的，人是应当改革环境，那么阶级对立是应该消灭的。这样可能更进一步发展的理论，却因了劳动人类的进入历史舞台，使法国资产者害怕起来，因而意识亦就局限起来，他们"见风使舵"，马上转向唯心主义，认为观念可以改造社会、支配社会等等。

因此法兰西唯物论主要有三个缺点：第一，他们是拥护机械观的；第二，他们的唯物论是形而上学的；第三，在社会生活的领域内他们是唯心主义的，他们缺乏历史过程的观念。

18 世纪法兰西唯物论的最伟大的代表有：霍尔巴哈（Holbach）、赫尔维修（Helvétius）、拉美特利（La Mettrie）和狄德罗（Diderot）等人。

自然科学的发展渐渐地得到了许多材料，暴露了形而上学发展观的根本缺陷。科学上的事实冲破了形而上学的藩篱，而渐渐地走向辩证观。

在十七八世纪的时候，最发达的还只有数学、力学等自然科学，但到了 19 世纪初期的时候，其他的自然科学也渐渐发展起来了。新的科学事实使形而上学无力解释。"第一炮"是来自康德和拉普拉斯的"星云假说"；牛顿认为宇宙只有空间，宇宙是没有时间上的历史的，自从上帝创造了"宇宙"，并最初给以外力的推动（可怜的"一击"呵）以后，宇宙便走进了运动之中。从此以后，"动者常动"，依照自身的法则而运行着。牛顿把"上帝"的"权能"缩小了，他反对"上帝"经常是物质运动的

"主宰",而只把最初的"一击"归功于"上帝"的"权威"。但这神秘的"一击"终于也被驱逐出来了,从此人们知道宇宙不过是由一种原始的"星云"经过了很久的自动变化才形成的,这种变化自然用不着什么"上帝"。接着,人们不但知道了宇宙在时间上有历史,而且地质学和古生物学证明了就是地球和生物也是有着长时间的成长历史的。在这以后,化学和有机化学又告诉我们,不但是这样,而且物质(元素)的发展也有着整个的历史过程:从简单到复杂,从无机到有机都有着不可分离的联系。最后,过去人们都认为数学是处理绝对值的不变量的科学,数学的成立主要是靠推论和演绎(特别是初等代数学和欧几里德的几何学)。但到了18世纪,在高等数学中却完全要处理变化着的函数和方程式了。至于生物进化的观念在19世纪初也渐渐地在生物学的领域中发生了。过去认为绝对静止、固定不变、呆板的东西现在都证明了他们是在不断的变动之中;过去认为运动的源泉是外力的作用,现在证明一切运动都是物质自身内部矛盾作用的结果;过去人们认为运动不过是一种数量上的变化,而现在却证明了事物之间是有着根本性质上的差异的,这一种差异是事物数量变化的产物;过去人们认为运动是一种绕圈子的循环,而现在却证明了事物的发展是从低级的东西走向高级的东西,从简单的东西走向复杂的东西,不然我们便不能够说明物质为什么会从无机界走向了有机界。总之,一切绝对固定的限界、一切静止呆板的东西都被摧毁了。形而上学的思维方法渐渐地走向没落了,具体科学的行程渐渐地走向了反形而上学的辩证观。

近代辩证观的中心地点是在德国。德国古典唯心论的发展大致上可以分作四个阶段,在这四个阶段中,我们可以以康德、费希特、谢林和黑格尔做各个阶段的代表。德国古典唯心论开始于18世纪末期。这时候法国大革命对于德国的市民有着很大的影响,他们一方面渴望着和歌颂着"马赛革命"的壮举,但另一方面又被手里持着"红旗"的人民大众吓怕了,德国市民这种二重性来得特别明显,他们远赶不上法国市民的果敢刚毅,倒是带上了怯懦的性质。这一种怯懦从另一方面说也是当时市民社会基础(工商业的发展)薄弱的表现。

在哲学上康德是一个最显著的二元论者。他认为我们的经验是客体和主体相互作用的结果,客体提供了经验的素材(感觉)而主体将它整理和组织起来,使他适应于意识的形式。换句话说,客观给概念以内容,主观给概念以形式。康德的二元论到处显现了不可调和的矛盾,当他承认客观物质世界的存在的时候，他是主张唯物论的；但当他认为我们只能够知道事物的表面（现象）而不能够认识事物内部的实质（物自体）的时候（这就是一般人所称的"不可知论"），他就是一个唯心主义者了。当他承认感觉是经验的源泉的时候，他大体是站在唯物主义的立场上的；但当他认为综合这些经验的思维活动是以先天的概念为根据的时候，他便走入唯心论的领域了。又当他承认科学是综合了经验的结果的时候，也和唯物论的要求大体一致；但当他主张哲学是一种纯粹和经验无关的形而上学的时候，这就和唯物论的原则正相对了。康德的二元论企图将这些不可调和的东西折中地综合在一起，这是他的哲学的特点，这特点是德国市民二重性的体现。

康德学说的积极性在于他对于唯心辩证法的发展做了一个有力的推动，他从事物的发生、发展、成长和死亡的历史过程中去观察太阳系，他又提出了二律背反（虽然他理解为主观的东西）的论题，所有这些都说明了他已开始在形而上学的藩篱中冲破了一个缺口。康德学说的神秘性和消极性在于他的神秘的唯心主义因素、他的不可知论，以及他的形式逻辑的立场。他将时间、空间、本体、因果性等东西从经验科学中分离开来，而将它们变成了一些先驱神秘的空虚东西。他又承认了神秘的"物自体"的存在，而由此证明"神""不朽"等神秘东西的超现实的真实性。

"康德哲学的根本特征是融和唯物论和唯心论，使两者妥协，由此成为混合两者的一个体系。"德国的市民当时没有力量和勇气在实际社会政治上掀动一个革命，结果只有走入哲学思想的领域中掀动一个变革。因此，一位哲学家曾把康德的理论称为"德国版的法国革命论"，这种理论就是德国古典唯心论的特点。"不论是康德或是德国的俗人（康德是德国俗人的利害上的装饰品），都没有注意到，布尔乔亚这一理论的思想，根本上是以（被物质的生产关系所制约、所规定的）物质的利害及意志为依归的。所以，他把这种理论的表现由他所表现出来的利害上切开，又把法国布尔乔亚以物质为动机的意志，变做了纯粹的自己的意志，变成'自由意志'，变做意志自体，变做人的意志，由这意志就结论出了纯粹意识形态上的道德公准和论理的条规。"

使康德的哲学彻底走向主观唯心论的体系的是费希特。费希特否定了康德的"物自体"，而完全将客观一切的东西融解于自我之中（自我即一切），这样就建立了主观唯心论的体系。费希特的主要贡献在于他发展了辩证法的因素，他虽然是抱着一种主观的态度去了解它的，但却是从发生、成长和运动变化上去理解的。因此，他的辩证法便变成了活的东西了。费希特的哲学是被"18世纪法国革命的怒涛和理想所激动，再经过德国经济落后的三棱镜所曲折"后的产物。

继承费希特的谢林将费希特的主观唯心论发展向神秘主义，这是德国市民害怕革命的体现。

黑格尔的哲学是自康德以来德国古典唯心论发展的终结。黑格尔认为一切东西的运动、变化，都是客观精神自我发展的结果。而这个最高的"创造主"便是"绝对理念"。黑格尔哲学的特点是进步的、革命的辩证因素和保守的、反动的唯心论体系之间的矛盾。革命的运动、发展学说和反动的政治学说（如拥护和赞美普鲁士王国，认为国家是神圣的"绝对精神"的最高体现，蔑视斯拉夫民族，关于普鲁士民族的神圣起源以及连带的民族优越感，鄙视历史真正的创造者——人民大众，歌颂战争，等等。这些理论是接近于反动的法西斯观点的，这是反动的布尔乔亚和法西斯的新黑格尔主义的理论源泉）之间的矛盾。因此，虽然"黑格尔是完成了辩证法的基本要点的哲学家，但是，这并不是说：马克思和恩格斯的辩证法与黑格尔的辩证法是一样的。实际上马克思和恩格斯仅仅是采用了黑格尔辩证法的'合理的核心'，抛弃了黑格尔的唯心论的外壳并且继续发展了它，给了它以现代科学的形态"。

将黑格尔的哲学在唯物论的基础上加以批判的是费尔巴哈。费尔巴哈是马克思和恩格斯的直接前驱。费尔巴哈的积极性主要有两点：第一，在德国古典唯心论发展的终极的高涨时期，他对唯心论加以迎头痛击，尖锐地批判了从"右边"修正黑格尔（发扬了一切唯心反动的成分）的"开倒车"的学派，而光辉地拥护了唯物论的观点。第二，他曾经积极地、猛烈地和教会及宗教斗争，认为宗教不外是一种对于幻象的信仰。费尔巴哈的根本缺陷在于他的形而上学的直观的唯物论的局限性和不彻底性。因而在社会生活的领域中，在"辩证法唯物论者所认为必然性的，和改造思想与社会制度的条件的地方，费尔巴哈又落到唯心论上去了"。因此，虽然"费尔巴哈是恢复唯物论的权力的哲学家。但是，这并不是说：马克思和恩格斯的唯物论与费尔巴哈的唯物论是一样的。实际上，马克思和恩格斯仅仅采用了费尔巴哈唯物论的'基本的核心'，并继续发展了它成为唯物论的科学哲学的理论，抛弃了它的观念论和宗教论理学的杂质"。

自从布尔乔亚社会矛盾走向公开化（1825年在英国出现了经济恐慌，从此周期地出现，从没间断过。1857年、1867年都出现了规模更大的经济恐慌），工人阶级以一个独立的力量走上了社会斗争和政治的舞台以后，为新哲学的产生做了物质基础。在新哲学成立以后，布尔乔亚的反动哲学便公开地走向神秘主义和神父主义。布尔乔亚的丧钟敲响了，从此，哲学和科学对于他们再不是真理不真理的问题了，一切都需要适应于他们的利益，维持他们的统治地位和大量的"黄金"，于是什么新康德主义呀，新黑格尔主义呀，马赫主义呀，新唯实主义呀，实验主义呀，直觉主义呀等五花八门的东西，都搬出来了。"大学讲座"中充满了光怪陆离的神秘理论。结果，布尔乔亚文化的危机愈来愈重了，科学、哲学、艺术……都发生了由于主观神秘主义和形而上学的思考所形成的危机，这一种危机就是布尔乔亚的"学者"也感到了。克罗纳曾经这样说：

> 我们这一代可叫作危机时代。差不多在一切的科学文化领域里面，人们都谈到危机。所谓关于精神、关于神学和历史，直至法律的危机，早就尖锐化，而且根据布勒尔和德里西的指示，即心理学也是免不了的。科学中最精确的，如数学和物理学，也没有逃避过基础的严重动摇。关于这种危机形势的原因，已有好多人讨论着。有人甚至认为应说是"科学的破产"。不过所有这些危机的极深远的原因，则是基本的哲学原则的斗争，这些原则对于科学和全部文化的各个问题都有着影响……哲学的真正的耻辱，只在于哲学体系的无政府，只在于哲学见解和其可恶的立场的无数的众多。

总之，现代布尔乔亚的反动哲学是完全腐烂了，它变成了法西斯的武器，变成了科学发展的障碍，变成了神父主义的公开支柱，而消灭这一种反动的哲学则是布尔乔亚掘墓人——工人阶级和辩证法唯物论的战斗任务。

第三章

辩证法唯物论

第一节 辩证法唯物论的成立和发展

辩证法唯物论是一个完整的、统一的、科学的宇宙观；同时又是关于客观事物发展在人类主观思维反映上最正确媒介真实的方法论。从社会历史的条件看来，这一个完整的宇宙观是19世纪的工人运动，工人从"自在"的阶级而变为"自为"的阶级时的产物。辩证法唯物论是马克思学说的一个不可分割的组成部分，我们甚至可以说，它是马克思学说的理论基石。因此，为了要明白辩证唯物论的成立过程，我们必须知道马克思学说产生的历史条件。

马克思学说成立于19世纪的中叶。大致来说，它的历史条件可以归纳为两点。

第一，雇佣劳动与资本的矛盾，也就是工人与资本家的矛盾。在十七八世纪的时候，市民为了要推翻封建的专制统治，为了要号召工农及一般人民大众起来反对专制政体，他们曾经号召过建立所谓"理性王国"。市民革命完成了，工农大众却大失所望。原来这个所谓"理性的王国，不过是理想化了的资产阶级的王国，永恒的正义，实现于资产阶级的法律之中，平等只是公民在法律上的平等，资产阶级的私有财产权，宣布为最基本的人权之一"。这样的"理性王国"，结果使工农大众生活于可怕的贫困状态之中。工人群众随着市民社会的向前而更趋于赤贫化，于是这样便使工人和资本家的矛盾日益公开，而工人运动也日渐壮大。本来，在过去的时候，市民革命也曾经教育和组织了工人的队伍，提高了他们的政治觉悟。"虽然在大体上说，资产阶级在和贵族斗争之时，可以要求一种权力，来同时代表当时各个劳动阶级的利益，可是无论如何，在资产阶级每个历史大运动之中，近代无产阶级多少发展了它的先驱者，也已爆发了他们自己阶级的独立运动,例如德意志宗教改革及农民战争时代的蒙采尔运动、英国大革命的平均派(Levellers)、法国大革命时代的巴贝夫。"19世纪中叶的工人运动,继承了市民革命初期的那种工人运动经验和传统,而更向前推进了独立的工人运动,1831年的里昂暴动,工人占据了城市,发生了"血"的历史剧,1834年在法国又爆发了规模庞大的工人运动。在1831年时,里昂工人运动便已经提出了"为劳动而生,为战斗而死"的悲壮的历史口号。1837—1840年,英国也曾经有过"宪章派"的工人运动。1844年又有普鲁士西里西里的工人暴动。所有这些工人运动的史实都证明了在19世纪三四十年代,工人和资本家的矛盾已经公开爆发了,工人阶级已经成为一个独立的集团力量而走上了社会历史的政治舞台。而马克思学说的成立正是适应工人运动的实际需求的,这个学说本身负有指导工人运动实践的伟大作用。而实际上,它一经产生便形成了一种伟大的力量,动员组织工人大众,推动了社会运动和社会历史向前发展。

从社会历史上看来,工人是最彻底、最先进的。他们的组织性和觉悟性较强,而他们本身又是一无所有的赤贫者,因此他们勇于正面观察事物,改革客观事物。工人是历史上最高级的实践者,他们是市民社会的掘墓人,本身同时又负有建立新社会的伟大历史任务。正因为这样,他们比历史上任何一个阶级集团力量都更先进、更彻底、更有组织团结。而工人集团的战斗武器——辩证法唯物论因而也就比历史上任何一种哲学学说都更先进、更彻底、更正确,更能发挥组织团结和指导实际行动的作用。

第二,市民社会中个别企业生产的有组织性及有计划性与社会生产中的无政府状态的矛盾是马克思学说成立的第二个历史条件。生产的无政府状态乃是资本主义社会不可解决的内在矛盾,这是自由竞争发展的必然结果。由于生产的无政府状态,一方面形成了资本主义社会的浪费和大量不必要的消耗,另一方面又是经济恐慌的主要原因。1847年英国发生了一次规模相当庞大的经济恐慌。资本家惊魂甫定,1857年规模更大的经济恐慌又来袭击资本主义社会。从此,资本主义经济恐慌的周期便从未间断过。经济恐慌的结果,一方面是生产过剩,市场上大量的商品没有销路;另一方面又有许多人民大众不能够生活,而沦落被救济的队伍中。广大的工人被排出了工厂的大门,没有职业,组成了所谓产业后备军。资本主义社会的内在根本矛盾公开化了,人们自然对这一个所谓"理性王国"感到了失望。由于这样,资本主义自身便到达了被批判的时期。资本主义的

"丧钟"敲响了,马克思学说就是在这一个基础上产生出来的。辩证法证明了资本主义社会产生和发展的必然性,但同时又证明了,由于其自身内在矛盾的发展,必然要走到没落和死亡,辩证法唯物论在历史上首次不从"理性"和"自然秩序"的"永恒正义"的观点上来观察社会,而将社会(连资本主义社会在内)当作一个发生、发展、成长、衰落和死亡的自身发展过程来处理。它从现存的社会制度中看出了没落和死亡的必然规律,证明了目前看来是很坚固、很有力量的东西,其实并不巩固的;而只有正在向上生长着的东西或力量,才是不可被克服、不可被战胜的。虽然也许这些东西或力量在目前看来是并不坚固的,但它代替旧的东西这一点是不可避免的。因此新哲学从它的实践意义上说是批判的、革命的。

不过,在此我们必须了解,马克思学说(连新哲学在内)绝不是工人运动自发的产物。自发性的工人运动,最多只不过能够产生出以经济斗争为主要目的的工团主义的理论。马克思学说是在其思想历史上有着它的来源的。连新哲学在内,马克思学说的主要来源有三个:

(1)英国的古典经济学。

(2)德国的古典唯心论。

(3)法国的空想社会主义。

马克思学说的创建人从这三个主要近代思潮中吸取了它的积极的因素,将它"扬弃",也就是站在工人运动的历史观点上将它加以批判改造。这样,这些积极的因素便被吸收进了马克思学说之中,而变成其中有机的组成部分。因此,我们决不能够将这一个"扬弃"或"批判改造"的过程理解为一个简单的直线式的过程。事实上,马克思学说(连新哲学在内)不但批判地总结了十八九世纪的这三个主要的历史思潮,而且也批判地总结了两千多年来(从希腊的哲学及学术思想产生以后)人类社会实践的经验,以及人类认识思想的历史和科学的历史。正是这样,所以马克思的唯物论绝不是简单地恢复了旧的唯物论,而是吸收了两千多年来的思想内容和加上了两千多年来科学的成果的。所以导师常常指出:"每当自然科学上有一个重大的成就,哲学便要采取一个崭新的姿态。"辩证法唯物论考察了自然、社会和人类思维的广泛领域,而从它们的发展上抽出了一般的规律,说明人类从已知到未知,从不完全的认识到更完全的认识的过程,因此,辩证法唯物论是"世界认识的总和、总计与结论"。

从历史上看,大致在1840年以前,马克思(1818年5月5日生于普鲁士莱因省居利地方，父亲是一个犹太人律师，马克思于1841年毕业于柏林大学）还是一个黑格尔的观念论者，在1841年后参加了"左派的青年黑格尔派"。1841—1843年时，马克思大体上是一个费尔巴哈唯物论的拥护者。至于恩格斯也差不多在这时成了费尔巴哈的信徒（他于1820年11月28日出生于普鲁士莱因省巴门地方的一个企业家家庭里，还没有念完中学便被迫到布勒门的一个商店里做店员。1840年成了黑格尔的信徒，1842年参加青年黑格尔派）。1844年，马克思、恩格斯在巴黎会见，从此便成了最亲密的终身战友。1844年，两氏合作写成了《神圣家族》。1845年，恩格斯出版了《英国工人阶级的状况》一书；1847年，马克思发表了《哲学的贫困》；1848年2月两氏又合作完成了《共产党宣言》，到这时，包含了辩证唯物论和历史唯物论的马克思学说便整个地完成了。

辩证法唯物论的成立和发展绝不是在"研究室"或"写字间"中完成的，理论是从实践的过程中产生出来和发展起来的，而反过来它又产生了指导人们实践行动的伟大作用。辩证唯物论是彻底的战斗性的科学，它是在战斗的过程中诞生和成长起来的。从一方面说，它是实践行动上的战斗，马克思、恩格斯终身都是工人运动的卓越领袖，是19世纪工人革命的伟大舵手和英明的领导者；而从另一方面说，辩证唯物论又是从理论的批判战斗中成长起来的。新哲学的创建人，对于种种布尔乔亚和小布尔乔亚的哲学思想及理论，都曾给以毫无假借的严格的批判，特别是对于劳工运动中的反科学的错误学说，曾给以迎头痛击。而从拉萨尔（Lassalle）、普鲁东（Proudhon）、巴枯宁（Bakunin），以至杜林（Dühring）、马克思、恩格斯都曾经毫不容情地和它们做过战斗，以克服这些学说在劳工运动中的影响。由此可知，理论上的批判工作是实践行动的不可分割的、重要的一部分。

将辩证法唯物论在新的阶段——帝国主义（资本主义发展的最高阶段）和普罗革命时代——向前发展了和丰富了它的内容的是伊里奇。由于辩证唯物论是一个科学的宇宙观，因此，一切形形色色的敌人多半是不敢正面敌视它的，他们实在经不起正面的批判。但他们结果又改头换面地用"伪装"出现了，在外表上装作信奉这一个科学的宇宙观，而在实际上却给以无耻的强奸和歪曲。正因为这样，在20世纪初，第二国际的歪曲的科学宇宙观是特别来得流行，他们在五花八门的言词的掩饰下面，企图向科学的哲学提出所谓"修正"，企图将辩证法唯物论和一切荒谬绝伦的哲学残渣矛盾地调和起来。"折中主义，诡辩，理论和实践的分离"这就是他们的哲学思想的特点。

在第二国际贩卖过来的哲学残渣中，最流行的货色是新康德主义、马赫主义和新黑格尔主义。他们有些人企图将康德的哲学和卡恩的哲学"结合起来"［如柏恩斯坦、阿特勒（Adler）、福伦德（Varlaender）、考茨基（Kautsky）、西泼尔丁（Hilperdine）等人］，而另外一些人又企图"皈依马赫"，但却称言他的货色就是科学的宇宙观［如阿特勒、保尔（Pauer）等］。此外，新黑格尔的学派也有大帮的追随者［如居格弗里·马克（Siegfried Marc）等］。

当然，第二国际在哲学中所提出的"修正"是和他们在社会政治上的实际行动和理论有着密切不可分离的关联的。关于这些人们的哲学理论的反动本质和意义，有一位导师曾经写道：

  在哲学的领域里，修正主义是跟着布尔乔亚教授科式科学的尾巴走的。教授们"回到康德去"，修正主义就偷着跟到新康德主义者的后面。教授们对于哲学的唯物论用说过了千百遍的平凡的僧侣主义的反驳来重复着，修正主义者就露出了卑屈的微笑，不平地申诉着（一字一句都登在最近发行的教科书里）说，唯物论是在以前早就"被倾覆了"。教授们冷笑黑格尔，说他是"死狗"，并且用一种比黑格尔的观念论更客啬平凡到千百倍的观念论拿来替自己说教，一提到辩证法就轻蔑地耸耸肩。修正主义者也跟在他们后面，走进了科学的哲学平凡化的泥沼里，用"简单的"（也就是稳健的）"进化"来代替"深奥的"（也就是革命的）辩证法。教授们用观念论的、"批判的"体系，去适应中世纪的支配"哲学"（也就是神学），借此得吃国家的俸禄，修正主义者就去接近他们，努力使宗教不但对于国家是"私事"。马克思主义的这种修正，实际上究竟有着怎样的阶级意义，是用不着说就已经自明的事了。

不仅我们上面所举出的第二国际"理论家"的"修正"是不正确的，就是从梅林（Mehring）、罗莎·卢森堡（Rosa Luxemburg），以至俄国少数派的领袖普列汉诺夫（Plekhanov）的哲学立场也是不彻底的，其中有许多错误论点，在许多根本问题上向布尔乔亚的哲学残渣让步。梅林认为对于自然界可以采取机械唯物论,这是不可饶恕的错误。对于新康德主义他也认为是马克思学说的"补充"。至于马赫呢?他竟将他和马克思并列起来,说:"马赫对于自然科学的贡献,和马克思对于社会科学的贡献是相当的。"罗莎·卢森堡的哲学立场也是不彻底的,在她的哲学思想中有着许多折中和诡辩的痕迹,在许多地方又表现出观念论和机械论的浓厚色彩。这些错误使用使她引导出了资本主义自然毁灭论等错误见解。

普列汉诺夫比较上面的"哲学家"当然是高明得多的,他在反柏因斯坦、反马赫主义、反波格唐诺夫等斗争中都有着相当重大的成就。但同样,普列汉诺夫的理想也是承继着第二国际的传统精神的,理论与实践的分离是其显著特点。普列汉诺夫在哲学上的错误大致上有五点:①不把辩证法当作认识论,而将它还原为实例的总和;②在认识论及其他问题上康德主义的影响;③对于费尔巴哈直观唯物论的不理解,有许多地方是无条件地接受的;④对于形式主义和形式论理学的偏重;⑤地理唯物论的理论以及对于唯物史观的机械主观的理解(如对于生产力及生产关系及上层建筑的图式)。

伊里奇的哲学是在帝国主义及普罗革命时代指导实际行动,并且对一切第二国际的形形色色的理论及布尔乔亚哲学的残渣的清算斗争中成长起来的。他早期的著作《谁是人民之友》已经比普列汉诺夫的著作《史的一元论》彻底又丰富得多。因此,有些人企图把伊里奇当作普列汉诺夫的弟子,将普列汉诺夫看作"理论家"而将伊里奇看作"行动家",这样的看法是错误的。这样不但将理论与实际分离了,而且显然有意歪曲史实。事实上是伊里奇最先和民粹派的主观社会学斗争,并且光辉地拥护了和丰富了马克思的宇宙观。此外在1894年,伊里奇又开始了对新康德主义的清算,至于对马赫主义以及所谓经验一元论的批判工作也差不多完全落在伊里奇的身上。总结起来,伊里奇在新的阶段发展了辩证唯物论,有着六点主要贡献。

(1) 发展了马克思的认识论,在反映论的学说上有重大的贡献。

(2) 指出了论理学、认识论及辩证法的同一性,因而光辉地发展了和丰富了当作方法论看的辩证唯物论。

(3) 总结了自恩格斯到伊里奇时代的科学成果,对自然科学上的诸问题给予了总结,因而丰富了和向前发展了辩证唯物论。

(4) 说明了黑格尔的辩证法和新哲学的关联,并且"在辩证法的一切重要范畴上，还呈示了一部唯物论地来研究黑格尔的很好的范本"。

（5）具体化了和丰富了及发展了辩证法的诸法则，指出了对立统一法则是"辩证法的核心"，"他提示了矛盾的斗争的绝对性，和它的统一、同一、一致的相对性"。

（6）强调地指出了哲学和科学的阶级性及党派性，充分从理论与实践、思想与政治的密切统一上把握这一个问题，因而使辩证唯物论产生了伟大的战斗作用。

伊里奇死后，他的光辉的继承人就是斯大林，他是全部学术传统和哲学理论思想的继承人。在20多年来的世界新情势下，斯大林用丰富的历史生活内容去丰富了和具体地向前发展了辩证的和历史的唯物论。苏联社会主义建设的胜利，资本主义危机的日益加深以及革命时机的日益成熟，和最近世界反法西斯战争的胜利，以及世界新民主主义的形成，所有这些复杂的历史内容，都被斯大林用来丰富了和发展了新哲学的思想。总结起来，斯大林对于哲学的贡献有五个要点。

（1）强调了实践的意义和真理的具体性，因而彻底地反对了自由主义的思想，而将实践过程中的自觉性强调起来。这样，对于可能性与现实性、自由与必然等哲学范畴，就丰富地向前发展了。

（2）斯大林辩证地把握了柔软性和强固性、能动性和原则性的活生生的统一。他特别重视"一切都是流动的，一切是改变的"这一个命题，因而强调发展过程中的柔软性和主观能动作用；但同时又指出了事物发展在某种程度上的凝固性和永恒性，因而又强调分析客观形势、把握原则、掌握政策。他经常反对无原则的折中主义和诡辩主义的曲解，他常常指出："在原则性的问题上是没有中间派别的。"

（3）斯大林关于战略和策略的思想，向前发展了和丰富了本质和现象等诸哲学范畴。

（4）斯大林关于具体地把握事物发展的全面性的学说，也丰富了而且发展了辩证唯物论。在民族问题上，在对于伊里奇主义的理解上，以及在一切现实问题上都是具体分析和全面分析及综合的典范著作。

（5）斯大林的著作《辩证唯物论与历史唯物论》的出版有着重大的历史意义。在这一书中，总结了20世纪50年代以前哲学的成果，并且将它具体化和丰富化了，因而也就是向前发展了。在这著作中特别有意义的是：①具体地将辩证法分为四个要点；②指出了理论和政治的实际联系；

③指出了社会主义社会的特殊法则，特别是关于生产关系完全适应生产力的学说，是发展了内容与形式的哲学范畴的。

第二节 什么是辩证法唯物论

所谓哲学，原来不过是站在一定立场上对待事物时的一种基本的态度、方法、观点和理论。"辩证唯物论是马克思主义伊里奇主义政党的宇宙观。这个宇宙观的所以称为辩证唯物论是因为他对自然现象的态度，他研究自然现象的方法，他对这些现象的认识的方法是辩证的，而他对自然界现象的解释，他对自然界现象的了解，他的理论是唯物论的。"我们所说的"辩证法这字是从希腊字'辩论'而来的。古代对辩证法之了解是指以发现对手的谈论中的矛盾及克服这些矛盾的方法来获得真理的艺术。在古代有些哲学家认为：发现思维过程中的矛盾，及对立的意见的冲突，乃是发现真理的最好手段。这个思维的辩证的方法扩展其应用于自然现象，变成为认识自然之辩证的方法；这方法观察自然现象，是把它看作永远运动着和变化着的，而自然之发展乃是自然间矛盾发展的结果，是自然间对立力量的互动的结果"。

哲学就是一定观点、理论、态度、方法等所组成的一个宇宙观和方法论，因此它是一个理论的系统。这些观点、理论、态度和方法都是从属于和被决定于一定的社会立场（阶级和党派）上的。但是我们要了解这里所说的从属和被决定并不是机械的、死的、直线式的东西。所谓决定不过是在基点上决定它，理论的发展本身还是有着相对的独立性的，每一种理论都继承了前人的思想遗产，因而哲学理论的发展也有着本身相对的规律性。当然，所谓相对规律是有着一定历史限度的，在基本观点上它是被社会历史的立场所决定了的。有些人不理解特定社会历史立场对于哲学基本论点的决定性作用，因而不能理解像一根红线似的贯串着两千多年来哲学史的党派性和阶级性；另外有些人又认为这种决定作用是机械的、呆板的，因而也就不能理解为什么出身于贵族的人会成为一个进步的唯物论者，而陷入了机械论的陷阱里。

我们说过，唯心论和唯物论是社会上两大集团（保守的和进步的）的意识表现。有些人把民族主义和国际主义划成势不两立的东西,然而要知道,真的国际主义者,却是彻底地知道民族解放的道理的。譬如反日本法西斯战争中的辩证法唯物论的具体学说便是一种民族的革命哲学,它本身是有代表民族的意义的。因为整个抗日民族所发生的实际问题,只有靠它才能够得到最完满、最彻底、最深刻的解决。同样,辩证唯物论今天在世界上又是代表着根绝法西斯、赞同民主、团结人民的利益的,因而具有世界的意义,不但对于国际工人有意义,而且对于世界大多数的人民也有意义。

因此,总结起来,我们可以这样说:有各种不同的哲学"思想和理论。有老了的、过时了的、替衰亡下去的社会力量服务的思想和理论。它们的意义就在阻碍社会的发展,阻碍它的前进。有新的、先进的、适合社会先进力量利益的思想和理论。它们的意义就在于帮助社会的发展,帮助它前进。而且,如果愈确切的反映社会物质生活的发展,那么它的意义来得愈加重大"。

历史上一切哲学思想从来没有看见过超历史的性质和超社会政治的任务。一切保守者的形形色色的哲学残渣都企图掩饰他们的阶级性质和党派性质,而以一种超历史的"永恒"说教的形式出现,同时也就企图隐藏他们替特定社会集团服务,以达到一定社会政治任务的面目。他们以这种面目出现,主要是为了欺骗大众的眼睛,而企图达到他们的目的。从历史上看来,就是十七八世纪布尔乔亚的唯物论者也没有能够超过这一个限制,他们宣布的"理性"是"永恒的"真理,是超历史的东西,因而是代表全体人民的。就这样,他们便隐藏了他们的布尔乔亚的阶级本质了。

在哲学史上,只有辩证法唯物论才是最革命和最彻底的一种哲理科学,他公开地承认自己的阶级性和党派性,并且把自己从属于社会革命的政治任务之下。因为,文人①是历史最进步的力量,他负有推动社会历史向前发展的伟大任务。正是因为这样,所以辩证唯物论并不害怕承认自己的阶级性质和党派性质,并且明确地以对这一点的坦白承认为自己的特征。

辩证唯物论是立足在实践的基础之上的。它要如实地去说明事物、变革事物,所以它将自己立足于每日人类对于自然界和社会界的实践行动的

---

① 此处"文人"疑为"工人"。

基础之上。它经常不断地用自然界（自然科学和社会界革命行动及对社会规律的知识）的实践经验来丰富自己，发展自己（所以哲学是自然科学和社会科学的综合），而使自己不断地能够更确切地反映自然及社会界的物质运动规律。

我们学习辩证唯物论的主要任务就是认识事物发展的规律，借以指导我们的行动。辩证唯物论"是全能的，因为它是正确的"。它的威力就在于它的正确性。但是，我们要知道，哲学并不是一种抽象的教条，而是一种具体的真理。处在我们周围的一切日常现象都是复杂错综的，它有着互相复杂的多面关系。凡是事物都是"多样性的统一"，哲学就要我们去考察这些多样性，并从具体考察中去得出它的本质发展规律，因此真理是具体的。所以，书本的知识绝不能够代替实际的认识。只有从实践的生活中去多方面考察，不粗心大意、不粗枝大叶，精细地去调查和研究一切点、线、面的复杂错综的全面关系，从这分析中具体地把握着具有决定性的一环，然后推动这一环节，以牵动全链。这一点，充分说明了理论与实践的活生生的联系，这就正如诗人歌德所说的一样，"理论是枯燥的，生活是常青的"。学习辩证唯物论绝不是学习它的词句和字义，而是要学习它的精神和实质，学习提出问题、考察问题，以及解决问题时的科学态度和科学方法，学习怎样把握正确立场，怎样把握政策，所有这些是需要我们从实践工作中去学习的。

但是，这是不是说就可以不要书本，不要哲学知识呢？不。辩证唯物论是两千多年来人类实践和认识史的总结。如果没有了它，那么我们便会变成一个狭隘的经验主义者，变成一个手工艺式的事务主义者了。只有靠它，我们才能够有正确的认识。导师常常指出说：只有用先进理论武装起来的战士，才能尽先进战士的任务。不过我们了解，在实际生活中单靠哲学的知识是不够的，先进的战士还应当从历史中去学习，从世界史和中国史，从中国革命和世界革命史（特别是苏联的）中去学习，因为这就是一本活生生的辩证唯物论教科书。学习前人的实践经验，学习前人提出问题、考察问题和解决问题时的立场、态度和方法。只有这样的学习，才能够使我们真正地成为一个用辩证唯物论武装起来的先进战士。

第三节　辩证唯物论的基本论点

　　辩证唯物论的基本论点不但和一切形形色色的唯心论正相反，而且和一切机械唯物论者们的论点也是有着重大的差异的。恰如工人阶级是社会历史上最先进的阶级一样，辩证唯物论是哲学史上唯一的最彻底的唯物论。18世纪的唯物论是形而上学的，即使是法国唯物论及费尔巴哈的直观唯物论也是不彻底的。在自然界的领域内，他们大体上还能够保持着一种首尾一致的唯物论的立场（当然也并不完全是彻底的），但一落到了社会历史的领域中，他们便陷入了唯心主义的深渊中去了。关于这些唯物论者的不彻底性，从根本上说当然是历史限制的结果，但从直接上说，却是形而上学束缚了他们的结果。

　　只有辩证唯物论克服了机械唯物论的形而上学的偏狭性及限制性，而完全在自然、人类社会及思维的广泛领域中贯彻了彻底的唯物主义的命题。由此证明：彻底的唯物主义必然是辩证的；而彻底的辩证法也必然是唯物的。恰如机械论者被形而上学纠缠住了，因而不能够往前贯彻着唯物论的根本命题一样，黑格尔的客观唯心的辩证法也是不彻底的，虽然，在他的手上曾经完成了辩证法的要点。当他说到事物的发展是内部的对立矛盾展开的结果的时候，他便"裹足不前"了，跟着就将这些矛盾调和起来了，而不能将这矛盾斗争贯彻到底，贯彻到一切领域中。他说：一切都是流动变化的，但却将自己的体系当作包罗万象的永恒体现，将普鲁士王国当作永恒理性的最高体现。这一些都说明了黑格尔的唯心辩证法的局限性及其不彻底性。因此马克思声言，唯物辩证法是和黑格尔的辩证法相反的。事实上，只有辩证唯物论才是历史上唯一的、完整的、深刻的关于事物发展的学说。辩证唯物论不将事物当作静止的、死的、呆板的、没有运动、没有变化的东西。在哲学史上它第一次从事物内在的对立矛盾及其斗争的展开上去贯彻唯物主义的原则；从事物的不断运动、变化、更新、发展的过程中去贯彻唯物主义的原则；从事物本身小小的、隐秘的、数量上的变化，从走向公开的、巨大的、根本性质的变化过程中，去贯彻唯物主义的原则；最后它又从事物的相互关联、相互作用、相互范围的统一状态及其发展的规律当中去贯彻唯物主义的原则。这样便使辩证唯物论成了一种"全能"的理论。因此,和此前一切的哲学(连费尔巴哈的直观唯物论在内)相反,辩证唯物论的任务不但要说明世界而且要变革世界,它明确地以认识事物的发展规律,借此变革世界为自己的任务。

辩证唯物论的基本出发点是物质运动,从电子运动至天体的运行;从沙粒至太阳;从社会的生产力至生产诸关系和阶级关系等都是客观的物质运动。总之,是从自然界的物质运动诸形态(解释它的是自然科学),至社会界的物质运动诸形态(解释它的是社会科学),都是哲学上物质运动的客观实在性。和一切形形色色的唯心论正相对,辩证唯物论的第一个论点就是认为运动是物质的不可分的根本属性。没有无运动的物质,也没有无物质的运动。物质运动是客观的、实在的,它的运动是基于事物自身内部所固有的矛盾及其斗争的展开。因此,物质的运动完全是一个自动的过程。有了矛盾及其斗争的展开,事物本身的发展便有了它的规律性,因此物质运动便有了一定的法则,而不是偶然的、随意的、主观的创造品。辩证唯物论从物质运动及其规律的客观实在性和自动性上去理解事物,因此它拒绝在事物发展过程中给"精神""概念""意识"以及一切形形色色一个"创造主"安排下的绝对的支配地位。唯心论认为事物的发展没有了神秘的力量是不可想象的,而辩证唯物论却科学地和雄辩地证明了"世界按其自然之本质说是物质的;世界各色各样的现象,乃是运动着的物质的各种不同的形态;为辩证法所确定的现象的互相联结与互相依存性,乃是运动着的物质的发展的规律性;世界是按着物质运动的规律性而自己发展的,用不着任何'世界精神'"。

"承认物质是客观的实在,人类出现以前就有它的存在,人类出现以后它也是离开人类意识而独立存在的东西——这个观点,便是一切科学研究的根本的前提。"因此,大体说来,自然科学者都是自发的唯物论者,因为如果在自然科学研究的基点上否认了物质的客观实在性,那么科学便变成了一种主观想象的游戏,失却了客观真理的意义,因而也就使自然科学失却了成立的根据。当然,由于过去许多自然科学工作者的形而上学观点,及其对于唯物主义的无知,因而使他们在基点上常常陷于混乱的境地,以普朗克和爱因斯坦的天才也不免陷于哲学残渣的深渊中。

两千多年人类实践的经验(自然的及社会历史的)完全证明了辩证唯物论的论点:承认物质运动的实在性及自动性的科学和正确。特别是两三个世纪来，全部自然科学及社会生产实践的成果都光辉地和雄辩地证实了辩证唯物论的论题。

过去的人们怀疑宇宙有着运动变化的形成历史，因而牛顿认为自从"上帝"把宇宙推动以后，便万年如一日，永不变化。但自从康德批判了牛顿的思想，宣称这一个理论在哲学者看来是"可怜的解决"，因而放弃了它，成立了"星云假说"（后来拉普拉斯在数学上证实了它，而不久天文学上的观测也证明了它的可靠性）以后，便再没有人敢怀疑宇宙的历史是一个物质运动的自动的发展过程了。

又当过去地质学和古生物学还不发达时，人们也怀疑地球和生物也许是"创造主"的"杰作"。但自从这两种科学成了一个相当完整的体系以来，这一种怀疑也就没有存在的根源了。同样，过去的人们不知道生物进化的历史，因而相信人类和思维也许是"上帝"的产物；但是，自从达尔文的进化学说出现，指出了生物界的生存斗争（自然选择）是它们自身的发展法则以后，这样，人类便再没有理由相信宗教上的胡言了。

同样，物理学和化学的大量材料，也完全地证实了辩证唯物论的命题。过去，人们还不知道物质的构造的实际。到了 18 世纪才有分子说，以后又有 19 世纪的原子说以及 20 世纪的电子说。所有这些，都完全证实了不论是分子、原子、电子，以至今天的中子、质子、量子等都是一种物质的实在。20 世纪初，唯心论者看见物质的电子被发现了，便狂嚷："原子只是电气能力的集团，原子非物质化，物质消灭了！"而一般失却了正确哲学指导的自然科学家，一时也手足无措，陷入混乱的地步。但不久，事实完全驳倒了这些唯心论者的胡言，事实光辉地证明了电子的客观实在性及其运动的自动性是不可怀疑的。

化学的全部成果也同样地证实了辩证法唯物论的命题。在过去（中世纪）元素的化合和分解总被假定有一种神秘的"力"在其中发生作用，因而什么"亲合力""化合力""分解力"等神秘东西便存在了。但现在化学却完全证明了元素的化合与分解，完全是物质内部相互作用产生的结果，而相互作用本身就是一种运动、变化、更新的过程。又，过去的时候，有机化学还不发达，化学的学说只能解释无机界的现象。于是人们便不可避免地和不自觉地在有机界和无机界之间划下了一道鸿沟。怀疑有机界物质运动的客观实在性及自动性，甚至以为如果无机界是可以没有"上帝"的话，那么，有机界是非需要"上帝"来施其威力不可的。但是，自从有机化学成立以来，人们的怀疑便消失了，从此有机界和无机界的固定鸿沟被打破了。从此，不论任何事物都是客观的物质运动这一点，没有人能够怀疑了。

所有上面这些近二三世纪以来的科学材料（而这些科学材料是在观察、实验及社会集团上被证实了的）都完全证实了辩证唯物论命题，而同时，也就驳倒了唯心论者的荒谬之谈。

除了承认物质运动的客观实在性和自动性以外，辩证法唯物论的根本观点又认为"物质、自然、存在乃是客观的真实性，它在意识之外离开意识而独立存在的；物质是最初的，因为它是感觉、想象、意识的来源，而意识是第二次的、派生的，因为它是物质的反映；思维是高度发展的物质的产品——即脑子的产品，而脑子是思维的器官"。辩证唯物论彻底地在自然界、人类社会的广泛领域中贯彻着"存在决定意识"的科学命题，强调地指出了物质的首次性、本原性和第一义性。关于这一点，辩证唯物论的创建人曾不断地说过：

> 物体的可感觉的世界（我们自己亦属于这个世界），乃是唯一的真正的世界……我们的意识与思维（不管其如何好像超感的），乃是物体的身体的器官，脑子的产物。物质不是精神之产物，而精神本身乃是物质的高级产物。
>
> 不能够把思维与思维的物质分离开来，物质是一切变化的主体。
>
> 唯物论一般地承认，离开意识、感觉、经验……的客观的真实的存在（物质）。……意识仅仅是物质的反映，最好情形下它是物质的近于正确的（同等的、理想的、确切的）反映。
>
> 物质就是作用于感觉器官而发生感觉的东西。物质是我们感觉的客观真实性……物质、自然、存在和物理的东西是最初的，而精神、意识、感觉和心理的东西乃是第二次的。

两千多年来全部人类实践都证实了唯物论关于物质首次性的根本观点，特别是自然科学上大量的材料证明了这一点。根据天文学上的估计，宇宙最少也有一百万万年的历史，就是从地质学上的新生代（最后的一代）到现在最少也有五百万年。至于人类的历史呢？真正现代人的出现到现在还不过只有二万五千年左右的历史，其实真正人类社会的历史最多只有一万年，而有文字记载的历史还不到五千年。看了科学上的事实，我们便明白，无论如何思维也是历史的产物了，因为人类的脑子也不过是历史进化的产物。

当然，辩证法唯物论并不是否认思维、主观、意识、精神的伟大的能动作用，相反地，在哲学史上只有辩证法唯物论，才能够真正地强调主观、思维在历史过程中的创造作用。我们的导师曾经不止一次地指出过："理论为大众掌握时就变成了物质的力量。"辩证唯物论强调了实践的作用和意义，强调了变革世界的任务。不过，辩证唯物论告诉我们不要把实践的行动，置于主观空想和意愿的基础之上，而必须分析周围事物的一切关系，从复杂的相互关系中抽出其发展规律，有了规律的认识做基础，我们的行动才会正确，才会发生伟大作用。马克思、伊里奇学说的"生命力与力量就在于它把自己的实际活动，正是依靠在社会物质生活条件之要求上，并不脱离社会的现实生活"，同时，它的生命力与力量又在于它"依靠在正确反映社会物质生活发展的先进理论之上，把理论提高到应有的高度，而且认为必须彻底使用它的动员、组织与改造的力量"。正是因为这样，辩证唯物论一方面要求我们强调事物发展的客观规律在某种程度上的凝固性，所以，要求我们把握原则，掌握政策。只有将原则和方针置于详细的、精密的、完整的调查研究的基础上，我们的行动才会正确。英雄所以能够成为一个卓越的历史人物，就是因为他反映了人民大众的意愿和要求，推动历史向前发展；而要反映人民大众的意志和要求就非要求我们做详细的分析、调查、研究的工作不可。但辩证唯物论同时又要求我们尽量发挥主观能动的作用，尽量发挥组织、动员的力量。所以一位哲人常常说："原则决定了以后，干部便决定一切。"这就是说，一方面需要认清原则，掌握政策，而另一方面也就必须用尽全副精神、力量、勇气去变革实际。辩证唯物论与机械唯物论相反，它是明确地立足于活生生的实践的基础之上的，而活生生把握着凝固性、原则性与柔软性、能动性的对立统一，是学习辩证唯物论的主要的重大任务之一。

辩证唯物论的第三个根本论点认为："世界及其规律性是完全可以认识的；为经验及实际所考验过的我们的智识是可靠的知识，有客观真理的意义；世界上没有不可认识之物，而只有尚未认识之物，而且这种物件将来亦会被科学及实践的力量所发现和认识的。"辩证法唯物论的这一个根本论点是和一切形形色色的"不可知论"相反的。他们怀疑认识世界及其规律的可能性，不相信我们的智识的可靠性，不承认客观真理，而认为世界上充满了科学所永远不能认识的"自在之物"。

辩证法唯物论这一个命题是被人类千百万次的实践经验所完全证实了的。随着产业和科学的进步，人类认识一天天深入到自然界的内部。18世纪时，关于物质的构造的学说，人们还只知道有分子论（热学），但19世纪便有原子论（化学），到了今天呢，不但有了电子论，而且还发现了过去许多不知道的物质微粒，如中子、质子、光子等等。所有这一切都证明了，不能认识的"自在之物"是没有的，昨天是"自在之物"，今天已经变成"我们之物"了。

事物的发展是有着它的必然规律的，因此，我们的行动必须立足于对这些必然规律的认识上。如果一个没有受过科学训练的人跑到了化学实验室中，将各种不同的药品胡乱地混合在一起，这样不但没有丝毫效果，而且往往会引起爆炸，以致性命也有危险。这就告诉我们，要做化学实验，必须对各种物质元素的分解和化合的必然变化规律有一个明白的认识，只有认识了这些物质变化的必然规律，我们才能够控制这些物质变化过程，从而做出种种实验。这样就告诉我们，自由和必然是活生生地统一着的。必然性是指着原则性、凝固性而说的；而自由却是主观的行动作用。如果将这两者绝对地对立起来，强调了必然性而抹杀了主观在某种情形下的创造作用，那么，便变成了机械主义。人变成了没有能动作用的、呆板的、死的机械，等待必然法则来支配。相反，如果强调了自由而抹杀了必然性，那么无可避免地要走向唯心主义，认为历史是自由意志及主观精神的产物，而不可避免地得到"物质消灭了，自由意志支配一切"的反动理论。辩证唯物论活生生地从对立统一的契机上去把握必然与自由的关系，自由不外是认识了的必然性。它们是对立的，因为客观和主观也有着相对的对立性；但又是不可分离地统一的，因为它们在人类实践及认识的过程中，将得到辩证的统一。

辩证唯物论关于必然与自由的科学理解，是完全被现代科学及人类生产实践所证实了的。在未来的康敏社会①中，由于人类自觉性认识的加强，这时人类的主观能动作用将大大地加强，这就是"从必然王国到自由王国的飞跃"。

---

① 即共产主义社会。

过去在十七八世纪的时候,机械论者在科学中曾经强调了因果性的必然法则,以为这些法则是完全机械地支配了自然界的物质运动的。但到了19世纪下半期和20世纪初期,便有许多材料证明了这种机械主义的反科学性了。1927年,物理学家海森堡发表了一个"不定性原理"。这原理告诉我们:一个微观粒子是不能同时确定它的位置与速度的,位置测定时,速度则不确定;相反,如果速度测定了,位置则不确定。而位置的不定率和运动量的不定率,在大小的次序上是不能够小于一个定量的。这就是所谓的普朗克常数。由于这一个发现,一般唯心论者便大呼:因果法则破产了,从此以后自由意志支配一切。其实,这只是机械因果法则的破产。后来的事实告诉我们,微观粒子的速度与位置不能同时确定的原因,不过是实验时借助于光,而粒子却被光扰乱的结果。这样,唯心论者的狂嚣不是失却了任何根据了吗?当然,严格的机械因果法则是不正确和不可能的。狄拉克告诉我们,在原子观测实验中,有时用同样方法重复若干次,但可能有不同的结果,因而必须将统计方法引用入现代物理学的研究中。但这不过是证明了辩证唯物论的命题:"一切决定于条件、地点与时间。"同时也完全证实了辩证唯物论关于必然与自由的辩证理解。

第四节 物质·运动·空间·时间

对于物质的客观实在性的承认是唯物主义哲学以及一切自然科学研究的始点。但是,哲学上的物质观和自然科学上说的物质观并非完全同义的,虽然在这两者之间有着不能分离的密切关系存在。哲学上的物质观只从客观与主观、物质与精神、所思与能思的相互关系上,也就是只从人类认识的过程上来规定物质的界说。而科学上的物质观却常常是对于物质内部的实际(特别是构造)的知识而说的,而同时,也表明我们在某一阶段上,深入到物质运动的内部的某种深度。好像18世纪时候,人们还只知道分子说,这就表明人类对于物质的认识虽然已经深入到了物质的内部,但却只是初步的深入;到了19世纪,人们知道了原子说,知道了还有比分子更基本的东西,于是我们的认识便更深入了一层,深入到了物质更本质的内部去。同样,我们今天的电子论,又是比原子说更深入物质内部一层的。

哲学只从认识论上规定物质观,因此它的意义是永久的、不变的。物质是离开我们人类的头脑而独立存在的实在,这一个命题是永恒的,绝不会随着人类知识的进步而变更(首先就是不会随着科学的发展而变更的)。而科学却不同,科学上的物质观是随着科学和社会生产的进步而日益发展的。对于物质的知识,今天我们不但知道了电子,而且还知道了质子、中子、正子等等。如果承认科学上的物质观是没有发展变化的,那么就无异承认我们科学发展的停滞不前。过去的形而上学者认为原子或电子是物质发展的最后单位,这是谬误的,因为这样就不但承认了物质是由一些无差别的同一微粒所组成,而且不可避免地就是要承认:总有一天关于物质研究的科学(原子物理学及化学)要停滞不前。因为如果认为电子是最后的物质单位,那么关于电子的知识完备了的时候,科学的发展便要停止了。

哲学的物质观是以科学的物质观为基础的,哲学不断地采取自然科学上关于物质的知识以丰富自己,在个别的原则和学说上发展自己;如果离开了科学上的物质观,那么哲学的物质观便会患"贫血症",显现出空虚和没有内容的形态。但是,哲学上的物质观是比之科学上的物质观更高级的东西,它广泛地考察了自然界、社会界及人类思维的领域,而从其中抽出客观的实在以作为物质的内容;因此,它不但比科学的物质观在内容上更广泛,包含着更多方面的东西,而且也必然比科学上的物质观要更深刻、更完整。所以,哲学上的物质观是科学研究上的出发点和指导原则。

辩证唯物论承认物质内部运动实际的可认识性,因而坚决地反对将"现象"和"物自体"对立起来,而承认有一个不可承认的"物自体",以及一切哲学的"物质本身"的存在。同样,也反对如洛克一样把物质的属性分为第一属性(客观的)以及第二属性(主观的)等形而上学的见解。

辩证唯物论的物质观是完全被科学所光辉地证实了的。辩证唯物论认为物质是永久的、无始无终的。现在科学上关于质能互变的原理已经完全证明了这一点。在古典物理学中最先有质量不灭定律,认为质量只能够转化,但是永远不会消灭;后来又有能量不灭定律,认为能量只能迁移(如热能变成电能等)也不能够消灭。在古典物理学的形而上学科学者心目中,质与能是对立的。质就是没有能量的质,能就是没有质量的能。因此在他们看来,具有物质的能,和具有能量的物质,同样是荒谬的事情。但在现代物理学中,物质与能量的对立完全取消了,质量不灭定律已经与能量不灭定律合而为一,变成了质能不灭定律。这就是说,没有物质的能量和没有能量的物质是同样荒谬的事情。能量是物质的根本属性,因此,凡物质必有能量,而事实上能量的单位也不过就是物质运动量的尺度而已。所有这些完全证实了哲学上物质观的伟大深刻性。

物质首先在空间上是无限的。在古典物理学中,牛顿认为空间不过是事物的容器,而容器是可以脱离了物质而独立的存在,好像没有水的碗,依然是可以独立存在的实体。这种割裂了物质和空间的统一的形而上学见解是反辩证唯物论的。辩证唯物论天才地指出:离开了空间的物质,和离开了物质的空间是同样地不正确的。现在科学上的见解充分地证明了这一真理。天才物理学家爱因斯坦指出:空间并不如牛顿所说的一样,是一种绝对体,事实上空间是并没有绝对的意义的。只有从物质与时间和空间的统一关联中去把握,空间才有意义。没有了物质,空间便要化为乌有,不能存在,因此空间只有相对的意义。所以爱因斯坦曾经坦白说:"过去以为没有任何物体时,空间与时间依然可以独立存在,现在知道不然了,时间与空间并不是宇宙的容器,假若没有内容,他们是根本不能够存在的。"不但这样,而且现代科学又证明了空间是由物质的分布状态来决定的,必须了解天体的运行才能够决定大宇宙的空间;必须了解电子运动的实际,才能够决定电磁场,因此"空间的几何性质非独立的,乃与物质相关,已知物质状态之后,方能见世界之构造"。

辩证唯物论认为,空间是物质运动存在的根本形式。物质运动只能存在于空间当中,而空间也只有和物质运动统一起来才有意义。辩证唯物论这一个真理,也是已经被现代科学证实了的。一切物质实体的运动都只能存在于一定空间形式中,天体运行存在于大宇宙空间中,一切生命的运动变化存在于大地空间中,电子运动于电磁场,所有这些都证实了离开空间的物质运动是不可能的。

把空间当作单纯的有限物这是不正确的。物质运动以及作为其存在的根本形式的空间都同样是无限的。最近有些自然科学家认为宇宙是有限的,因而企图求出宇宙半径以及质量的大小等等,所有这些都是荒谬之谈,是和世界物质运动的实际不相合的。辩证唯物论的空间观是比自然科学上的空间观更深刻和更广泛的,哲学上的空间观包括了自然界以及社会的物质运动（从电子至太阳，从社会生产诸力至阶级诸关系）的空间实在。辩证唯物论只把空间当作物质运动的不可分离的根本形态，因而必然要反对自然科学上一切物质与空间绝对化的倾向。

物质其次在时间上是无限的，和空间同样，时间也是物质运动存在的根本形式。在古典物理学中，牛顿承认有一种称作"绵延"的绝对时间的存在，这是不正确的玄学见解。辩证唯物论首先反对形而上学的时间观，反对把时间看成一种抽象空虚的东西；但另一方面也反对把时间当作主观的产品（如柏格森）或先验的东西（如康德）。辩证唯物论科学地指出了物质运动只能够存在于时间当中，一切的物质运动（天体、地球、生物、电子以至社会诸关系等）都在现实时间上有着它们的历史过程，离开了时间的物质运动是不可思议的。同样，时间也是现实性的，它只有和物质运动及空间统一起来才能够存在。单独的、抽象的、空虚的，总之，绝对的空间是不能够存在的。

现代物理学和数学上的研究，充分地证实了辩证唯物论的时间观的科学正确性。在现代物理学中，不把时间与空间以及物质运动的整个体系关联起来，而从统一的观点上去把握，是没有意义的。过去，笛卡尔曾经有所谓三度坐标，但现代物理学和数学却证明了在三度坐标中必须加上时间，于是变成了所谓的四元空间。四元空间是物质运动及其存在形式（时间与空间）的统一表现，因此，爱因斯坦曾经坦白地指出："约而言之，它（指相对论——注）抛弃了绝对之时间与空间，使它们完全关联于运动的体系。"又说："从今以后，单独的时间与空间都成了泡影，只有它们俩的特殊结果才有意义。"

从过去、现在，以至未来，从整体上说，时间的发展是只有一个向前的方向的。不过，事物的发展是近于螺旋线的过程，而不是直线式的。因此在整体上说来，虽然是向前发展，但在个别状态上说，也可能有某种程度上的向后性或复归性，因此辩证法唯物论也承认时间发展方向在某种情形之下的多样性，不过，这只有相对的意义。因为从整体上说，它还是向前发展的。由此我们反对某些科学家的谬见——认为时间向后跑，从整个历史发展过程上说，时间向后跑是荒谬之谈。总之，辩证唯物论认为时间是相对的，它只有从物质发展过程中去把握才有意义。

物质是无限地存在于时间与空间中的，而在运动过程中，体现了时间与空间的统一，所以"运动就是空间与时间的统一"。

运动是物质的不可分的根本属性,无物质的运动和无运动的物质是同样地荒谬的。世界就是物质的运动或运动的物质。在辩证唯物论看来,绝对的静止是没有的,一切的静止和均衡都只有相对的性质,且只有对于运动的体系而说才有意义。在力学中,静止不过是运动的尺度。静止不是绝对的,当个别的静止趋向均衡的时候,总体的运动却又破坏了它,一切静止都只是暂时的。所有这些都充分地证实了一切活动、一切变化的光辉命题。

在古典物理学中是承认绝对的运动和绝对的静止的,并且还绝对地将这两个对立起来。牛顿曾经这样坦白地写道:"绝对运动是物体由一个处所至其他一个绝对处所之转移","绝对静止的属性在这里即真正静止的物体本身静止着"。那么,怎样从静止转入运动呢?于是他便只有借助于"外力"了。因此,在三大运动定律中开始便说:凡物体如果没有外力的作用,那么"静者常静"。

牛顿这一种形而上学的见解,已经完全地被现代物理学摧毁了。现代物理学告诉我们:在物体运动过程中,质量可能发生变化,这就证明了物质与运动的不可分的统一性。罗轮茨又告诉我们在运动系中和在静止系中,时间和空间的测量有着不同的尺度。这就是说物质运动、空间、时间是统一着的。这样便光辉地证实了辩证唯物论的光辉命题:"一切决定于条件、空间与时间。"

把运动概念相对化的是爱因斯坦,他认为运动是相对性的,火车不能看作是绝对的运动,月台也不能够看作绝对的静止。运动和静止的固定限界打破了,一切都是处在相互关联、相互依存的统一状态中。所有这一切都光辉地证实了辩证唯物论的运动观的科学正确性。

最后,辩证唯物论的物质运动观的伟大正确,在于它批判了形而上学的谬见,而从物质本身内部所包含着的固有的矛盾对立及其互相斗争的展开上说明运动的源泉。当批评到形而上学的运动观时(牛顿是典型的代表),一个哲学家曾经指出过:"1. 它虽然记述着运动的结果,却没有记述着运动本身;2. 它没有表示出运动的可能性,没有包含着运动的可能性;3. 它把运动当作静止状态的总和,联结去描写。"辩证唯物论和形而上学相反,认为运动就是矛盾,运动就是矛盾的统一。即使是最简单的机械运动也是这样。机械运动虽然是位置上的移转,但却表现了物体在某处而同时又不在某处的矛盾,没有矛盾,运动是不可能的。认为一切运动变化的诸形态（从力学的、化学的、物理的、生物的，以至社会界的运动诸形态），都是该特殊形态的事物的内在根本矛盾对立的展开的结果，这就是辩证唯物论的光辉命题。

第四章

唯物辩证法底诸法则

第一节 根本的和核心的法则——对立统一的法则

形而上学以及庸俗的进化观的内容的贫弱、空虚、呆板、僵硬和片面的狭隘性，表现在它的最根本的缺陷上：否定了自然界事物内部所固有的活生生的对立统一，及其矛盾斗争的展开的规律性。从形而上学的发展观来看，在自然界的实际事物中是没有任何矛盾存在于它们的内部的，矛盾只能够在思维上存在，而在他们看来，思维中之所以有矛盾发生，也不外是逻辑错误的结果。因为矛盾在他们心目中是破坏了论理的法则的一致性，妨碍正确思维的发展的，所以论理学也就要以清除矛盾为任务。由于他们否定了自然界事物本身内部所固有的矛盾统一及其斗争的展开，因此他们便没有方法去说明运动、变化、更新、发展的源泉。为什么自然界的事物会有运动和发展呢？这在他们看来，事物是有绝对的静止的，由于没有了解自然界事物本身内部所固有的活生生的矛盾统一，因而不可避免地把物质了解为一种没有任何运动、变化的，死的物质，在他们心目中，物质是呆板的、僵硬的、死的东西，它是绝对静止地存在着的东西。而物质的运动也不外是位置（场所）的转移（他们只懂得力学上的机械运动），这种运动是有着绝对的性质的。那么，人们无可避免地要问：物质怎样从静止状态进入运动状态中呢？因为在形而上学看来，静止是静止，运动是运动，这两者是绝对地对立着，而没有任何共同之点的。于是，形而上学便不得不假定一种超科学、超物质的神秘"外力"来推动它（其实和所谓"绝对精神""造物主"等是同样荒谬的）。因此，牛顿在他有名的三大定律中开始便说："凡物体如果没有外力作用，那么静者常静，动者常依直线作等速进行，永无止境。"既然自然界的事物是不能够自动发展变化的，那么世界上何以我们又能够看见各种各样不同的物质运动形态呢？

力学的、物理的、化学的、生物的、社会生活的，所有这些不同的物质运动用什么来说明它的差异性呢？于是，形而上学者无可避免地要把一切高级的、复杂的物质运动形态（社会的、生物的、物理的及化学的等等）还原为低级的、简单的、力学的无知运动形态，认为一切运动形态都不外乎是力学运动形态的扩大或增长而已，而力学上的机械运动又不过是运动量（能）增长的结果而已。这样，他们便得到一个结论：把物质运动看作无知的属性、侧面、方面的一般的、单纯的、永久的成长和增大（或减少）。由此他们便把物质运动、变化、发展、更新的，复杂的、迂回的、曲折的过程理解为直线式的、呆板的、死硬的过程。在他们心目中，发展以及进化不过是事物本身的单纯的、小小的、隐秘的、逐渐的数量上的增加（或减少）；至于事物的公开的、巨大的、根本性质上的变化在他们看来是不可想象的。发展的向上昂涨线的运动，近于螺旋线的曲折运动的某一段被夸大起来了，片面概括了全面。螺旋形式的复杂运动被了解为单纯地绕着同一圈子发展的循环运动，于是事物的更新变成不可思议的了。所以，牛顿的宇宙论认为自从宇宙成立，并由于"上帝"赐予以权威的"一击"，而使它由静止进入运动中以后，便依着"动者常动"（他称之为"万有引力法则"！）的定律而做着万载不变的单纯的绕圈子运动，宇宙发展的根本的质的变化及其向上的历史过程，在牛顿看来简直是荒谬之谈。同样，林耐也这样去建立他的物种不变说。在林耐看来，自从"上帝"创造万物以来，便永远如此依照着绕圈子的形态去进化。物种绝不会增加，也绝不会减少。后来由于事实而不得不承认有偶然的变异，在形而上学者看来这已经是绝大的让步了，而这也不过是偶然呀——自他们看来，这个偶然是反自然界法则的，不过是例外的场合而已。

既然物种是不变的，那么为什么会有各种不同的物种呢？物种是怎样来的呢？这样，他们便不得不进入了如下的理解了：认为宇宙间的一切物质都不外是由一种无差别的、容易的、单纯的粒子所组成，而物质的根本差异，也就不过是这些微粒的不同组织或排列的结果。这样，他们不便不把物质运动当作一个长期历史过程来把握，而是认为物质的各种形态，都是借助于"上帝"的威力而一次性地被给予、被完成的。

最后，既然物质是绝对地静止的，物质的发展也没有一个从低级的、简单的走向高级的、复杂的历史过程，那么在各种物质之间，在各个事物之间显然不会有些什么关联或作用存在。因此，形而上学的论点无可避免地认为宇宙间的各个事物都是彼此独立着的，他们存在于彼此孤立的状态之中。而在这中间，并没有事物的相互关联、相互作用、相互范围。事象的复杂多样的统一状态及其内在的统一规律性，在他们看来是不可想象的。

形而上学发展观的根本的缺陷，就表现在它不能够从事物的自动发展上去了解运动、变化以及更新的过程，而无可避免地要乞灵于"创造主"的全能。如果依照形而上学者的看法，那么科学的作用便要大大地降低了。我们如果固守于牛顿的神秘外力的"上帝"的假定，便不会有康德和拉普拉斯的"星云假说"，科学的任务就是要取消一切神秘的假定，而从物质运动、变化的自动发展上去说明事象的发展过程，而以发现这一个运动变化的规律为任务。据说，拿破仑曾经对拉普拉斯这样问道："为什么在伟大的天文学家的《天机机构》一书中，造物者连一次都没有被提起过呢？"拉普拉斯很骄傲地回答道："我不需要这假设。"这一个例子，就充分说明了科学是不能够因归功于"上帝"（或什么"精神""力量"之类的神秘假设）的神威而获得满足的。在中世纪的时候，化学还只是一种炼金术的形式，因此人们便爱用"力"来解释一切。化合是由于一种"亲合力"，分解是由于一种"分解力"等等。如果是这样，那么，化学就成为多余了，而只要罗列现象，设计出几十种几百种神秘的"力"就够了。但化学的任务正是要探究化合和分解的过程，并以发现这过程的规律性为任务。从中世纪以至近代，人们的科学一天比一天进步，认识一天天加深，于是科学便不断地把一切形形色色的"创造主"从科学中排除出了。牛顿只承认"上帝"在最初能够大显神威，而以后呢？便依着物质自身的"动者常动"来说明一切，到了拉普拉斯手上终于连这最初的一击也从"上帝"手上夺取过来了。科学的具体行程走向了辩证发展观，它证明了形而上学不能从自我运动上去说明物质变化及更大的错误，而要揭露事物自动发展的秘密，就要求我们把握事物自身内部所固有的活生生的矛盾对立及其斗争的展开的具体形态和这过程的规律性。

辩证发展观的伟大性、正确性、深刻性和革命性，从最根本上说，就表现于它活生生地把握了一切事物的内部所固有的矛盾对立，而由这个斗争的展开去说明事物的自动的发展、变化过程，这一个理论的要点是被德国古典哲学家黑格尔所建立起来的。因此，我们的哲学导师曾经指出过："运动与'自己运动'［注意！自发的（自立的）、自生的、内的必然的运动]，'变化'，'运动与生动'，'一切自己运动的原理'，向'运动'及'活动'的'攻击'——'僵死的存在'的对立物——这一切，就是'黑格尔主义'的精髓，是抽象而且幽远的（难解而且荒唐的？）黑格尔主义的精髓。有谁相信呢？我们必须把这个精髓发现出来，理解它，救出它，剥取它，净化它。马克思和恩格斯曾经做过这工作。"又说："矛盾是一切运动及生活性的根源。任何事物，只要它自身当中有矛盾，它就有自动的动力和运动。""要在'自己运动中，在自生的发展中去认识一切过程，必须有一个条件：那就是要把它当作对立的统一去认识'。"

不过，我们要了解，如所周知，黑格尔的观念辩证法不但是头脚颠倒的，"抽象而且幽远"，"难解而且荒唐"的，而且由于它的观念的独断体系的缘故，黑格尔的对立统一的发展观也是不彻底的。他虽然也列举了许多自然界的材料来证明对立统一的法则，但是，这些材料不过是被嵌进了它的观念法则中间，这些观念的独断体系拖住了和阻碍了对立统一法则贯彻到底。他说明了对立统一及其斗争的展开，但却不能够将斗争进行到底（如认为普鲁士王国是绝对精神的最高体现等是反矛盾斗争的展开的），相反地，一达到了某种地步，他便将矛盾调和起来了。对立统一的法则只有在唯物辩证法的创建人的手中，才在哲学史上第一次建成了一个深刻的、完整的、科学的发展原理，这个科学的发展学说和一切形而上学以及观念论者的发展学说都是根本不同的。

唯物辩证法的对立统一的法则是一个普遍的、一般的关于客观世界和认识的法则。对立统一及其斗争的展开的实际，存在于一切自然界及社会的事象中间。而我人认识过程及思维法则中的矛盾统一的实际不过是客观法则的反映。因此，对立统一的法则是当作认识法则和论理法则看的辩证法则，它是存在于自然界、社会以及人类思维的广泛领域当中的。普列汉诺夫不了解这一点，他把对立统一的法则理解为个别实例的总和，因而在他的理论中充满了诡辩和曲解。例如他主张在"正式包含着对立现象"的复杂事物中，就要用"对立的结合的原则"去判断，用"然—否"去解决。在这里，首先，他把简单的东西和复杂的东西形而上学地割裂开来，把简单的现象化归形而上学去支配，因其不理解对立统一法则的一般性及普遍性；其次，他将对立统一理解为"对立的结合"，这是不明确的折中和诡异的论调，他不理解活生生的对立统一。

对立统一的法则是唯物辩证法的核心和精髓。有了事物的内部所固有的矛盾对立及其斗争的展开，才有事物不断的、永远的运动、发展和变化；又因为特定的矛盾统一形态构成了特定事物的质，所以有事物内部的对立统一及其斗争的发展规律，才有发展的过程；从小小的、隐秘的、数量上的变化走向公开的、巨大的、根本上的质的变化的过程；有了这昂涨线式的发展过程，有了这近于螺旋形的向上的运动路线，我们才有运动发展过程的样式——否定之否定的法则；有了事物发展的规律及其表现样式，才有物质运动形态的各种转化（质能转化以及社会形态的更替，社会现象的相互作用、变化等），于是我们又有了事物的相互关联、相互作用、相互范围的统一规律的法则。最后，所有形式与内容、现象与本质、根据与条件、必然与偶然、法则与因果性、可能性与现实性等唯物辩证法的范畴也就是对立统一所展开的具体形态。因此我们可以说：对立统一的法则是唯物辩证法的根本、核心的法则；其他法则都是从属的、派生的法则；只有对立统一法则被彻底展开，我们才能够贯彻其他法则。

将对立统一的法则具体化，丰富了它的活生生的内容，明确地说明了它是关于客观世界的法则以及认识的法则，将它当作辩证法的核心和精髓把握的是伊里奇。不可怀疑，人类两千多年来的实践经验及科学上的成果都证实了对立统一法则是贯彻于自然、社会，以及人类思维的全领域的。各个科学以研究特定的事物的某一侧面的特殊的、具体的矛盾统一的形态、构成及其斗争展开的规律性为任务。特别是近三四世纪以来科学研究的成果，完全证实了唯物辩证法的核心法则——对立统一的法则的全能性。

力学以研究机械运动形态为对象，因此它必须具体地考察机械运动的矛盾统一的特殊形态及其展开的规律，如何具体地表现在作用与反作用、引力与斥力、向心力与离心力等对立统一的具体形态中；物理学以研究物理的运动形态为任务（如热、声、光、电磁等），因此它也必须考察所有热、声、光、电磁等内部所包含着的固有的内部矛盾统一的形态及其展开的规律性。具体说来，表现于热学中的就是分子的引力与斥力间的对立统一；表现在声学上就是波动与质点的对立统一；表现在光学上就是连续性与非连续性、波动与质点的对立统一；表现在电磁学上就是阴电与阳电的对立统一；同样，在化学中我们可以看到原子的化合和分解的对立统一；在数学中我们可以看到正数与负数、微分与积分、直线与曲线、质与量、连续数量与不连续数量等对立统一的具体形态；在生物学中我们也可以看到遗传与进化、细胞的死亡与新生等复杂的对立统一形态；至于在社会科学中，那么矛盾统一的形态更复杂而显著了：从生产力与生产关系以至社会阶级的对立统一及其斗争展开的具体形态。这些足以完全地证实对立统一的法则的全能性。

科学认识的任务是站在已有的成果上去更多方面地、更深刻地、更周到地、更完全地考察事物（自然界或社会）的某一侧面现象的对立统一的具体形态；而对于对立物的分裂的认识就是辩证法的精髓。事物内部的矛盾统一的形态是具体的，因此真理也是具体的。所以"辩证法，在其本身的意义上，是对象的本质自身中的矛盾之研究"。

矛盾统一的具体形态是复杂错综的，在它内部包含了矛盾的多样性和多方面性，包括了事物某一特定侧面的各种联结、倾向、方面等等。研究这些复杂错综的联结，暴露出其中最根本的矛盾，并具体地研究这个最根本的矛盾，这就是辩证法的任务。好像资本主义社会的矛盾是非常多样性的，但最根本的矛盾就是生产的社会性与占有的私人性的矛盾。其他矛盾的具体形态都是派生的，环绕着这一个最根本矛盾形态而发展的。形而上学的根本缺陷就表现于它只片面地、单纯地、呆板地去观察事物，而不能够从多方面性上、从周围的一切联结上、从各种现象交织起来的网上去研究事物的内在联结的状态。因此辩证法要求我们必须多方面地去考察事物的内部实际，即使我们不能完全做到这一点（这是历史的认识的限制，完全无遗漏的认识、一次完全给予了的认识是不可能的），但总可以避免僵硬性、呆板性和片面性。

对立物存在于统一的状态中，它们是彼此互相渗透着的，其中一方的存在以他方的存在为前提，而彼此形成了不可分离的统一物。好像在力学中没有了反作用，那么作用是不可思议的；在物理学中没有了质子（阳电），那么电子（阴电）也是不可能存在的；同样，没有了正数或负数的任何一面，那么代数学便没有成立的可能。至于在社会形态中，我们尤其可以看得更清楚：在资本主义社会中，如果没有了资产阶级或工人阶级任何一方面，那么资本主义的机构便不能存在了。资本主义社会必须在下面的情形中才有可能成立：资产阶级掌握了所有一切生产手段和资料，而工人阶级变得一无所有。于是工人阶级便不得不把劳动力当作商品卖给资产者（雇主），而随便由他们去支配，这样，便产生了剩余价值。剩余价值的分配又表现为利润、利息、地租等复杂的形态。资产者为了追求利润而生产，结果便形成了个别企业的计划组织性与社会生产的无政府状态的矛盾，而这又可归结到资本主义社会的最根本的矛盾——生产的社会性与占有的私人性的矛盾。这一个最根本的矛盾表现为周期性的经济恐慌和阶级斗争，以及一切资本主义社会的混乱。因此，要解决这个矛盾，必须使占有也社会化，取消生产手段或资料的占有的私人性，而由社会来掌握一切生产手段及资料，使生产关系永远完全适应于社会的计划性和组织性的巨大生产力。所有这一切都证明凡是事物，都有着它的内部的对立统一物，他们是彼此渗透的，在相对的情形下，正的一面与负的一面、肯定的一面与否定的一面、保守的一面与进步的一面、落后的一面与革命的一面、没落的一面与生长的一面彼此都形成了不可分离的统一、同一或一致。好像在资本主义社会的形态内，资产阶级与工人阶级是不可分离地统一于资本主义社会的生产关系当中的。

但在这里我们必须要知道，在统一的两个对立面中，是有着主导的一面的。好像生物在生长过程中，虽然内容包含着死的因素，但生的一面仍是主导的，矛盾的主导面是规定了事物的质的规定性的主要因素。在它占着主导的地位的时候，它在事物内部的质的规定性当中是发生着某种程度上的支配作用的。布哈林的均衡论的主要错误就是不理解这一点。矛盾是复杂的东西，绝不是两种单纯力量的均衡，即使在最简单的机械运动中也是如此。只把矛盾理解为两种对等力量的均衡，便抹杀了事物内部矛盾的真实性，而没有理解事物的发生、发展、变化的过程。具体地研究矛盾内部的实际，掌握矛盾的主导面及否定面的活生生的实际，是唯物辩证法的主要任务之一。

矛盾统一物是有着各式各样的形态的。对抗的矛盾样式只是多种多样性的形式之一。有些人不理解这一点，而将资本主义社会中生产力与生产关系的矛盾对抗形态引用到社会主义社会中去，资本主义社会的根本矛盾是不能够在它的自身的生产方法上得到解决的，生产关系阻碍了社会生产力的向前发展，因此必然出现对抗性的经济恐慌以及阶级斗争的激化。这些现象表明了资本主义社会中生产方法的内部的对抗性的矛盾。但是，在社会主义社会中就不然了，这时候，生产手段和资料的私有制已经消减了，因而生产的社会性与占有的私人性之间的根本矛盾已经不存在。过去的生产是资产者追求利润，因而必然要产生生产的无政府状态以及由后者而产生的必然结果——经济恐慌。但在社会主义社会中，所有恐慌、贫穷都消灭了，因为社会上再没有了为追求利润而进行生产的资产阶级，这时候生产不过是为了社会人们生活水准（物质的及精神的）的提高。因此在社会主义社会中以至康敏主义中，对抗性的矛盾是没有的，在过渡时期的经济中，可能有某种程度上的矛盾（如乡村与城市的矛盾、生产与消费的矛盾等），但这些矛盾也和资本主义社会中对抗性的矛盾的形式是根本不同的。好像在苏联吧，它的"生产关系是完全适合于生产力性质"的，这种完全适合根本就不是对抗性的矛盾。有些人也许怀疑，如果在苏联生产力与生产关系只有完全适应而没有矛盾的话，那么社会发展的动力在哪里呢？因为这些人们认为必须把矛盾解作另一种形式，认为在这里矛盾应当解释为另外一种形态；生产力不断地追赶生产关系，而生产关系却是无限的。其实，这一种解释是不必要的，是这些人们被资本主义社会发展的特殊规律束缚住了的结果。作为社会发展的动力和基础的生产方法，而生产方法的强大发展是由苏联人民的爱国热心、劳动热情、民族团结、生活康乐，以及由于这些而产生的斯泰哈诺夫运动来保证的。而所有这些生活意义又是由社会主义社会的性质产生出来的。今天斯大林格勒（今伏尔加格勒）等大城市的复员工作足以充分证明这一点。因此我们可以断言：在未来的大同社会中，生产力与生产关系的矛盾对抗是没有的，这时生产力与生产关系的矛盾将被消灭，而只留下人类和自然界的矛盾（除了世界关系），这就是所谓"从必然王国到自由王国"。

对立统一的法则的主要精髓就是具体研究对立物的分裂及其斗争展开的规律性。因为只有通过这些我们才能够了解对立物的迁移、转化，有了迁移、转化才有运动、变化、发展，才有质的飞跃的发生。哲学的任务不但要解释事物，而且更重要的还在于变革事物，要变革事物就必须了解事物从量的变化到质的变化的过程，而紧紧地把握质的飞跃、连续过程的中断、向反对物的转化、旧的东西的死灭与新的东西的发生等契机。因此，伊里奇指出："统一的分裂及其对立的各部分的认识，这是辩证法的精髓。"

既然，我们必须了解统一物的分裂、推移、转化、运动，所以，辩证法"它对现存事物的肯定的理解中同时却包含着对现存事物的否定的理解，现存事物必然灭亡的理解，它是从运动中，因而也是从它的暂时的方面，来考察每个现存的形态，因为它在任何东西面前是不屈服的，就其本质说来，它是批判的，革命的"。因此，我们知道，辩证法的对立统一的法则，从事物的发生、成长、没落和死亡的过程来研究事物的运动变化的，对于它重要的是正在向上生长的力量，而不是保守的、将要没落的东西。只有正在生长着的力量才是不可被战胜的，它必然要起来代替死亡的旧的东西。因此，只有在依靠向上生长的力量的时候，才不会失败，即使这些东西在目前看来还是不强固的；依靠着没落的力量的东西必然是要失败的，即使在目前看来它还是强固的，这就告诉我们，不要被目前保守的、支配的、没落的力量吓怕，我们不但要看到目前而且也要看到将来，不要向后看，而是要向前看，把事物内部的固有的矛盾暴露出来，掌握这活生生的矛盾，而把这矛盾贯彻到底，以加速旧的东西的死亡，新的东西的向上生长，这就是哲学指导行动的中心任务。

由此，我们便了解，对立物的分裂、推移、转化、斗争是绝对的、无条件的，而其同一、一致、统一都是相对的、暂时的、有条件的。随着统一的分裂，它将必被新生的东西所替代，它只有在特定条件下才能够取得一致、同一和统一；但即使就在同一中，也是相互排除和斗争的，因此，同一应当理解为对立的综合或统一。所以，我们的哲学导师曾经如下指出过：

> 普遍的表象虽然捉住了差别和矛盾，但不能把握一个向另一个的推移。然而这才是最重要的。
>
> 不仅只是对立的统一，也是各个规定、性质、特征、侧面、属性等向着其他事物（向着自己的对立物）的推移。
>
> 对立的统一（一致、同一性、均势）是有条件的、暂时的、过渡的和相对的。互相排斥的对立物的斗争却是绝对的，就好像发展和运动是绝对的一样。
>
> 所谓辩证法便是关于对立要怎样才能同一？要怎样才是同一（要怎样才成为同一）？——在什么条件下才是同一，才相互转化——何以人们的心不把这个对立当成死的、凝固的东西去观察，而要把它当作活生生的、有条件的、可变动的、互相转化的东西去观察等问题的学说。

马克思在《资本论》中分析资本主义社会中包含着的对立矛盾，由这矛盾的展开来暴露资本主义发展的规律性，从而在发生、发展、成长、没落和死亡的过程上去观察,是运用辩证法的光辉典范。从隐含在资本主义社会的商品经济的细胞——商品中的具体劳动和抽象劳动之间的矛盾,使用价值以及价值之间的矛盾起,由矛盾的分裂及其发展,最后终于暴露出来资本主义社会的最根本的矛盾——生产的社会性与占有的私人性的矛盾。因此,伊里奇曾经这样指出过:

> 《资本论》首先分析了资本主义社会(商品社会)之最单纯、最普遍、最根本、最经常的数十亿万次被反复着的关系——商品交换。那种分析,在最单纯的现象之中(资本主义社会的"细胞"之中)暴露现代社会的一切矛盾(或一切矛盾的萌芽)。从那里开始的叙述,把这个矛盾的发展(成长及运动),这个社会的发展,在其各个部分的总和上,自始至终地指示出来。这必须是辩证法的一般的叙述方法或研究方法。

第二节　派生的法则

【甲】从量到质及从质到量的转化法则

凡是事物都是质和量的统一,譬如一本书、二斤酒、三辆汽车、五十匹马力等等,都是质和量的统一。"质"是什么呢?质就是事物(现象、过程)内部根本的规定性,有了事物(现象、过程)的质,各种不同的特殊事物才能够彼此分别开来。凡是事物都是物质运动的个别形态,从低级到高级,从简单到复杂,所有机械运动、物理运动、化学运动、生物运动,以至于社会运动等形态,都是物质运动发展的某一阶段的特殊形态。从总体上说,也可说是物质运动总体的某一特定侧面。由于各种基本运动状态的不同,事物便有着不同的质。好像机械的运动形态,主要的是说明物体运动的空间转移、变化的过程;而物理运动形态,却进而要说明热、声、光、电、磁等能量自身及彼此间的运动、变化及转移过程的法则。如果我们说,力学主要着重研究的是机械运动形态的外在的显现(具体说,就是作用和反作用的各种表现形态），那么，物理学便要究明能量的内部构成和规律，并以说明它们彼此间的转化和迁移的法则性为任务。因此，它也可以称为分子力学。由此看来，机械运动形态的质和物理运动形态的质是不同的，后者与前者相比是更复杂、更高级的东西，同时后者也绝不是前者的简单增长或综合，而是有着根本上性质的差异的，正因为如此，所以绝不能够将物理的东西还原而为力学的东西的简单的凑合。我们所以能够将力学过程和物理过程区别开来，就是因为认识了他们各自的特殊的质。同样我们所以能够将热、声、光、电、磁等能量现象分别开来，也是因为它们之间还具有各自的特殊形态，当然，这种差异和力学与物理的差异是不同的。即在同一物理现象中也有着众多的侧面，热学、声学、光学、电磁学等各自抽出其侧面之一，以当作研究的对象，同样，在化学现象中，我们可以得出有机现象（有机化学）及无机现象（无机化学）。由上面的分析，我们可以知道：个别事物的质的不同是因为他们的基本运动形态或种类的不同，所以，事物的质就是它内部的基本运动种类的规定性。人类认识事物就是认识某一特殊事物的基本运动形态或种类的实际，而对于这基本运动种类的究明，也就是发现事物的质的规定性。

我们认识事物的基本的运动种类，主要是把握这一基本运动形态的特殊的根本矛盾形态，也就是所谓对于"矛盾统一的构成及其对立部分的认识"。好像我们所以认识力学现象（机械的运动形态），主要是认识了作为机械运动形态内部的根本对立统一体的作用及反作用。由于把握了作用和反作用的统一及其对立、分裂的发展规律，才会有牛顿的三大定律（当然，牛顿并没有意识到作用和反作用的对立统一，他一开始便自然地认定了作用和反作用是两种自然的对立作用），才会有古典力学；有了古典力学，才会有机械工业。同样，作为物理现象（物理的运动形态）的根本的对立统一物的是阳电与阴电、波动与质点的对立统一。由此可见，要认识事物的质，首先就要把握这一事物的内部所固有的对立统一物。而从量的变化到质的变化以及从质的变化到量的变化的法则，也不外是对立统一法则的显然形态。但这绝不是说，从量到质及从质到量的转化法则是不重要的，相反，这绝没有减轻了这一法则的重要。这是唯物辩证法的根本法则之一，它说明了事物发展的过程、新质的发生和成长、旧质的没落和死亡。有了这一法则，不但可以说明物质多种多样性，而且也可以说明物质的发生，从旧的东西向新的东西推移的合法则性。

质和量同样，是客观的实在性。承认质和量的客观实在性，是辩证唯物论的基本观点之一。许多主观唯心论者都试图推翻这一个命题，而扬言所谓质量不过是人类主观感觉经验、意象或观念的产物。马克思的唯物论从人类实践的经验上证实了质量的客观实在性，物质是客观实在的，因而物质的"质量"也是客观实在的。

量也是事物的规定性之一，质和量是对立的统一物，纯粹的质或纯粹的量都是不存在的，没有量的质和没有质的量是同样地不可思议的。质与量是对立的，因为它们各自成为了事物的规定性之一，但它们又统一于物质的特殊的运动形态当中，而于物质存在的形态中构成了不可分离的"质量"。

将质的内容完全抽去，就得到了想象的量，关于这种数量关系的科学便是数学。因此，数学的研究对象也是客观实在的，它反映了事物的量的规定性的侧面。主观唯心论的学者，认为纯粹的数量是与现实或物质完全无关的东西，因而认定数量是"理性""自由意志""想象""纯粹思维"，甚至是先验的产物。由此便将事物的量的规定性当作了主观的东西，而否定了量的客观实在性。关于这一点，恩格斯曾经这样批判说：

> 纯粹数学的对象，是现实世界的空间形式，及数量关系，所以是非常现实的资料。这些资料采取了非常抽象的形式，此点只能在表面上遮掩它的来源。可是为要能够纯粹地研究这些形式及关系，那么应该完全把它们与其内容相分裂，把内容暂置不管，当作无所可否的东西；这样我们便得到不能测量的点，没有厚度及长度的点，各个 A 与 C，X 与 Y，不变数及变数，只在最后，我们才到达理性本身自由的创造及想象的产品，即是，到达想象的量，同样的，数学上的量的互相引申，并不是证明它们的先验的起源，而只是证明它们合理的相互关系……

庸俗的机械论者否认了事物发展过程中的公开的、巨大的、根本性质上的变化，因而也就否认了事物发展过程中质的飞越，否定了突然而来的、迅速的突变，而只承认有小小的、隐秘的、缓慢的数量上的变化的存在。这样结果便不可避免地否认了一切事物的质的差异，而将一切事物的发展、变化还原为机械形态的简单的增长（或减少），还原为事物的侧面、属性、特征的单纯的扩大或增长，使运动变成了绕圈子的循环运动，而无法说明旧质的死亡、新质的发生，以及由此而成立的物质的多种多样性。主观唯心论者和机械论者相反，他们否认质量的客观实在，而完全将它归于人类主观的产物，他们往往否认事物发展的客观法则，而认定这完全是"理性"或"主观"的"自由意志"的产物，这样，事物发展数量上的变化被否定了，它们看见的只是"质"的变化，而质的变化的到来却完全是主观的结果。因此，必然性和因果法则被否定了，偶然性和自由意志支配了一切。自然界和历史再不是具有客观统一规律的东西，而只是偶然事物的堆集。

否定质的规定性及质的飞跃，和否定量的规定性及其发展和变化同样是反动的。依照前者，不可避免地达到了否定社会历史的革命，而要用和平进化的观点来代替它。机械论者布哈林认为富农（资本主义）可以不经过任何斗争便能够自然生长成为社会主义，他的"自流主义"论便是否定了质的差异及其飞跃的标本理论，这种理论是适应帝国主义的统治者的要求的。如果依照主观唯心论者的见解，那么，社会历史的行动便会建立在少数"伟大人物"的"意志"上，民族解放和社会解放胜利的必然性便被否定了。这样便会模糊人民的视线，产生降低他们的胜利信心的作用。同时，如果革命不基于客观物质生活的诸条件的分析，不依靠人民群众，那么必然是要失败的，这样我们又可以知道，主观唯心论者的理论对于帝国主义的统治者也是有利的。托洛茨基的"不断革命论"企图跳过民主革命的阶段，而在1905年提出的"打倒沙皇制度，政府是工人的"的口号，就是这一种理论的张本。有些人否定在中国发展资本主义能使中国走向工业化和现代农业化，改善民主，普及文化，消除封建力量和帝国主义的双重压迫，把人民从落后的生活和思想中解放出来；而认为应该"毕其功于一役"，因而提出了社会主义革命与民主革命可同时进行，这也是这种错误理论的张本。因为这种表面漂亮的理论，必然走向忽略眼前的重大任务，不敢面对现实而空谈革命的结果。将革命建基于空想和奢谈上面，结果便会招致失败，而有利于封建法西斯的统治者。

质与属性并不是同一的东西，黑格尔指出："所谓质，最先而且最主要地，当它在外的关系中作为内在规定而表现着自己时，在这样的意义上就成为属性。质虽然具有无限量的属性，但质是在所与的现象过程和对象中表现着固有的规定性，属性却在于其他对象的关系中映现出这规定性。"

因此，物质如果失去了某一属性，仍不失为原来的物质，但如果失去了质，那么，物质就变成了别种东西了。好像，颜色是苹果的属性之一，但颜色有时可以是青的，也可以是红的，但无论是青的还是红的，苹果还不失为苹果。

唯物辩证法认为，由于事物发展内部的小小的、隐秘的、缓慢的数量上的变化，到一定阶段时，事物便会发生公开的、根本的、急速的性质上的变化。这种变化的到来是迅速的、突然的，是从一种状态到另一种状态的飞跃。飞跃的结果是新质的产生，新质一经产生，在这新质的基础上，又发生数量上的变化。因此事物发展的过程不是绕圈子式的循环运动，而是不断向上，从低级到高级，从简单到复杂，因而运动便成了向上昂涨线式的运动。质的变化是量变的积累的结果，而新质的产生又是以后量的变化的基础。质的变化的结果是旧的东西的死亡，新的东西的产生。因此，当事物内部固有的矛盾达到了不可调和的时候，就是说，当旧的东西实在已经到了必须让位、但还不甘于让位的时候，突变就发生了。最明显的例子就是社会革命。从封建社会到资本主义社会的布尔乔亚革命，从资本主义社会到社会主义社会的普罗革命都证实了这一点。

新质发生于旧事物的胚胎之中，而不是外在的。在量的变化还没有达到足够引起质变以产生新质并占支配地位的时候，旧的质还是占支配地位的，虽然它已经一天天地走向没落和死亡。但这是不是说，在没有发生根本性质上的变化以前，质是丝毫不变的呢？不，不是的。在量变的过程中，部分的、小小的、隐秘的质变还是存在的，不过这部分的质变并不能够引起公开的、根本的、性质上的迁移，只有发生巨大的质变，事物才会从根本上变成新的东西。这种部分的质变是依照着下面的方向前进的：新的东西走"上坡路"，旧的东西走"下坡路"。

质变的外在样式有多种，有些质变表现为公开的斗争的形式，如法国的资产阶级革命和苏联的十月革命。而另外一些质变却可以表现为没有公开斗争的形式，如苏联的走向康敏主义社会。关于这种种样式，在自然界中也可以找到例子，如有些元素化合时表现出激烈的、爆炸的飞跃，而另外一些元素化合时却表现出没有任何爆炸的对抗性。因此，是否发生质的变化不能从外在样式去鉴别，而只有深入考察事物内部的实际才能够确定。

从量变到质变和从质变到量变的转化法则，在自然界及社会中有着非常丰富的例子，因为这个原则就是从自然界和社会的物质运动中抽象出来的。

即使在数学中，我们也可以看到由量的变化引起质的变化的例子。比如正数和负数就是质的规定，"0"是正负属性。数学发展到了"无限大"及"无限小"的时候，便是性质上的差异了。又如开方和平方，也是质的差异。"9"不但是90、900、9000等数的基础，而且也是9^2、9^3、9^4等的基础。质的差异以及由量变到质变和质变到量变的转化法则，同样地统治着数学的领域。

现代的理论物理学者由于没有看见"质"，而将"数量"夸大起来，将它绝对化，将数学完全运用于物理学中，结果便产生了观念论的物理学。马赫的"思维经济原理"企图将复杂的东西看作简单的东西而用数量去把握它们。尽管现代物理学应用了数学的成果而获得了许多卓越的成绩，但事实上，他们如果不了解质与量的对立统一的关系，不将数量看作事物的规定性的侧面，那么他们便无法从主观观念论的泥坑中拔脚出来，同时也就无法走出所谓物理学危机的领域。

在物理学中，我们可以找到许多例子来证实从量变质之辩及从质变到量变的转化的法则。能量的转化证实了能量本身量变的结果可以从一种能（机械能、热能、电能等等）转到另一种能。19世纪末，马克思威尔（Maxwell）证明了光和电磁波的差异不过是波长的不同而已。到了20世纪初，普朗克又证明了热、光、电等能量的差异是从量的差异上引起的。至于将光波的不同波长而划分的各种不同的光带，尤其是一个明显的例子，光谱正是由于量的变异而产生的。当谈到了物理学中从量变到质变再到量变的转化时，恩格斯曾经写道：

在物理学上……每个变化都是从量变到质变的转变。某种固有的物体的量变或其所有的某种运动形式的量变的结果。例如：水的温度起初对于它的液体的状态是没有什么意义的；但在增高或减低水之温度到某一时机则水之凝结状态变化了，水或化为汽或结为冰……例如必须有一定的最低限度的电力才能使白金丝发光，例如每种金属都有它自己的溶（熔）解的温度。例如每种液体都有在一定气压下特有的沸点与冰点——只要我们现有的工具能够得出这样的温度。最后，例如每种气体都有危险点，在这点上加上气压与冷化可以变成液体状态……所谓物理学上的定数,大部分实质上不过是一个联结点的名称,在这里运动之量的增减(变化)唤起某种物体之质的变化。这里就是量变转换为质变。

化学上的事实更充分证明了这一法则的正确。元素的质的差异,不过是由原子量的不同所引起的。从氢到铀一共有92种元素。门捷列夫不自觉地根据这一个由量变引起质变的原则而天才地构成了周期表,预言了当时几种还没有发现的元素的名称、性质和属性。后来,这些元素被证实了,被发现出来了。

恩格斯曾经举出了许多化学上的例子来证实这一法则。好像氧吧,本来是由两个原子构成的。但如果由三个原子构成便变成了臭氧了。臭氧在性质上是和氧完全不同的。"由元素的单纯数量上的增加,而且总是同一比例上增加,形成了许多系列的质量不同的物体。这一现象在一切组成的元素按同一比例而变化的系列中,如在寻常烃类 C_nH_{2n+2} 的系列中,以最纯粹的形式表示出来;在这一系列中,最低的气体为 CH_4,最高的固体为 $C_{16}H_{34}$,$C_{16}H_{34}$ 是无色的结晶体,熔解于21℃,蒸发于278℃,在两个系列上,每个新的组成分子,都是按照 CH_2 加上去的,就是说,一个碳原子,两个氢的原子,按照这个比例加到以前的分子式上去;这个分子式的量的变更,每次总是引起质不同的物体的形成。"

此外,地质学告诉我们,地层的形成及其变化也是依着由量到质和由质到量的转化的法则的。在生物界中也只有根据这一法则,才能说是生物界的进化及新种发生的规律。总之,自然界的发展过程完全是被这由量到质和由质到量这一法则所统治着的。

社会生活同样受这一法则支配,从货币到资本,从简单协业到制造业,从制造业到大机械工业,从生产力的量的发展到引起的生产关系的变革等等,所有这些都光辉地说明了质变量变互相转化的法则,是客观世界和认识的基本法则之一,它是关于"自然、社会以及人类思维的一般规律"的基本法则之一。

【乙】不断运动、变化、更新的法则

运动就是矛盾,发展就是对立物斗争的展开,即使是最简单的机械运动也是这样。同时,运动又是数量上的变化与质的飞跃的统一,有了连续过程的中断就有事物的更新，因此，运动是连续性与不连续性的统一。

凡是事物内部都具有固有的矛盾及斗争的展开，因此，凡是事物都存在于不断的运动、变化、发展的状态中。发展的结果就是事物的更新，因此，没有永恒不变的事物。从发展历史的过程上看，每一事物都不过是发展过程中的一阶段，在今天还占着支配地位，看来还很牢固的东西，由于运动、变化，便会走向没落和死亡，于是事物更新了，代替了死亡的东西的是它的否定物。否定物是从旧的东西的内部生长起来的，在过去它还不能够占支配的地位，看来还不大牢固，但随着运动、变化的发展，它一天天地成长了。结果，飞跃发生了，新的东西便代替了没落和死亡的东西，因此，不断的运动、变化、更新的法则是对立统一法则的显现形态。

运动、发展、变化、更新的过程的样式并不是直线的，也不是循环的，而是接近于螺旋式的向上昂涨线的运动。庸俗的机械论者只知道机械运动的形态（当然他们也并不能够完全了解这种运动形态），因此，他们常常将运动理解为直线式的东西。牛顿说"动者常依着直线作等速进行，永无止境"便是这一种主张的理论张本。和庸俗机械论者相反，主观唯心论者以主观的"观念""意志"来代替物质客观的因果规律而走向神秘主义。如果我们说机械论者的错误在于划分了绝对的运动和绝对的静止，将运动理解为直线式的或绕圈子式的运动；那么主观观念论者的错误却在于怀疑运动的客观实在性和法则性，而将运动完全消解于主观的领域里。马赫主义者曾经有过这样一种见解，他们歪曲了爱因斯坦关于运动的相对性的学说而扬言运动是随着主体的不同而不同的，认为如果几个主体观察同一运动，将有不同的结果。这样，运动的客观实在性便被否定了。到了20世纪，主观唯心论的物理学家和数学家扬言因果法则破产了，从此"自由意志"支配一切，物质消灭了，运动只是"无物质"的运动，这样他们便能够否定运动的规律性和客观实在性。特别是现代物理学，一部分主观唯心论者提倡主观的偶然性，企图破坏运动的规律性和客观实在性。

在布尔乔亚的哲学残渣中有着种种"商标"的劣货。如所谓"目的论"者，他们无耻地声称运动是有目的的，而目的却被规定于主观的精神意志。又有号称为"生机论"者的，他们自以为难倒唯物论者了，他们这样问道：你们无论如何不能够规定蜻蜓飞行于空中的曲线呀！因此运动必然是被一种神秘力量所支配的，所以运动的客观实在性和规律性必须破产。还有这样的一种哲学渣滓，当论到运动的客观实在性和规律性时，他们声言对于这一点我们一无所知。如果牛顿在说完了运动的三大定律以后接着说：是否如此呢？我亦一无所知。那么，物理学家不会被他弄得"啼笑皆非"吗？又好像爱因斯坦在批判了牛顿的运动观而说明了他的"相对论"以后却公然说，他的批判和学说是否妥当是一无所知的，那么，物理学家一定以为爱因斯坦是一个"疯子"了。所谓"目的论""生机论"和"不可知论"都不理解运动，不懂得有机界和无机界的关系，不理解人的认识的客观实在性和可靠性，这种哲学渣滓是帝国主义时代统治者的哲学的腐败和无耻的张本。

运动、发展、变化、更新的过程就其中特定的某一阶段看来，是呈现为由三个阶段所构成的螺旋形的样式的。事物发展的第一阶段黑格尔称为肯定（或正）；随着事物的发展，在该事物内部向对立物转化以后，就是说旧的支配物死亡、新的东西代替了它占支配地位以后，新质发生了，事物更新了，这一个新的东西，黑格尔称为否定（或反）；同样，由于第二阶段（否定）的事物内部的对立物转化了，新质又发生了，这第三阶段的更新物，黑格尔称为否定之否定（或合）。

所谓"否定之否定"，并不是实例的总和，而是客观世界的和认识的法则。普列汉诺夫曾经将"否定之否定"理解为实例的总和，这样不但否认了这一法则的一般性和普遍性，而且必然不了解历史的东西和认识的东西的统一，而在认识论上陷入了反模写论的错误。

肯定和否定是彼此关联和统一着的，他们形成了彼此不可分离的对立统一物。布哈林的均衡论企图以均衡、均衡的破坏以及均衡的再恢复等三阶段论式来代替唯物辩证法的否定之否定，他的主要的错误在于不了解事物的内在的对立统一物，不了解肯定与否定的联结及其推移与转化，不了解螺旋形的复杂的向上昂涨线的运动，而以外在的机械循环式的运动来代替它。换句话说，就是企图用力学法则来代替否定之否定的法则。考茨基在《唯物史观》一书中也曾经从两个外力的互相作用去说明运动的源泉，并由此而引出来机械的三段论式。为了避免陷于机械论者的陷阱和怀疑哲学的说教，我们的导师曾经指出：

> 辩证法的契机要求我们把否定的东西和肯定的东西的"统一"及联结指示出来，要求我们从否定的东西中找出这个肯定的东西来。由

主张到否定——由否定又到与主张的"统一"——要不是这样,辩证法就会变成为完全的否定,就会成为游戏和怀疑的哲学了。

辩证法里的特征的本质的东西,并不是完全的否定、无益的否定,也不是怀疑的否定、动摇疑惑的否定——虽然辩证法里确实是把否定的要素当作重要的要素包含着——而是使积极的东西保存着的、作为联结的契机(Moment)看的否定,当作发展的契机看的否定。

因此,否定绝不是单纯的取消或破坏,否定应该理解为"扬弃",旧的东西是被克服了,但它的积极的内容被保留到新的东西里面,并作为新的东西的有机组成的因素而被发展起来。所以恩格斯这样地写道:"辩证法的否定,绝不是单纯地说否,也不是说某种事实不存在或任意破坏它。并且否定的形式,第一由过程的一般性质所规定,第二由其特殊性质所规定。我不单是否定,还要扬弃否定。所以我做第一否定时,必须使第二否定有可能或变为可能。然则怎样去做呢?这要依据各种场合的特殊性质而定。我若弄碎麦粒,踩死昆虫,我虽完成了第一种行为,却使第二种行为变为不可能了。所以,各种事物,具有着由否定做成的、特殊的、它本身所固有的方式。"因此,"简括来说,辩证法的否定之核心,可以归着于下述五个命题:(一)否定是过程的矛盾的内在发展的结果;(二)否定是对立统一中的契机;(三)否定同时是否定先行阶段的一个阶段;(四)否定在其自身中扬弃先行的阶段;(五)否定是过程全体的各种阶段中充满矛盾的关联"。

在表面上看来,否定之否定好像是肯定物的复归。因为,肯定物中许多特征、属性、侧面是在否定之否定当中发现的。但从实质上说,这绝不是单纯的复归,而是更高一级的存在,是螺旋式的运动的结果。复归只有相对的性质和意义,将复归理解为绝对的东西,结果便会否定向上的运动,而将运动理解为循环就是机械论者的主张。不过,"较低阶段的一定特征和属性等等在较高阶段上的反复"却是辩证法的特色。所以,"一般地说来,即使没有反复,没有向出发点的复归,运动和生成也许还是可以存在的,但总之,这样的运动就不会是'对立的统一性'。不论天文学的运动,机械的(地球的)运动,或动植物及人类的生命——这一切的一切,都不单只在人类头脑映进了运动概念,并且还映进了向出发点复归的运动概念,即辩证法的运动概念"。

在自然界和社会界中，关于否定之否定的例子俯拾即是。在数学中如 a（正）、$-a$（反）、a^2（合）。又如：有一方程式（譬如：$y = x^2 + 3$ 吧）——肯定；我们将这一方程式微分（$dy = 2dx$）——否定；最后我们又将微分的结果再行积分，那么我们便得到了否定之否定。这积分的结果已经不是简单的复归而是更高一级的存在了。因为现在所得已经不只是 $y = x^2 + 3$（这是一条抛物线）而是 $y = x^2 + C$，换句话说，已经得到许多条抛物线了。

其次"全部地质学，正是否定之否定的系列，正是旧的岩石破毁，新的岩石形成之前后相继之系列。起初，原来的，在液体冷却之后产生的地壳，为大洋；气象及风化等等作用所碎裂，这些破碎的物体，成为海洋之底的冲积层。有些地方海底之高出海面，重新又使最初的冲积物，再受雨水、四季不同的温度、空气中的氧气及碳素等的作用；从地心中冲发出来破裂地层，奔流于外而后重新破毁，而又成为新的地层的构成资料。可是，这一过程的结果，是非常积极的；它形成了种种化学元素所混成的土壤，能够处于机械的破碎状态之中，这样就使无数各色各样的植物，可以繁荣起来"。

在社会界中，我们也可以很明显地看见否定之否定的系列。如从原始共产主义社会，经过了作为否定阶段的阶级对立的社会，再进到了作为否定之否定的阶段的康敏主义社会。

最后在意识形态的发展史上我们也可以很明显地看见否定之否定系列。从哲学史上看"古代哲学史是原始的自生的唯物论。这样的古代哲学不能说明思维与物质的关系。于是为要说明这一问题，就产生了离开肉体的灵魂学说，继后又变成灵魂不灭的主张，最后产生了一神教。于是旧唯物论就被观念论所否定。而哲学更加发展，观念论也同样不能维持了，又被近代的唯物论所否定了。这个近代的唯物论——否定之否定——不单单是唯物论的复兴，而是在旧唯物论的基础上，用二千年间哲学及自然科学的发展以及二千年间的历史本身的全部思想内容建立起来的"。

最后，我们要理解，否定之否定并不是"图式"，事物发展的内容是非常复杂的，谁要是企图把一切复杂的东西嵌进"图式"中，必然走向机械主义的泥沼中去，叶青的图式游戏便是这一种理论张本。依据布哈林的均衡论，他曾经举出了大量的"图式"：

物质—精神—物质
存在—思维—存在
实践—理论—实践

这种图式主义的机械论根本否认否定之否定法则是作为客观世界及认识的法则。这种理论不但是机械主义的，而且也是观念主义的。因为结果必然不可避免地要把一切东西嵌进图式之内，变成不是观念反映客观世界，而是把客观世界之发展嵌进观念之中，换句话说，即是走进了黑格尔的观念辩证法的泥沼中去。所以，实际地考察事物，多方面地调查、研究、分析、证验，是避免思想硬化以及反图式主义和反观念主义的武器。

【丙】相互关联、作用和统一的法则

有了对立物的相互推移、转化，有了事物的运动、发展和变化，有了质量互变的过程，有了否定之否定的发展样式，客观事物便不再是偶然的、无系统的和无组织的堆积。相反，一切事物都是处在相互关联、相互作用、相互范围、相互约制的内在统一的状态中，其中没有任何事象能够不受周围事物的影响而个别地、孤立地存在和发展。

如果像形而上学一样，承认各个的事物现象是存在于孤立的、个别的、没有任何内在联系的状态中的话，那么事物的运动变化便成了不可想象的东西了。因为如果各种事物现象是没有任何内在联系的话，那么怎样说明从这一类现象转化到另外一类现象呢？举例来说：如果自然界的物质运动形态和社会的物质运动形态是各自孤立的，而没有任何内在关联的话，那么社会的物质运动诸形态是怎样发生的呢？显然，只有把自然界和社会的物质运动形态。从一般关联的规律中去把握才能够说明。

形而上学由于从个别孤立的观点上去观察事物，因此无可避免地要得到一个结论：承认个别的事物存在一般联系以外的静止状态中。牛顿假定了在作用力加于物体以前，物体是孤立的、静止的。因为如果要承认相互关联、相互作用的存在，那么就必然要承认有运动变化。相互关联和作用本身也就是一种运动。形而上学由于对于事物缺乏相互关联、作用和统一的一般规律性的了解，因此便不能够说明各种事物、现象的相互转化过程，结果便假定了静止和运动是绝对地对立的两种状态，静止是静止，运动是运动，一切都处于过程和一般规律以外的状态中，如果有某一种事象从一种状态转到另一种状态，那么，这不外是外在作用力的结果。

十七八世纪的形而上学的个别、孤立、静止的观点是资产阶级自然科学研究的产物。人类认识史的发展行程本身是有着它的规律性的。在古代，自然科学是被结合于自然哲学之中的，那时候，科学还没能够从总的宇宙观中独立出来，因此，要求研究物质运动的某一特定侧面的某一种科学独立发展起来是不可能的。因此在当时，人们就没有能力要求对自然界的个别事物现象做一种静止的、个别的、孤立的、凝固的，但却是深刻的和精到的考察和研究。这时候，根据一些零零碎碎的科学知识，人们还只能够对自然界做一种大致上的考察和研究，因此朦胧地觉得自然界是依着辩证的行程而发展的。这时候，科学和哲学的总的自然辩证观点是同一的，科学水平的低下，使得自然发生的辩证唯物论内部充满了许多神奇的内容。

形而上学代替了自然发生的辩证观是合理的必然发展结果。十五六世纪，资产阶级的自然科学大大地发展起来了，他们的成就远远地超过了资本主义社会以前的自然科学的任何成就。带上了臆测和朦胧色彩的系统研究，自然不能够适应资产阶级的科学家的要求，粗枝大叶、不求甚解的研究方法必须摒弃，而必须用个别的和深刻的分析、体验、观察和实验来研究一切自然现象的诸侧面，培根和笛卡尔的形而上学的物理方法变成了时代的宠儿，从此，资产阶级的科学家可以相夸，他们比前一代的人们认识得更深入了。

其实，在这时候，自然科学的知识还是非常可怜的，力学的观点支配了人们的思考，数理方法的演绎和分析被当作唯一合理的方法，自然知识范围的狭隘形成了培根所不知道的一种新的"井穴偶像"——形而上学的个别孤立的思考观念。牛顿虽然知道了作用力和反作用力，但却把它当作彼此不相关联的两种状态，至于一切力学的、物理的、化学的、生物的、社会过程的诸事物现象的彼此关联，更不是他们所能够梦想的事。这样，他们把物质运动的多种多样性完全抽象了，物质和运动变成了内容贫弱的机械东西。人们只从若干固定不变的属性上去观察物质：广袤、质量、不可入性等被宣布为物质的基本属性。物质运动失去了一切光辉而变成了机械抽象的东西。但这时候的人们却宣布他们知道了一切运动形态的实际，牛顿的古典力学支配了人们的头脑整整一个时代。

科学发展的行程打破了这一种个别孤立的观点。物理学说明了各种能量：机械能、热能、光能、电能等都是可以彼此转变的，这就说明了自然界的一切能量都处于相互关联、相互作用、相互转化的统一体中。

化学告诉我们各种物质都是可以相互转化的，而化学研究的就是原子的化合和分解的法则。物质是处在一般的相互关联、统一的内在整体中的。化学家门捷列夫曾经天才地不自觉地根据物质世界的相互关联及统一的法则做出了"元素的周期表"，认定了各种元素不是彼此孤立、各不相关的；相反，从低级到高级、从简单到复杂的过程来看，一切元素都是彼此关联着的。如果在这种关联中有了一个缺口，那就一定证明了在这个空格中还有一种没有发现的元素。根据这一点，他天才地预言了好几个空格中的元素的性质。这个天才的科学预言，后来渐渐被科学的发现所证实。至于有机化学的出现，又完全打破了有机界和无机界的绝对固定界线而宣布了有机界和无机界之间也是彼此相互关联着的。

如果我们说在进化论没有出现以前，人们相信个别孤立的观点还有某种意义的话，那么在进化论出现以后，人们便实在再也没有理由去相信事物是处在没有任何关联的孤立状态中了。进化论告诉我们，生物和自然的发展是彼此关联着的，如果在一块土地上有一两种植物的话，那么只要经过20年，这一块地便要变成一块新的土地了。这时，在这块土地上，不但会有二三十种新的植物，而且也会有动物和昆虫，土地的性质也会发生某种变化。这个变化证明了自然和生物是处在彼此相关联的状态之中的。此外，达尔文告诉我们，生物与生物之间也是彼此关联着的，不但如此，即使是生物个体的生理器官之发生和发展，彼此之间也是有着密切的关联的。在铁的事实面前，形而上学者还有什么理由说事物是处在孤立状态的东西呢？

自然现象和社会现象是处于相互依存、作用的统一状态中的，因此反映出来，各个自然科学和社会科学也是彼此关联着的。各个科学都在总的物质运动中占着一定的位置，以它的某一特定侧面为研究对象，而所有这些侧面是彼此关联着的。为了证明这些关联和依存状态，恩格斯曾经把物理学称为分子力学、化学称为原子物理学等等。此外，现代科学的研究又产生了若干反映着物质运动形态中某一侧面与另一侧面的联系的中间科学，如物理化学、人类学和心理学等等。

近一个世纪以来，科学的迅速发展提供了更广大的材料来证明辩证的联系观点，而彻底地击溃了形而上学的孤立的反科学观点。

化学中元素蜕变的事实完全摧毁了孤立的观点，它说明了元素常常合理地从一种东西变成另一种东西，因此，物质是普遍相互关联和作用着的。爱因斯坦告诉我们，不但质量是可以相互转化的，更不仅在能量之间是可以相互转化的，而且物质和能量也是统一的，物质可以当作能量的总体，能量可以看作物质运动的尺度，这样，所有质能都处在相互关联和作用的统一状态中了。过去，人们想象有一种孤立无援的运动状态，现在呢？在相对论和量子力学中，孤立的运动是没有意义的，一切运动都是相对于某一状态（坐标）而言的，绝对孤立的运动和绝对孤立的静止状态同样是不可思议的。

总之，现代自然科学的发展已经完全摧毁了自牛顿和林耐（生物分类系统）以来的绝对孤立的观点。一切都证明了恩格斯的天才的科学命题：自然内"没有不可结合的对立，没有固定的境界线和区别"。总之，"革命，即理论自然科学简单地需要把大量积累的纯粹经验的发现，整理起来，而引起的革命……"把"从前不变的对立、截然的不能超越的分界，逐渐地消减了"（恩格斯《反杜林论》三版序言）。

有了相互关联、作用，事物的发展就不是它自身的事情了，相反地，它必然要受着各种条件、地点和时间的影响。同是一件事物，在各种不同的条件、地点和时间底下便有着不同的实质。因此，闵可夫斯基告诉我们，说明物质运动状态必须采用四次之坐标。这个科学的发现，光辉地证实了一个命题："一切决定于条件、地点与时间。"

辩证唯物论的创建人科学地将事物的相互关联、作用和统一的观点贯彻于社会，贯彻于解释社会生活，贯彻于社会历史的领域。形而上学的历史家断言：各个历史时代的事象是个别的、彼此孤立的，他们认定历史不过个别事物的堆集，历史现象的相互关联、作用和统一在他们看来是不可想象的。

18世纪的唯物论虽然极力反对17世纪形而上学观点，但他们自身却没有摆脱这个限制，相反，他们的观点还是站在形而上学的立场之上的。因此，18世纪法兰西唯物论的史家在历史领域还是支持着观念论的见解，认为观念创造了历史。个别的和孤立的观点支配了他们，最伟大的史家都只承认个别历史事象的相互作用（如环境与观念的相互作用），而不能够在历史的过程的事象中把根本的东西和派生的东西划分开来，因而结果便陷入了一种不可解决的对立的循环论中，重演了康德所谓"二律背反"的历史悲剧。从历史过程中，把根本的东西和派生的东西分别开来，从一切周围的条件、地点和时间来观察历史事象。社会历史领域彻底贯彻着事象的相互关联、作用、转化和统一的基本论点，这是历史唯物论的卓越性的重要标志之一。

历史唯物论彻底摧毁了 18 世纪资产阶级所宣称的"理性王国"。法国资产者断言：他们的资本主义制度是人类永恒正义的化身，是人类理性的体现。他们武断地宣称前资本主义的一切都是不合理的，它们都是人类野蛮和罪恶的产物；从此，"理性王国"出现了，一切都充满了光明和快乐。18 世纪法兰西史家所宣言的"人类理性""永恒正确"是离开了一切历史条件、地点与时间的抽象"教义"，它们基本上是立足于个别的、孤立的永恒历史事象的假设之上的。

18 世纪法兰西史家布尔乔亚这一种论点是不能够合理地说明历史过程的。为什么前资本主义的野蛮、愚蠢和罪恶的制度，曾经支配了整一个时代呢？为什么资产者的"理性王国"不出现于别的年代，而恰好是出现于十七八世纪呢？所有这一切，显然不能够用所谓"永恒理性"的抽象"教义"去解释，而必须求之于历史过程中事物的相互依存及其发展的规律性。如果依照 18 世纪布尔乔亚的理论，那么，不可避免地要陷入一个错误的结论中：认为观念（或者用他们的话是永恒理性）创造了历史，并且推动了历史前进。前资本主义的"罪恶"是偶然的产物；而光明的"理性王国"的出现也不外是偶然的产物。这样，他们便陷入了历史观念论的泥沼之中。

承认历史现象的相互依存、作用，是发现历史过程的一般规律性的要因之一。奴隶制在我们今天看来似乎是野蛮、愚蠢和罪恶的事，但当奴隶社会代替了原始社会的时候，它不但是合理的而且也是进步的。因为它不但大大地推动了社会生产向前发展，而且也产生了希腊、罗马的文明。封建时代的黑暗统治和超经济剥削在今天看来是违反"人类理性"的现象，但在当时却有着存在的一切依据。同样，我们如果割裂了前资本主义的历史，那么，资本主义社会是无法理解的。如果我们离开了一切历史条件、地点和时间来说明资本主义制度，那么便不可避免地要将它归之于"人类理性"的产品。相反地，如果我们从历史事项的相互依存及其发展的规律性上观察资本主义社会，那么一切都是简单而明了的，我们不但可以说明资本主义的发生和发展，而且也可以说明由于资本主义的发展，资本主义社会迅速地达到了如今的地步；生产力与生产关系的不可调和的矛盾使它不得不走向没落和死亡。这时代替它的将是更高一级的社会制度——社会主义制度。历史唯物论科学地描绘出了历史事象的相互依存、作用、转化和发展的一般规律的图画，而证明了所谓个别不变的永恒历史事象，所谓私有财产的不可消减，不过是形而上学者的主观的虚构。

物质运动的相互依存、作用、转化和统一的辩证观点，绝不是个别实例的总合，而是客观的、人类认识的法则之一。科学地研究客观物质运动（自然的和社会的）及其在人类头脑中的反应，以充实和发展关于事物的互相依存、作用、转化和统一的法则，是辩证唯物论的重大任务之一。

相互关联、作用、依存和统一的一般法则是对立统一法则的具体化，个别种类事物的内在矛盾都是彼此关联、依存、作用和统一着的。作用与反作用、阴电与阳电、正量与负量、化合与分解……所有这些对立物的双方是彼此互相依存着和作用着的，各种内在矛盾之间也是彼此依存和作用着的。对立统一物的推移及其表现形成了世界物质运动的一幅复杂错综、彼此交织的图画，我们认识世界，首先必须认识这些联系和作用的状态。"当我们考察自然或人类的历史，以及我们本身的精神活动的时候，首先就有种关联和相互作用之无限错综的姿态出现自我们面前，这中间没有一样不变不动的、一切的东西，都作为运动、变化、生成、消灭着的东西而出现。"

辩证法的第一个要求就是让我们从互相依存、联系、作用的观点去认识事物。当伊里奇在工会问题上批判托洛茨基和布哈林的反辩证法的理解时，他曾确定了四个辩证法的基本要求：首先我们要从事物的各方面，从它的一切联系上去研究它的状态。即使我们不能够达到多方面性的要求（这是历史的限制，因我们不能够一次无遗漏地认识事物的一切侧面），但至少可以避免形而上学的僵硬性、呆板性、主观盲目性及片面性。

伊里奇曾经再三地和观念主义斗争，指出他们片面地夸大了人类认识过程中的某一侧面，因而不能够达到反映客观的全面性的要求。他曾经写道：

> 人类的认识不是直线式而是曲线式的，这一曲线，是无穷尽地绕着圈子、绕着螺旋的样子。这一曲线的任何一段，都可以变为（单方面地变为）一段单独的完整的直线，这段直线（如果你只见树不见林

的话）就有引你落入泥坑、落入迷阵中去的可能。直线性和偏面性，见树不见林和呆板固执性，主观主义和主观的盲目性——这就是唯心论的认识论根源。

伊里奇同时不放弃和机械主义做斗争。机械主义的特点就是否定了事物的活生生的内在矛盾，结果不可避免地要否定存在于客观事物之间的内在关联和作用，因此便不能够达到对于事物的具体的认识。僵硬性、呆板性和固执性就是机械主义的特点。他们将一切事物的内在的相互关联和作用还原为力学上的作用力与反作用力的对抗状态。例如布哈林便将一切事物活生生的联系理解为环境与体系间的相互关系。将依存的变化理解为均衡的破坏。布哈林曾经这样写道："环境与'体系'的相互关系（意即外部原因与现象的相互关系）归根到底是决定任何体系之运动的力量。"（布哈林《史的唯物论》）布哈林这一段话，差不多是按字按句地重复了牛顿的力学法则。在第二运动定律中，开宗明义，牛顿不是曾经这样地说过吗？"任何物体保持着它的静止状态或平衡的直线运动，假使它不被影响着它的诸外力所迫而改变此状态的话。"

第五章

辩证唯物论在自然界上的应用和检证

——形而上学还是辩证法?唯心论还是唯物论?

第一节 辩证法的诸法则及唯物论的基本论点在自然界上的应用及检证

自然科学的任务就是要按着自然界的物质运动的原来样子而不加以任何增减地去说明它的实际。科学的哲学研究了自然界、社会生活和人类思想的一般运动和发展,最后它认为自然现象存在于各个现象的相互关联、相互作用的统一整体的状态中;自然现象存在于不断地运动、发展和变化的状态中;自然现象的发展是从量的发展走向质的飞跃,而变化就是自然界物质本身内部固有的矛盾对立展开的结果。现代自然科学的新成果有没有驳倒这一种发展观呢?或者换句话说,现代自然科学研究的新成果是证明了形而上学的机械发展观的正确呢,还是证明了新哲学的发展观的正确呢?

过去的自然科学运用古典力学和古典物理学的研究成果来证明这一形而上学的机械发展观,但是,现代的物理学,特别是量子物理学,却推翻了古典物理学的研究成果,证明了古典物理学不过只能说明某些片面的机械运动的现象。

进化论说明了生物界发展过程中,所有各种东西都经常地处在相互关联、相互作用的统一状态中,生物和自然界的关联、生物和生物之间的关联、生物(个体)发展过程中各个器官的相互关联⋯⋯所有这一切,生物学告诉我们,在生物界中我们并不曾发现有孤立的东西。物理学告诉我们物质和能都处在相互关联、互相推移和转化的状态中,正是因为有了关联,所以才会有相互转变,才会有物质不灭和能量不灭的定律。声、热、光、电，它们是经常地处在相互关联、相互作用的状态中的。化学告诉我们原子因为量的不同，产生了各种不同的性质的元素，虽然在它们之间具有根本性质上的差异，但是，它们之间又密切地、不可分离地处在相互关联、相互作用的状态中。天才的门捷列夫曾经根据原子量的不同而创立了元素周期表，他认定"元素之化学属性是它原子量之周期作用"，"元素之性质都决定于其原子量之数量"。他曾经预言过好几种当时还没有被发现的元素，后来，经过了很多化学家的努力研究，这预言中的好几种元素便渐渐地被发现了。在这里，门捷列夫不但遵循了从量的变化而走到质的变化这一个原理（虽然他自己没有知道这一点，但是他无意识地完成了），而且他还知道了（虽然他也许没有明白意识到）宇宙间元素的统一关系。宇宙间的各种元素经常地处在相互关联、相互作用的统一整体的状态中，那么自然不会容许有孤立存在的元素，各种元素都可以根据统一整体的原理把它们排成一个完整的表式——周期表。如果我们在这个完整的周期表中发现不能把两个元素关联起来，那么这便证明了在这两种元素之间一定还有一种元素，这一种元素我们今天虽然还没有发现，但它的性质我们却可以预言。为什么呢？因为这一种还没有发现的元素虽然和周期表中邻近的两种元素性质不会相同，但是必然地和它们密切地处在不可分离的统一状态中。由于门捷列夫这一个研究光辉地证明了宇宙间的各种元素经常地处在相互关联、相互作用的统一状态中，孤立着的物质是不会有的，离开了统一整体的物质元素是荒谬的奇谈。最后，数学家告诉我们，数学反映着自然界中或社会生活中的数量关系和空间关系。如果证明了数学在处理数学关系和空间关系时是把它们当作存在于相互关联、相互作用的统一整体的状态中的，那么同时也就是证明了自然界中和社会生活中的各种事物的实际上的数量关系和空间关系也是处在相互关联、相互作用的统一整体的状态中的了。数学证明了些什么呢？初等数学告诉我们：算术中的记数法和四则运算都是把数量当作系列的连续的数量来处理的。具体说来，这些连续性的数量（正确地说来，是连续性和不连续性的统一。因为对于微积分而言，初等数学又变成了处理不连续性的数量关系的数字了。好像1、2、3、4、5、6、7、8、9……这些数量上的增减都是连续地发生的。）就说明了数量本身是相互关联的，数量关系是统一的、整体的关系，孤立着的数量是不存在的。1不但是数的起点，而且又是2的1/2，是4的1/4；0不但表示数量上的无限少，以至近于没有任何数量，而且也是正数和负数的分界线。代数告诉我们，0 是"＋""－"号都可以的，换句话说来，正数和负数也是处在互相关联、互相作用的状态中的。又好像 16 吧，它不但是 16 个 1 的总和，又是 8 的 2 倍或 2 的 8 倍，同时又是 4 的平方……所有这些都证明了，凡是一个数量（就好像是 16 吧），都要和其他的各个数量发生各种相互依存的关联，数量的关系是统一整体中的数量关系，孤立存在着的数量离开了统一整体，离开了一切其他数量，是不会有的。数量关系上的相互关联是一种偶然的情形吗？不，绝不，因为自然界和社会生活中实际的数量关系本身就是这样呀！数学中的研究不过是这些关系的反映罢了。我们所引用的这些例子绝不会是特殊的例子，而在高等数学中更可以光辉地证明我们学说的正确性。微积分学在最基本的立足点当然要算是函数关系了，所谓函数关系，简单地说来是这样：如果有一个量 x，和另一个相关量 y，当 x 发生了变化的时候，那么 y 也就跟着发生变化了，如果用数学的术语说来，x 称为"自变数"（自变量），y 称为"倚变数"（因变量），用公式表示就是：$y=f(x)$。这个不正证明了 x 和 y 这两个量是处在相互关联、相互作用、互相推移和转化的状态中吗？有些人说，函数是自然界和社会生活中连续数量关系的反映，微积分学就是要研究数量关系中的连续变化的过程。我们在这里还可以补充说：函数关系同时也反映了自然界和社会生活中实际数量关系的相互关联、相互作用、相互推移和变化的全程。至于几何学呢？如果我们对几何学加以研究，所有点、线、面、体这些概念都无例外地是处在于相互关联、相互作用的统一整体的状态当中的。同样地，三角形、矩形、平行四边形、多角形……这些空洞形体，谁又能够说它们不是处在于相互关联、相互作用的统一整体中呢？几何学同样说明了自然界和社会生活中的相互关联、相互作用的统一的诸关系。

所有上面这些例子都光辉地证实了新哲学的发展观的第一个原则。其他方面我们还可以举出大量例子：好像天体中运行的星球，不是处在相互关联、相互作用的状态中吗？物质的内部构造、原子的内部构造，不是有规律地处在相互关联、相互作用的状态，而形成了一个近似于小太阳系的运动整体吗？

有了相互关联、相互作用，便有了统一的状态；有了统一的状态，便有了规律。自然界的东西，本身绝不是一种随意的、偶然的、任意的堆集；不，绝不，一切东西都有着统一的运动变化规律，在这统一的规律中，各种性质不同的事物都相互依存着、相互关联着、相互范围着、相互发展着和变化着。

物质本身是相互关联、相互作用的，我们已经说清楚了。但相互作用的本身就是一种运动，相互关联、相互作用是事物内部矛盾展开的结果，因此有了作用便会有变化，所以运动、发展、变化是物质的根本的属性。

我们说，从沙粒到太阳，从自然界的各种物质运动到社会中生产诸力和社会诸关系，都是经常地处在不停地运动变化当中的。我们这种思想，近二三世纪以来，已经完全被现代自然科学研究的新成果证实了。

天文学告诉我们，宇宙的生成是有一个很长的历史过程的，从一种星云状态发展到今天，不知要经过几千百万年的历史，过去的学者们以为天体没有过去历史，但是现代天文学已经完全证实了"星云说"的假说。天文学又告诉我们，没有静止不动的星球，过去的学者们认为太阳是宇宙的中心，太阳是不运动的星球，现代天文学已经完全推翻了这个玄学的假设：宇宙是广大无边的，在宇宙中不知有几千几百个太阳系，在这广大无边的宇宙中，并没有一颗绝对静止的星球，宇宙就是物质的运动或运动着的物质。

地质学告诉我们，地球是有一个长期发展的历史过程的，我们今天可以根据各地层的状态和属性而推断它的历史，这说明了些什么呢？这不是说明了地球也是处在一个不断运动、发展和变化的过程状态中吗？

古生物学告诉我们，根据今天对于化石的研究，我们可以推断过去几百万年生物的分布状态和它们生活的状态，这个研究不正证明了生物界是有一个长期发展的历史吗？在还没有人类以前，是有各种生物的；而在有了人类以后，也有各种生物。不过，在生物界的发展过程中，某些生物是消灭了，而其他一些新的生物又诞生了出来。但无论如何，生物界是处在一个不断运动、发展和变化的过程中的。

生物学的研究，特别是达尔文的进化论，告诉我们生物生活的历史，告诉我们人类怎样从动物发展而来，也告诉我们生物怎样产生、发展。而因为有了"自然选择"的客观必然法则，所以有些生物又不可避免地消亡了。所有这些都证明了生物界是处在一个不断运动、发展和变化的过程中的。

物理学告诉我们，物质和能量都是无始无终的东西，它们只能够运动、发展、变化，但不能够被消灭。一切物质的构成单位，不论是电子、质子、中子、正子或辐射中的量子,都是一种运动着的物质,它们都经常地处在不断运动、发展和变化的状态中。过去认定了运动和静止都是绝对的,但是现代物理学,特别是相对论的研究成果告诉我们,宇宙中的一切物质都经常地处在相互关联、相互作用、相互范围的状态中,而相互作用就是运动,所以孤立运动是不会有的,物质的运动都经常相互关联在一起,运动是相互关联中的运动。随着一切条件、空间和时间的不同,运动也就有了不同的状态。运动就是连续性的中断,运动就是连续性和不连续性的统一,"时间和空间的统一"。这证明了些什么呢?这就证明了运动并没有绝对孤立的性质。至于静止呢?它自然也不会有绝对的性质了。谁也不能在现代物理学中找到一种绝对静止不动的物质,过去的物理学者假定了以太是一种绝对静止而没有运动的东西,他们曾经努力企图证明这种假定,但这企图失败了。现代物理学的全部成果都证明了从质子、电子、中子、正子、辐射中的量子,以至整个的太阳系都是自然界中运动着的物质。"无运动的物质和无物质的运动这同样地是不可想象的。"

现代化学的全部成果也光辉地证明了我们的理论,化学首先告诉我们宇宙中的物质元素的化合和分解的运动形态。谁都知道,元素的化合和分解是化学上面最基本的概念,如果离开了化合和分解,那么从根本上就不会有化学。好像水吧:化学告诉我们水是由氢(H)氧(O)两种元素化合而成,它的分子式是 H_2O,质子数量是氢原子(H)为1、氧原子(O)为8,此外它还告诉我们水的许多属性,所有这些,在最基本上都是把水当作一个化合物来处理的。但是,化合和分解本身就是一种变化呀!两种性质不同的元素经过了化合以后,便形成一种新的物质了,这种新的物质在根本性质上已经和原来的那两种元素的性质完全不同。我们看吧,H_2、O_2 和 H_2O 的性质是多么不同呀!在通常的情形下,H_2、O_2 都是气体,而 H_2O 却是液体。我们可以说,化学的研究主要就是说明物质内部的构成和它的运动变化的实际,所以,恩格斯把它称为原子物理学。

最后,数学告诉我们,数量也是不断变化的,算术中的记数法和四则、分数等说明了我们日常生活中的数量上的各种变化。如果我们说在初等数学中数量上的发展和变化并不很明显,那么在高等数学中便更明显了。微积分学,我们可以说它就是处理变量的科学。我们在上面已经说过了,微积分学最基本的出发点就是函数的概念,而函数就是要研究数量变化的关系和规律。函数就是要处理变化,没有数量上的变化就没有函数关系,也就不会有微积分学。如果我们说初等数学是处理相对静止的数量关系的科学,那么微积分学便是研究数量上变化的科学了。无论是数量,还是点或是线,在微积分学中如果离开了运动,变化是不会有的。微积分学是研究数量变化过程的学问。对于处理变量的微积分学,恩格斯曾举过一个明显的例子来说明它。他说:

> 例如,我在某一习题中,有两个变数 x 及 y,二者之中,一个变化之时,别一个也要按照习题所决定的比例来变化。我把 x 和 y 化成微分,这是说把它们变成这样的无限小,使它比较任何最小的现实的量还要小些,使 x 和 y,只剩得相互的关系,而没有任何所谓物质的基础,只有数量上的关系,而没有任何数量。所以 $\frac{dy}{dx}$,即两个微分 x 和 y 的关系,等于 $\frac{0}{0}$,可是 $\frac{0}{0}$ 被作为 $\frac{y}{x}$ 的表现。现在……我在这些公式及方程式上,就有 x 和 y 的否定,dx 和 dy,以代 x 和 y。再后,我继续计算这些公式,利用 dx 和 dy,把它们看作现实的量——虽然受几个例外法则的支配——这样,在某点上,我就否定着否定,就是说,把微分公式化成积分公式,于是代替 dx 和 dy 后,我又得到现实的数目 x 和 y,这样我不但回到出发点,而且解决了问题了。(《反杜林论》,吴黎平译,第168页)

这一段话完全说明了微积分学是要研究数量关系的运动变化的过程的。

既然自然界的事物是经常地处在运动、变化、发展的过程中的,那么,它发展过程的方式是怎样呢?有些哲学认为事物的发展是只会有数量上的、小小的、缓慢的、逐渐的变化,而不会有公开的、巨大的、突然性、根本性质上的变化。而新哲学却和这种意见相反,认为自然界中各种事物的发展,由于数量上的、小小的、缓慢的、数量上的变化,到了某一阶段便会引起公开的、巨大的、突然性、根本性质上的变化了。自然科学中的事实证实了哪一种理论是正确的呢?

生物学告诉我们,生物界的物种并不是"上帝"一手便完成了的,生物界中各物种的形成是生物界生活历史发展的结果。在生物界的生活史中,我们常常会看见物种的变异,这种物种的变异是由以前几代中小小的、数量上的、逐渐的变化所准备的,但到了某一代,它便会发生突然的变异。这种物种的变异的发生的到来绝不是缓慢的、小小的、数量上的逐渐变化,而是公开地从一种物种到另一种物种的跳跃。在量的变化的时候,一般地说来,主导着的是连续性的逐渐变化,虽然,在这时候,也有着局部的、小小的质的变化,而当公开的、巨大的、根本性质上的变化到来的时候,那么这便是连续性的中断了,它是一个不连续性的飞跃式的转化。所以科学的哲学告诉我们"运动就是连续性和不连续性的统一"。

物理学告诉我们,能量是不会消灭的,能量只能相互转化。热、光、电等都可以相互转化,显然,这转化的过程在开始的时候是连续的,但到了某一阶段,这种能的突变,显然是一个不连续性的飞跃。现代物理学光辉地证明了这一结论的正确性;现在证明了辐射、光波、电磁波,这不过是波长不同而已,而因为它们波长上的不同,竟引起了性质上的不同。自从普朗克把不连续性的概念引入了辐射能以后,能的转化过程和运动过程都已经被看作连续性和不连续性的统一来处理了。

化学告诉我们,由于原子数量上的不同,因而引起了元素性质上的根本差异,这一个理论被门捷列夫完成了。恩格斯告诉我们,化学可以当作是从量的变化走向质的变化的典范科学。好像氧吧,它是由两个原子所组成的,如果组成氧的原子不是两个而是三个(O_3),那么我们便得到一种和普通氧气(O_2)完全不同的臭氧了。又好像笑气(N_2O)吧,它和硝酸的酸酐(N_2O_5)是完全不同的,在通常的情形下,前者是气体而后者却是坚固的晶体,但它们的不同,不过是后者氧的量上的不同罢了。在化学上,像这样的例子我们真是可以举出一大堆,这一切光辉地证实了新哲学的理论。

最后我们在数学中,同样地,也可以看到由于数量上的变化而引起根本性质上的差异的例子。好像无限大和无限小这两个概念吧,在数学中因为数量相差太大了,一般是把它们当作性质上的差异来看待的。但我们又不可否认,无限大和无限小之间的质的差异是由它们数量上的变化所引起的,没有数量上的无限增值的过程,绝不会有无限大这一概念发生,但这一增值到了某一阶段,数量太大了,于是便把它当作质的差异来处理了。同样地,无限小这一概念也是数量连续减少的结果。这是不是数学中的"主观游戏"呢?不,绝不,这反映了客观世界数量关系的运动变化过程。

几世纪来的应用都说明了数学的研究绝不是一种主观上的游戏。

又好像在数学中,开方和平方、虚数和实数、正数和负数……所有这些我们都不能不承认它们在性质上是不同的,而且甚至是相反的。但是,这种性质上的不同正是数量上变化的结果。所有这些光辉地证实了一个命题,质量互变的定律同样地统治了数学这一个领域。

科学的哲学告诉我们,自然界事物的发展过程是一个否定的过程。否定并不是取消,而是"扬弃",克服了过时的东西,而将它积极的部分保存起来,在新的东西的基础上做进一步的、更高级的发展。

生物学告诉我们,植物成长的生活历史本来就是一个否定的过程,小麦的种子要成长而变成许多的小麦(收获物),那么麦苗首先便要否定种子,最后新的小麦又否定了麦苗。这一个过程,在生物的生活史中,我们取得了无数例证。

物理学告诉我们,否定之否定这一个过程在物理学当中也可以找到例证。牛顿发现了光波的不连续性而首先指出光的微粒说,但不久,由于光学和电磁学的研究,牛顿的微粒说便被光的波动说所代替了,但后来,普朗克的量子论出现了,量子物理学随之成立,于是我们又得到了否定之否定,物质的连续性与不连续性被统一了。

化学告诉我们化学中的化合和分解过程是一个否定之否定的过程,是一个"正""反""合"的过程,近人葛名中曾在他《科学的哲学》中举过下面的例子:

$$(1)\ 2H_2 + O_2 \longrightarrow 2H\text{—}O\text{—}H \longrightarrow 2H_2O$$
$$\quad\quad\quad (正) \quad\quad\quad (反) \quad\quad\quad (合)$$

单质→分解状态原子或其他化合物→普通状态的化合物
$\ \ (正) \quad\quad\quad (反) \quad\quad\quad\quad\quad (合)$

$$(2)\ 2H_2O \longrightarrow 4H^+ + 2O^{2-} \longrightarrow 2H_2 + O_2$$

$$FeCl_2 \xrightarrow{电解} Fe^{2+} + 2Cl^- \longrightarrow Fe + Cl_2$$
$$\quad\quad\quad (离子状态)\ (普通状态)$$
$$\quad (正) \quad\quad (反) \quad\quad\quad (合)$$

(3) $NaOH \longrightarrow Na^+ + OH^-$
$HCl \longrightarrow Cl^- + H^+$ $\Big\} \rightarrow NaCl + H_2O$

所有上面这些方程式都告诉我们，化学中的化合和分解都是一个否定之否定的过程。

对于否定之否定的过程，在生理学和地质学中，我们也可以找到例证。葛名中又曾经在他的著作中举过如下的例子：生理学告诉我们，植物脂肪、淀粉和蛋白质被动物吸收，转化为动物性的脂肪、淀粉和蛋白质必须经过否定之否定过程，有如下式：

植物脂肪→分解物→动物脂肪
植物淀粉→分解物→动物淀粉
植物蛋白质→分解物→动物蛋白质

至于岩石的变化过程呢？自然界也提供了证实我们理论的例子。葛先生关于这点曾经这样写道："地壳上最初只有原始的火成岩存在，但是现在却已存在有许多其他种岩石——如水成岩等——这些岩石不是火成岩直接变成的。地壳岩石的变化，最初是原始岩石的风化解体，成为细碎的分解物。这些分解物经过种种变化，最后又形成他种岩石，如水成岩等。新生的岩石与原始岩石亦同样地发展着，不同的地层正是许多次的正反合发展过程造成的。"

最后，我们在数学中也可以找到丰富的例子来证明我们的理论，恩格斯还曾在数学中举过许多例子。好像一个数量 a，它的否定便是 –a 了，而 –a 的否定—— –a 的自乘，便会得到 a^2。这个 a^2 恢复了正数的地位，但它已经不是 a 的一次方而是二次方了。这不正是一个否定之否定的过程吗？又好像高等数学吧，在微积分学中恩格斯还曾经举过下面的一个例子：

正命题：$y = x^2$（这是一条抛物线）
反命题（微分）：$dy = 2xdx$（曲线被微细分解）
合命题（积分）：$\int dy = \int 2xdx$

即：$y = x^2 + C$

积分的阶段——合命题——这条抛物线的旧特征被回复过来。但是，这并不是单纯的回复，它是在更高阶段上的回复。积分方程式所表示的，并不是原来的一度抛物线，而是无数度类似的抛物线，因为积分方程式中的"C"可以有任何类值。（引自葛名中语）

科学的哲学对于自然界事物运动的原因是从自然界事物本身所固有的矛盾对立中去找寻的。和一切的形而上学者相反，形而上学的学者都认定事物内部并没有任何的矛盾，而将运动的原因求之于神秘外力的推动。现代自然科学的研究成果证明了谁的结论是正确的呢？当然，正确的是新哲学的结论而不是形而上学的结论。我们且来看看现代自然科学研究的结论是驳倒了谁吧。

生物学告诉我们，个体的细胞是经常不断地处在新的东西发生和旧的东西死亡的状态中的。正是因为新的东西发生，旧的东西死亡，才会有生物中"新陈代谢"的作用，有细胞自身发生、成长和变化的历史。其中某些过去的、失去了作用的细胞死去了，而某些新生的细胞便又产生了出来。

物理学告诉我们，物质内部构造矛盾对立，原子的构造本身便是一个矛盾的系统。正电和负电是一种对立的统一——它们是对立的，但又是相互依存、互相范围的统一体。正因为有这个矛盾，才会有原子内部的运动和变化。又好像，在电磁场中，正电和负电也是对立统一体。至于谈到物质本身的矛盾，我们只要引用恩格斯在一个例子里的说明就够了："在显微镜下做考察雪的晶形，就可以见到冰雪的繁复机构，这机构充满着矛盾，所以称为固体的冰，一方面是在不断地氧化着，另一方面而是表示着液化的倾向。增加压力帮助冰的内在矛盾向液化的方向发展，所以高压力可以使冰液化。温度增高亦有同样的结果。温度升高使水分子动力增加，使内在矛盾激化……"

力学告诉我们，力的作用与反作用也是矛盾统一的一个明显例证。牛顿就曾见到吸引力而发现了万有引力定律，但是他没有看到排拒力。因此在说明星球运行时的离心力时，牛顿的理论便露出根本上的缺陷了。当然，牛顿并不会把作用和反作用、吸引力和排拒力当作对立统一物来处理，所以，他只是提出了力学中的基本问题，而还没有能够正确地解决这个问题。

数学告诉我们，矛盾统一律同样地统治了数学的领域。就是只在初等数学中，只在处理相对的静止的数量关系的数学中，我们也可以发现包含在数学自身中的矛盾统一的状态。最明显的就是代数中的正数和负数。在算术中，正负号是不可思议的，而正负数的系统却成为代数学的基础，显然，离开了正数和负数的概念代数学是不可思议的。这一种矛盾在形而上学看来是不可思议的，而千万次的实际应用却证明了它的正确性，许多算术所束手无策的问题，在代数学中却辉煌地被解决了。因此，恩格斯还曾经这样地写道："正与负是二而一的，不论取哪一方作正，哪一方作负，都是没有差别的，不但在解析几何中如此，即在物理学中也是如此……"

至于高等数学，我们更可以举出许多例子了。好像直线和曲线吧，"几何学一开始就说，直线与曲线是绝对相反的，直线完全不能表现曲线，曲线亦不能表现直线，它们两个是不能共量的，然而想计算圆时就不得不用直线来表现它的圆周。在曲线与渐近线的例子中，直线完全化成了曲线，而曲线则化为直线；……曲线之两端，逐渐伸直，但是永远不能变为真正的直线。在解析几何中也是一样，把直线看作弯曲性无限小的一等曲线……"（恩格斯）这不正是告诉我们几何学中有着直线和曲线的矛盾吗？还不止此，"直线与曲线在微分中它们是完全相同的、相等的"（恩格斯），这些例子不正是完全光辉地证实了我们的结论吗？

上面形而上学和辩证发展观已经讨论过，现代自然科学的全部成果都证明了前者的错误而证实了后者的正确。那么，现代的自然科学研究成果又是怎样证实了现代的唯物主义的正确性，而摧毁了一切形形色色的观念主义的哲学呢？

现代的唯物主义的哲学告诉我们，世界按它本来的性质，而不加以如何增减地，说是物质的，物质的发展是一个"自动"的过程，用不着什么"绝对精神"或"造物主"来做主宰。现在自然科学的就成果完全证明了这个理论的正确。

从天文学上的太阳系至物理学中的质子、电子、中子、正子或辐射能中的量子都是物质。物质的运动都是"自动"的，现代自然科学证明了自然界物质的运动并不需要什么"绝对精神"或"造物主"的假设。因此，康德曾经剧烈地嘲笑牛顿，认为牛顿假定了"上帝"的神秘的一击，"在哲学看来是一个可怜的解决"。事实上，在这一点上，康德是比牛顿天才得多了，康德的"星云说"假说曾经从物质自动的发展过程来说明宇宙的生长，而将什么"绝对精神"或"造物主"驱逐出了天文学之外。

现代唯物主义的哲学告诉我们，物质是首次的、第一义的，精神是派生的、第二义的，它是物质高级发展的产物。而一切形形色色的观念主义却恰好和这相反，它们一致认定了精神是首次的、第一义的东西，物质是精神的产物。被现代的自然科学的研究成果证明了正确的是谁呢？是现代唯物主义呢？还是一切形形色色的观念主义呢？当然，正确的是前者而不是后者。我们且来看看事实吧。

天文学、地质学、古生物学的研究告诉我们在没有人类，甚至没有生物以前已经有了物质，有了生物、有了人类以后也有物质。"物质是不灭的"，用哲学的话来说就是物质是无始无终的。

生物学告诉我们，生物原是来自非生物，人类又是生物界发展到高级阶段的产物。那么我们显然不能够说，在没有人类精神以前便没有物质。人类的精神是物质高级发展的产物，归根到底说来是大脑的产物。大脑不存在了，人类的思维、精神也就不能存在。现代的生物学和医学都证明了我们这一理论的正确。

最后，现代唯物主义的哲学告诉我们，自然界物质发展固有的规律是可以认识的，没有不能够认识的东西而只有我们还没有认识的东西，因此我们对于自然界的认识知识便有客观真理的意义。具体地说来，自然科学的知识是一种客观真理。这些自然是和一切不可知论者、马赫主义者的理论相反的。那么，正确的是现代唯物主义的哲学呢，还是什么不可知论者、马赫主义者呢？显然，正确的是前者而不会是后者。

现代全人类的实践、工业上的应用、生活上的试验都证明了现代的自然科学的研究成果的正确性，证明了这些自然科学知识是一种客观真理。"要证明布丁，就在于吃布丁"，要证明现代自然科学成果的正确，就在应用这些研究成果于实际，而今天我们应用的结果证实了自然科学研究成果的正确性。

根据我们上面这一个简略的总结，已经完全证实了现代唯物主义哲学的正确性了。自然界是哲学正确与否的试金石。虽然如此，一直到了今天还有些一知半解的哲学家们和自然科学者们重复着一些庸俗的哲学残渣的概念，闭上眼睛，高呼唯物主义的破产。在我们中国，这种庸俗的见解也被贩卖进来了。唯心主义哲学家傅统先的著作《现代哲学的科学基础》一书,死抱着观念主义的残渣不放,重复着西洋学者的"陈词套语",企图用现代自然科学的成果来证实唯心主义,结果不惜曲解了现代自然科学的成果以使它适应他们的要求。该书充满着唯心主义的主观呓语,对于傅先生我倒不想说什么,我们来看看其他学者们怎样陷入了唯心主义的陷阱里。

诸位读者如果有闲暇去翻一翻抗战以前武汉大学出版的刊物,那么,便会发现,对于现代物理学,中国的物理学家邬任良先生曾经这样写道:

（1）质可变成能,能可变成质。
（2）质之波拉两"矛盾"只能以抽象的数学符号 ψPc（解释之,ψ 之自乘,$\psi \cdot \psi$ 表示电子所有之或然率）。
（3）在原子世界中,位置与速度（动量）是不能同时准确测定的。其不能之原因,不是由于所用仪器之不精,而是由于自然世界定律之限制。
（4）即使我们能规划定律出来,在实验上亦无法可以证实之。
（5）自由意志在物理学上不能反对。
（6）依新物质论,质与灵似有统一的趋向。

显然,在这里邬先生是完全受了西洋的唯心主义的欺骗,在这六个结论中,邬先生并没有加一些什么新的东西,对于这些理论我们在上面已经批判过了。但是值得奇怪的就是,在抗战数年之后,竟还有人来重复这些话,而且以肯定的、坦白的言词宣称唯物主义和新哲学的破产,这真是值得我们奇怪了。不久以前《现代学术》（盛成编）的创刊号上有一篇发刊词,这篇发刊词说明了一些问题。我们在这一篇短文里可以找到如下的语句:

> 我们于过去所积累的观念与发明决不放弃,以期温故而知新,造成未来宇宙的力量。但是,对于过去的因果律与辩证法以及许多类似物质不灭的成见,却非放弃不可。代替物质不灭者为能量不灭的原理,代因果律者为偶然法则……
> 自由意志的创造是先验的,经验是后来的……
> 因为物质的基石,原子之不决定,反而自然发生、自然蜕变、自

然消灭，于是在一切现象之上，不置重心于过去之因果律，而置重心于适遇之偶然法则……决定论与因果律反归于消灭……

熵（entropy）不但支配精神世界，而且统制自然科学……

能力不灭的原理，必将使精神与物质一元化……

最后，这位作者宣布科学研究的路向道：

我们以现代学术的方法来研究与讨论现代学术；以先验的科学来从事经验的科学的探讨……

这是什么理论呢？这是康德和马赫的混合中国版。这是公开宣扬以先验论、以唯心主义来指导科学的研究。对于这些理论，我们在上面已经批评过了，这一个中国版不过是原封不动的翻印，并没有什么增减，不过，我还是劝告中国的自然科学家和哲学家们少跟那些西洋的观念主义哲学者来往，以免陷入他们的陷阱。科学是实事求是的，既然现代一切事实都证明了现代唯物主义的正确，那么，作为一个自然科学家是应该掌握现代唯物主义的哲学理论并以之作为他们研究上的指导的，这亦有如现代唯物主义的哲学研究者应该采取现代自然科学的研究成果一样。对于自然科学家们掌握哲学武器的重要性，乌里亚诺夫曾经这样地写道：

……我们应当了解，任何的自然科学，任何的唯物主义，除非有巩固的哲学基础，是抵挡不住布尔乔亚观念之猛攻和阻碍布尔乔亚宇宙观之复辟。在这个斗争中，自然科学家为要抵挡住敌人的进攻并取得最后的胜利，就必须做一个现代的唯物主义者……

……现代的自然科学家，在用唯物主义观点去作解释的黑格尔辩证法中，可以找到（如果他们知道如何去找，并且我们学会帮助他们去找）自然科学上的革命所提出而使那些崇拜布尔乔亚时髦思想的知识分子"陷入"反动的诸哲学问题之许多解答……

第二节　辩证唯物论之物质运动观在自然界的
应用及检证

　　哲学告诉我们，对于自然界事物的发展的看法，存在着两种根本不同的观点。第一种观点认为自然界事物的发展不过是永远绕着一个圆圈子的循环运动，事物的发展只不过是纯粹数量上的增加。好像力学上的机械运动他们便认为这不过就只是运动量（能）的增加，因此永远不会引起事物本身根本性质上的变化。最后，他们认定了运动的原因是一种外力的推动作用。这一种观点黑格尔曾称它为形而上学的观点。这一种观点在古代希腊的时候便已经开始萌芽，到了十六七世纪的时代，以牛顿、林耐为首的自然科学家都崇奉着这一种观点，后来，培根和洛克把这一种观念引用到了哲学上来，便形成了几世纪以来的形而上学的发展观。和这一种观点相对立的另外一种观点认定了自然界的事物没有一种东西是孤立存在的，他们都经常地处在相互关联、相互作用的统一整体的状态中；正是由于相互作用，自然界的一切事物都经常地处在不断运动、变化和发展的状态中，其中没有一种东西能够保持着它原来的样子而永久不变。而变化的方式呢？那就是从小小的、隐秘的、缓慢的数量上的变化而走到公开的、巨大的、突然的根本性质上的变化。最后，这一种观点认为运动变化的原因是自然的事物本身内部有一种根本的矛盾。凡是物质内部都有两方面，正的一方面和负的一方面，旧的一方面和新生的一方面。这两方面的矛盾的展开和斗争便形成了运动、发展和变化，结果旧的、没落的东西消灭了，而在新的统一的基础上面出现了新生的、性质上根本和过去不同的东西。在之后的两个世纪，一切社会实际生活事实和自然界的事实都证明了这一种被黑格尔称为形而上学的机械发展观的理论实在和事实不合。第一，他们不能正确地从事物的本身去说明事物运动、变化和发展的原因，而只是可怜地把它归功于外力的推动作用，归功于"上帝"创造主的万能，或如牛顿所说的一样归功于"上帝"的神秘一击；第二，他们不能说明新的东西的产生，在他们看来，新的东西的产生是不可能的，自从"上帝"创造了万物以来，事物便依照原来最初的样子而做着一种循环不息的变化，不会有一种新的东西产生，也不会有一种东西消灭。但这都和事实不符，达尔文告诉我们，在一块地方如果有一种植物存在，那么在20年以后便会有20多种新的植物出现，布满整一块土地，我们再不会认识这一块土地原来的样子了。不但这样，过去这里是没有动物的，而现在因为有了20多种植物，所以许多鸟雀也来了，许多虫类也出现了。这一种新物种的产生怎样去解释呢？正因为这样，第三，他们就不能够解释事物的多种多样性。自然界有各种运动形态：从机械的、物理的（声、热、光、电等）、化学的（无机界和有机界的），以至生命的等各种运动形态，在它们的根本性质上、属性上、表现状态上都有着根本的不同。所有这些都使形而上学的机械论者无法解释，而只能可怜地乞灵于"上帝"创造主的"法力无边"和"功德无量"，竟能大发慈悲，为了人类生活上的需要而创造了万物。这是多么的愚蠢可笑啊！

形而上学的机械论者来解释物质了。他们一致地认为物体不过是一种死的、绝对静止的东西。物质在他们看来不过是一种具有若干属性（密度、重量等等）的死的东西。在一本通行的物理学教科书上曾经出现了如下的语句："……一个死的物体所以具有能是因为在从前的时候他完成过一种功。"（Millihand and Gall：*A first course in physics*，p. 148）死的物体就是他们一致的意见，运动着的物质或物质的运动，在他们看来确是荒谬之谈。

这一种形而上学的机械观点，被几个世纪以来自然科学的新发现动摇了，最后便不得不因各种实际事实的反驳和打击而走向崩溃。首先是自康德和拉普拉斯以来所建立的"星云假说"说明了天体的历史及其一般发展全程，证明了天体也有着进化发展的历史，而这一种进化绝不是绕着圆圈而旋转的循环运动；其次是物质学和古生物学说明了地球及生物进化的历史；再次是有机化学打破了有机界和无机界间的"万里长城"；最后，是达尔文的进化论说明了生物界的生活史及进化法则，所有这些都使形而上学的观点不得不在科学新发现面前动摇了。但是，被几世纪传统思想及生活所束缚而满脑子充满了牛顿思想的自然科学者还是反对这一种运动、变化的发展观。罗素（Russell）曾经反对进化论，他写道："我们须得紧记：生物学并不是唯一仅有的科学。"（罗素《哲学中之科学方法》，第40页）。他的意思就是，能够说明生物界发展历史的东西不一定能说明物理的、力学的、化学的等自然界的诸现象的实际。生物界也许有进化的历史，而其他的自然现象（力学的、物理的、化学的）便要被牛顿、林耐的观点所统治了。这一种思想在19世纪达尔文学说建立了以后仍被许多自然科学家所坚持着，成为一种顽固的保守的观点。但是，自然界中新材料的发现终于动摇了这一种形而上学的机械观点了，这就是20世纪自然科学的革命。

20世纪在自然界方面发现了许多新的材料，特别是物理现象方面。这一种新的发现，要求自然科学家不是放弃过去的形而上学观点，推翻牛顿、林耐以来的陈旧观念；便是放弃这些新材料，而以陈旧的传统材料为满足。理论是从事实中抽象出来的，要使新的事实解释得清楚，那么成立一种新的理论和概念来代替牛顿、林耐时代的陈旧概念不但是需要的，而且是必须的。

首先打破了自牛顿以来对于物质运动的传统看法的是爱因斯坦的"相对论"（1905年所发表的《特殊相对性理论》及1915年发表的《一般相对性原理》）、普朗克的"量子论"、闵可夫斯基的"四元空间"理论、黎曼及罗伯切夫斯基的"非欧几里德派几何学"、罗轮茨的"电子论"、马克斯威尔（Maxwell）的电磁学说、卢透福特（Rutherford）和玻尔的（Bohr）原子模型构造概念以及"光谱论"……，最后是现代的量子力学的研究成果。所有这些研究在数学、物理学、力学、化学等各方面动摇了形而上学的机械观点。特别是量子论和相对论的成立有着划时代的革命意义，我们且看普朗克的自白吧：

> ……自从本世纪的开始以来，有过什么变化发生，这只要略微地看一下就够指示出来了；我们可以说，自从伽利略和牛顿以后，这般迅速的发展是从来没有过的……测量的非常进步，就是这发展的原因，它是科学和工程进步的一个重要条件；而这条件自身又从而引起了理论的证实和改良，特别是两个新的观点给与了现代物理学以一个标帜。这两个新观念是从相对论和量子假说中分别产生出来的；每一个在它的本门内都是结果丰富而且革命的。（普朗克《现代物理学光照中的宇宙》）

所有20世纪以来科学的新发现，一方面证实了形而上学机械观点的错误，而另一方面便加倍地证实了新哲学对于物质、运动、时间、空间这几个自然科学基础概念之理解的正确,证明了它是结合于自然界的实际事实的。但可惜的是,这些自然科学家只有掀起自然科学革命的勇气,社会实际生活以及传统思想限制了这些市民科学家,无论他们如何天才、如何果敢,也没有皈依新哲学的勇气和明见。他们既不知道需要那样做,也不愿意知道。这样,不可避免的结果就是他们在自然科学的新发现面前低头了。这些20世纪的自然科学天才曾经果敢地负担起了一个艰巨的任务,一手掀起了划时代的科学革命,将20世纪以来科学的新发现组织成了新的理论,并且应用这一支强有力的理论队伍击退了自牛顿、林耐以来传统学派思想的顽抗,推翻了自然科学中形而上学机械观的统治宝座,宣布了他们观察和思考上的错误,而在基本论点和概念中引起了一个惊天动地的变革,特别重要的是他们重新解释了物质之运动这个概念。

但可惜的是,他们结果只止于推翻形而上学的思考,而没有勇气拿新哲学的思考来代替它。社会生活和一切形形色色的传统思想闭塞了他们的脑子,消减了他们的勇气。他们本来已经踏进了新哲学的门槛,但又在自然科学革命的"混乱"面前惊惶失色了,终于仓皇地退出了,随便闯进了观念主义的"杂货店"里去,看见了些漂亮的劣货便如获珠宝,大呼"马赫""康德""新康德"万岁!在欢呼声中,这些哲学残渣又再三地告诫他们了:形而上学的本身固然有问题,但唯物主义也不是好东西,特别是新哲学,应该被扔到垃圾堆里面去。从此以后,精神宰制一切,运动变化也不过是纯粹主观上的偶然,"时间""空间"不过纯粹是"先验的"东西,这样他们便宣布了所谓人类精神的"大胜利"!

不过,我们无论如何不能过低地估计这些20世纪自然科学家的成就。虽然我们应该清楚地理解他们的根本缺陷,新哲学对于物质、运动、时间、空间的解释,比任何一个市民科学家的解释都正确得多、彻底得多和完全得多。不过我们要了解这些自然科学的新理论不只是证实了新哲学的理论,而且也在内容上加深了它、丰富了它。马克思、恩格斯曾经在自然的一般发展上击退了形而上学的残余,达尔文曾经在生物界方面击退了形而上学的保守队伍,而在20世纪,形而上学的残余队伍终于在力学、物理学、化学、数学各个部门中击退下来了。这一种功绩,我们无论如何不能不归功于反纳粹、反侵略的自然科学明星——爱因斯坦及其同伴,向着他们三呼万岁!

为了理解自然科学的几个基本概念——物质之运动的内容的历史发

展,我打算从历史发展方面来说明自然科学家对于这些概念的理解是怎样的。

现在我们先来说明物质这一个概念。

对于物质这一概念的理解,我们绝不能够把哲学的物质观和自然科学的物质观相混同。哲学上的物质观不过是一个人类认识上的问题,它说明了人类的主观认识和客观实在的关系。什么是物质呢?新哲学告诉我们,凡是独立存在于我们头脑之外,而能在感觉器官上作用于我们,引起我们发生反应的客观实在都是物质。在这里,它不过是说明人类主观认识和客观物质的联系罢了。至于物质的内部构造、物质内部的实际、物质内部的运动变化规律呢?它是并没有说明的而自然科学的物质观正是以说明物质的构造,说明物质内部的实际,探求物质内部的运动、变化规律为任务的。所以哲学的物质观不过是从主观认识与客观实在的相互关系上来规定物质概念,而自然科学研究物质则要深入物质的内部,探求物质内部的实际。不过,我们如果把自然科学的物质观念和哲学上的物质观念完全分离开来,割断它们之间的一切联系,这也是不正确的。哲学上的物质观念比自然科学上的概念来得更普遍、更广泛。只有当自然科学上的研究已经深入到物质的内部,说明了物质内部的构造的实际以后,哲学上的物质概念才能在这基础上产生出来。自然科学上的物质概念只是从总结自然界的各种运动形态中产生出来,而哲学就不但总结了自然界的各种运动形态(采取了自然科学的研究成果),而且也总结了社会的物质运动形态。哲学上的物质观念有着广泛的内容,从自然界中的沙粒到太阳、从社会中的生产力到社会诸关系都是客观的实在,虽然它们之间有着根本性质上的差异。正是因为科学的哲学对于物质运动有了多方面的研究,所以到最后,才会达到比自然科学上的物质观念有更普遍的意义和内容的哲学上的物质观念。这样看来,哲学上的物质观念是以自然科学对于物质运动的研究为基础的,因为离开了对自然界物质运动的考察,那么哲学上的物质概念便变成了空虚的东西,而说明自然界物质运动的实际、说明物质的构造及其内部运动的规律性正是自然科学的任务,特别是物理学。但是,反过来,哲学上的物质观念又做了自然科学研究的出发点,因为在考察自然界的物质运动的时候,首先就不得不确定我人和自然界中运动着的物质的关系,首先就不能够不假定所有自然界中的物质都是一种客观的实在,如果没有了这个假定,自然科学的研究是不可能的,因为如果自然界的物质不是一种客观的实在，那么，自然科学的知识便变成了一种主观上的空谈了。自然科学的任务是要依着原来的样子而不加以任何增减地去说明物质运动的实际。如果物质不是一种客观的实在而是一种主观的东西，那么说明它的知识也就是一种主观的知识，并没有什么科学上的客观真正价值了。因此，无论自然科学家们有没有承认，但当他们研究自然科学的时候，首先便要承认自然界中运动着的物质都是一种客观的实在。这样，哲学上的物质观念又成为自然科学研究的出发点和指导了。所以我们认为，哲学上的物质观念与自然科学上的物质观念是不可分割的。

在古代，对于物质的构造没有一个明确的概念，以赫拉克利特为代表的古代自然科学家都认定了物质经常不停地在运动变化当中，各色各样的物质都不外是由一种或几种原始物质变化而成的。至于物质的内部构造实际上是这样吗？他们并没有明确的回答，只有到了划时代的学说——德谟克利特的原子论出现的时候，才认定了物质是由一种最小的、不可分割的微粒所组成的，而物质的多种多样性，也不外是因为这些微粒——原子的大小、形状、配置或排列上的不同罢了，在德谟克利特看来，原子和空虚是物质运动的两个要素。所以德谟克利特的思想认定了物质是由一种不连续的微粒所组成的，这些不连续性的排列就是物质运动的一个根本条件。这在科学史上便开创了物质构成的不连续性的学说。

但是，以后的发展，自亚里士多德以来一直到了十六七世纪，人们的思想都被另外一种相反的物质观所统治着，认为物质内部的构造过程是一种连续性的统一过程。

到了十七八世纪的时候，科学的巨星牛顿出现了，他首先确立了光的微粒说。牛顿根据当时的实验，认为光是由一种很小的微粒所组成的，这样在光学中，又恢复了物质构成的不连续性的观念（虽然在当时一般学者还没有承认光是一种物质）。但这个发现无论如何都不能够和德谟克利特的学说相提并论，德谟克利特的学说只是站在机械论的哲学上来立论，而牛顿的光的微粒说却是以自然科学的实验和观察为基础的。

在牛顿光的微粒说出现不久，另外的一种学说便又代它而起，在古典物理学中取得了支配的地位。这一学说是1680年由荷兰物理学家惠更斯（Huygens）所确定的，称为光的波动说。他认定光是一种波动，借着一种叫作光媒或传光的以太（Luminiferous or light bearing ether）的媒质而以波状行进，这一种波动就好像水面上传递水波或空气中传递声波一样。

到了1800年以后，由于光的干涉现象和无线电波的发现，使光的微粒说一时无法解释，因此光的波动说便代替了光的微粒说，取得了支配的地位，这一种说法又恢复了连续性这一个概念，这样在物理学中便出现了微粒和波动这两个概念的矛盾，或者说是连续性与不连续性的矛盾。

自从19世纪初叶杜尔顿的原子论出现了以后，经过了许多实验，大部分的学说已经相信了物质是由一种微粒所构成的了，但是杜尔顿的原子论并没有能够解决物理学中微粒和波动这两个概念的对立，有许多学者还对杜尔顿的原子论抱怀疑的态度。所以奥斯特瓦德（Ostwald）写道："物质为粒状物所构成之思想，其实验的证明虽经数百年数千年之追究，终于失败……"（竹内洁《原子构造概论》中译本第25页）

其后，物理学的发展，马克斯威尔和赫茨（Hertz）发现了光波和电磁波不过只有波长上的不同，而并没有性质上的差异。

在这以后，波动说虽然获得了重大的成功，但应用到原子的构造上却发生了重大的困难，因为根据马克斯威尔的电磁学定律，带有电荷的质点在椭圆轨道上运行而具有加速度的时候，必定要损失能量。这样在电子运动中，电子的能量也必然要损失，最后，能量消失了，运动停止，电子便会与原子核合而为一了。但事实上的证据却并不是如此，电子能量并没有全部消灭，运动也并没有停止，于是为了解决这个困难，终于由天才的玻尔将普朗克的量子论引入了原子模型构造学说中去说明物质的运动。这一个光辉的成功解决了许多前人束手无策的问题。

普朗克的量子论主要是放弃了光能平均分配这一个假定，而将不连续性这一个概念给了光波（辐射能）。根据过去的见解，当电子把能量放射出来给电磁场，或相反地，当电磁场将能量给予电子的时候，不管它的能量是如何微小，始终是保持着一种连续性的状态的。但是科学天才普朗克放弃了这个假定，而认定能量的迁移是一个不连续性的过程。

之后爱因斯坦又天才地应用了普朗克的量子假说而进一步地建立了辐射量子说。根据爱因斯坦的意见，辐射能是由一种不连续的微粒所构成的，于是物质的不连续性又成立了，在其后，物理学家康普顿（Compton）在他著名的效应实验中又光辉地证实了爱因斯坦的学说。

普朗克的这个发现确是一个重大的革命，正如他自己在《量子论的成立及其迄今的发展》中所写的一样："将自莱布尼兹（Leibniz）和牛顿建立微积分以来，我们建筑在一切因果关系之连续性假定上的物理学的思考，根本推翻了。"而梭麦福尔德（Sommerfeld）对量子论曾经用美妙的言辞赞颂道："……量子论是一件神秘的工具，自然在它上面奏出了她那光谱的音乐，而根据它的节奏，她调整了原子和核的结构。"

普朗克量子论将连续性和不连续性、质点和波动这两个概念统一起来了。在量子物理学中这一统一更进步了，在现代物理学中，如果单只说质点或波动是没有意义的。波动力学创造出了"波粒"（Wavicle）这一个名词，他们认定了电子是一个质点，但同时又是一种波动，这样，物质这一个概念便变成了连续性和不连续性、质点和波动的对立统一体了。

物质是由微粒所构成的，这个原则已经没有人能够反对了，所以爱因斯坦在王城大学讲演时曾经说道："物质是由荷电的微粒所构成的。"这些微粒，无论是原子中的质子、中子、正子、电子，或是辐射中的量子，都是客观的物质，所有一切都证实了新哲学物质观的正确。自然界就是运动着的物质或物质的运动。

自然科学的物质观告诉我们，原子内部有着正电和负电的矛盾，原子内部有着电子的高速运动。量子论和玻尔的原子模型构造学说告诉我们，在电子的运动中，当它从一轨道跳入另一轨道的时候，是会发生吸收能量或放射能量的现象的，这一切都说明了运动是物质的根本的属性，离开了运动，那么原子是不可想象的。在过去，原子物理学还没有成立，一般自然科学家被传统的形而上学的观点支配，确曾想象过有一种不可分割的微粒，但现在人们明白了原子本身是一个运动系统，是一个正电和负电相互矛盾、相互作用的运动系统。

新哲学告诉我们，物质的运动是事物内部固有的矛盾展开的结果，运动就是矛盾，运动就是连续性的中断，运动就是连续性与不连续性的统一，这个在现在自然科学中，特别是在现代物理学中不是已经光辉地证实了吗？

为了我们能够明了自然科学中运动观的演进，我们现在且从历史的叙述上来说明自然科学中运动观念的变革。

在古希腊的时候，赫拉克利特和他的同伴曾经认定自然界中的物质都是经常地处于运动、变化和发展的状态中的。赫拉克利特并且认定事物内部的矛盾和展开（斗争）是物质运动的源泉。到了芝诺（Zeno），他便明确地说明了运动的矛盾了。他曾经这样说："飞驶着的箭，其实静止着。"什么理由呢？因为运动者常在自同的此刻，及自同的此处，就是说，常在不能区别的上面。这样,芝诺一方面知道运动本身是矛盾的,一种东西常常是在这里而又同时不在这里的,另一方面他又知道了运动和静止本来就并没有绝对固定的限界,而只有相对的分别。虽然芝诺曾经根据这一点而企图否定运动,但是运动本身就是一种矛盾这一点,他却天才地说明了。

我们中国古代的哲学家惠施也大概发表过和芝诺相近似的思想观点。

关于古代学者的自然科学的运动观,我们在这里值得叙述的是原子论的创始者德谟克利特。根据德谟克利特的见解,物质运动的必然法则和因果法则是可寻的。他认定了原子(物质)和"空虚"就是一切事物根本的元素。他以"空虚"为物质运动的根本条件,把原子设为"有","空虚"为"非有"。物质的运动就是"有"和"非有"的统一。所以他曾经说过:"真理只存在于原子和空虚中……除了原子和空虚这两种根本的元素之外,再没有其他真实的,可以相信的东西了。"从德谟克利特这一段话中我们可以知道他确实曾企图在物质的本身中找寻运动的源泉,他并没有假定什么神秘的"创造者"。

但是无论如何,德谟克利特的运动观和赫拉克利特的辩证运动观是不同的,德谟克利特并没有了解"有"(原子)和"非有"(空虚)的辩证统一,而只是将它们机械地结合起来。虽然黑格尔曾经把空虚当作"否定"的萌芽,从这里看出辩证的因素,但是德谟克利特只从运动形式的差异上来说明了物质的多种多样性。我们来看看德谟克利特的话吧:

> 世界是这样生成的:极多数各种各样形态的物体从无限中分离出来,而通过伟大的空虚中,这些物体相合而成为一个漩涡。漩涡中发生冲突和各式各样的回转,于是类似的物体集合在一起而分离开来。这些物体因为是极多数的,所以回转的方式也极不一样,最轻的东西都逸出空虚的限界以外,就像通过筛子一样。其余的东西却一齐残留着,互相交错结合,形成最初的球状体系。

这样,德谟克利特只知道机械的运动,而不知道物质内部的矛盾,更不知道在运动变化过程中旧的东西怎样死亡。

在古代哲学家的运动观中,我们还要提一提亚里士多德。亚里士多德在当时研究了一切自然界的材料,他将自然界当作一个运动的过程来考察,他特别在"物理学中间研究了物质的运动和运动的形式"。他在那里

"把运动当作发生和消灭,增加和减少,空间中的位置变化和质的变化来观察"。在这里确实表现了亚里士多德的天才和功绩。

但是,到了十六七世纪的时候,无论是在自然科学还是在哲学中,机械的运动观都已经取得了支配的地位。在这时候,机械的运动观的确立首先开始于自然科学,而主要的根据就是力学(机械学)的研究成果。在这时代里的自然科学家曾经因为社会的实际需要而研究过一些机械运动现象和原理,但结果他们将这种解释机械运动形态的原理用来解释自然界其他一切的运动形态。最后,应用到了哲学,而形成了长达几世纪的机械发展观。

这个时代,自然科学方面最伟大的代表是:法兰西斯·培根、笛卡尔、卡白勒、伽利略、牛顿和莱布尼茨等人。

在自然科学中给这种机械的运动观以固定形式的表现的,便是十六七世纪的天才巨星:牛顿。

牛顿在他的名著《自然哲学的数学原理》一书中,曾经如下地规定了三个运动的基本定律。

首先是惯性定律(Law of Inertia),在这个定律里面,牛顿告诉我们:如果没有外力的作用,物体静者常静,动者常依直线作等速行进;其次是运动定律(Law of Motion),在这个定律里面,牛顿认为运动量(Momentum)的变化率和所加的外力成正比例,运动的方向与所加之外力的方向相同;最后在反作用定律(Law of Reaction)里牛顿又宣称:质点上的力只是一动作的一边,当作整个来看,这个动作只是二质点间的应力。

牛顿的机械运动观的基本观点已经包含在惯性定律里面了。物体的存在是"动者常动""静者常静",这就是牛顿的最基本的观点。那么,运动怎样开始呢?或者用句术语来说:运动的泉源是什么呢?当我们这样地问他的时候,牛顿根据机械运动的原理宣称:运动是外力推动的作用,一物体如果加以外力的推动,那么它便会做一种等速行进。这也是牛顿的运动观的基本观点。

这时代的自然科学家们,最多只不过是研究过天体和地球固体的力学现象,他们最多不过是懂得了些地球上的机械运动是怎样做着一种空间位置上的移转的变化。各种星球按着机械运动的法则而运行,因为"万有引力"的关系而使各星球固定了它们的位置,这样简单的自然科学知识,使他们即使有划时代的天才也不可避免地形成了一种机械的运动观。

这一种机械的运动观的要点，大概说来是：他们首先假定了物质是一种死的物质，物质内部没有任何运动也没有任何矛盾，所以如果没有外力推动的情况，物体是"静者常静"的。其次，他们认定了物质的运动不过是一种空间位置上的移转和变化，运动的原因是外力的作用。最后，他们认为物体是孤立的，他们并不是存在于相互关联、相互作用、相互变化的状态中，为了说明宇宙间事物的统一性，为了说明星球为什么能够保持固定的位置，牛顿才假定了宇宙间有一种吸引力，他称之为"万有引力"，但这一个假定不但具有浓厚的神秘性，而且在说明星球运行时的离心力时，特别地是在说明向心力和离心力的矛盾时，牛顿的理论便"触了礁"了。对于这一观点，恩格斯还曾经写道："原来革命的自然科学这时突然间立在极端保守的自然之前面了，在自然中现在的一切都维持着太初的状态，而且一直会维持到世界之末日：就是说，它以后的万万年都会维持其太初的状态。"

但是，这一种运动观不久便被自然科学上的研究成果完全粉碎了。康德首先出来攻击牛顿，宣言：牛顿从"神"的创造者中去找寻世界上最初的冲击，这"在哲学上看来是可怜的解决"，他首先创立"星云说"的假说，认定太阳是由一种稀薄的气体而产生出来的，这样，康德以此说明自然界的历史，天体发生的历史。牛顿说自然界是由于"神"的最初一击而进入运动的状态中的，康德却扬言这是经过了千百年的历史才进化成功的；在那以后，地质学说明了地球发生和发展的历史，古生物学说明了生物的生活史，进化论说明了生物界的发展史，有机化学又说明了有机界的实际而把有机界和无机界之间的绝对固定的界限打破了……这样，不但牛顿的运动观破产了，事实告诉我们，需要从物质本身去找寻运动变化的原因，而且两三世纪以来的自然科学研究告诉了我们运动是有着多种多样的形态的：有天体的运行，有地球的发展，有生物的进化，有人类的演进，最后有了社会的发生和发展……所有这些事实都告诉我们，牛顿绝对的运动观已经用不着了，运动绝不仅是机械的。

到了20世纪初叶，牛顿的运动观终于在现代自然科学面前崩溃下去了，爱因斯坦的相对论、闵可夫斯基的四元空间理论、黎曼和罗伯切夫斯基的非欧几里德派几何学……最后是现代物理学的全部成果，都证明了牛顿的运动观是非被现代相对论的运动观代替不可了。过去，牛顿在他的大著《自然哲学的数学原理》一书中得意地宣称："绝对运动是物体由一个绝对处所至其他一个绝对处所之转移","绝对静止的属性在这里即真正静止的物体本身静止着"。而现在呢？绝对的运动消灭了，绝对的静止也失去了立论的根据，相对论告诉我们运动是相对化的，静止只有相对的意义。

所有这一切都光辉地证实了伊里奇的名言："说世界是物质的运动或运动着的物质，这将不改变事态。"

第六章

唯物辩证法底重要的诸范畴

第一节　现象与本质、根据与条件

我们日常所接触的事情，在外表上是具有非常繁复的多种多样的状态的，它常常表现为复杂错综的样态而出现在我们的前面。如果我们去观察一条河流的流水，就可以发现流水采取了各种各样的形态出现在我们的眼前——瀑布、漩涡、浪花、静静的流水等等。但是，不论是瀑布、漩涡、浪花或是静静的水流，不过都是同一条河流的各个因素，为了要更深刻地认识这一条河流的内部的实际，发现它的内部的固有的矛盾及其联结，以及其变化的规律，就要求我们透过直接的多样多种性的现象，而去认识对象的本质。

和形而上学不同，在形而上学看来，现象与本质是绝对地对立着的。康德就分离了现象与本质，而在它们两者之间留下了一条固定的鸿沟。在康德看来，我们只能够认识现象，至于实质，则是不可认识的，从而对于现象之究明，就是科学认识之任务。辩证唯物论与之相反。在辩证唯物论看来，科学认识的任务，正是"由现象到本质，由所谓初级的本质到第二第三……等级的本质，这样不断地下去，以至于无穷"。因此，辩证唯物论的创建人曾经这样指出："假若事物的本质和表现形式是完全相符合的话，那么，什么科学都变成多余的了。"

唯物辩证法对于本质与现象的这种理解，一方面和形而上学不同，而另一方面，和观念论也毫无相似之点。在黑格尔看来，所谓从现象到本质，不外是"绝对观念"所展开的运动形态，因而便颠倒了事物的真相。辩证唯物论的创建人，批判地改造了黑格尔对于本质与现象的理解，确定了它是我人对于客观世界的认识过程之最一般的反映和概括，因而使之采取了现代科学的形态。

唯物辩证法认为本质与现象是相对的，它们虽然是对立的，但是又是相互依存、相互渗透、相互统一着的，本质与现象是对立统一法则的具体的、显现的形态。科学的任务，就是要在自然界或社会的某一类运动形态之五色缤纷、复杂错综的多种多样的现象中，去发现其内部之统一性，去暴露其内部的本质。"事物的本质就是构成它的真实性质的东西，是固定在许多现象中的特质，是构成这些现象的基础的东西，现象是事物的内部的基本性质的表现，即事物的本质的表现。"正是因为这样，所以，伊里奇曾经指出道：

> 我们看到由此达彼的过渡、交流、本质与现象的彼此交融。现象是本质的。人的思想不断地深入扩大起来；由现象到本质，由所谓初级的本质到第二第三……等级的本质，这样不断地下去，以至于无穷。
>
> 辩证法要求多方面地研究社会现象的发展，而把外部的、表面的形象归结到根本的动力，生产力的发展和阶级斗争上去。

因此，唯物辩证法否定了康德和休谟的错误的理解，在他们看来，现象纯粹是在意识上存在的主观观念。唯物辩证法认为现象是客观地存在于我人的意识之外的东西，本质现象出来，现象总在某些侧面、因素或特征上表现了本质，正是这样才提供了一种可能，可以透过现象而去认识事物的本质。如果现象只是意识上的东西，那么，科学的认识便将要毫无意义了。因为科学的认识只能从考察多种多样的现象开始。只有在对特定事物（对象）的复杂错综的现象做多方面的、详尽的、活生生的反复考察和研究以后，我们才能够暴露其本质。

即使是"假象"，也是客观存在的东西。竹竿插入水中看来好像是曲的，山远看则小、近看则大，即使这些也不是主观的，而是在客观方面有着它的原因的，所以"假象"也在某些因素上表现着本质。因此，本质与现象一方面是对立着、矛盾着，有着区分和限界的东西，但同时也是相互联系着、依存着、联结着、范围着、制约着和统一着的东西。

现象是呈现于我们面前的东西，因此，它大部分是我们感觉经验以内的东西。光的本质是以太的运动，这是我们的感觉所不能认知而必须依靠科学的，但我们的感觉却可以分别灯光、太阳光、烛光、萤火虫的光、月亮的光等等。热的本质是原子的运动,这也是我们感觉所不能达到而必须依靠科学的东西,但我们依靠感觉却可以分别各种不同的热:火烛的热、热水的热、夏天的热等等。同样,在社会界中也是如此,我们不能知道商品的本质——劳动,但却能够知道各种各样的商品的现象形态。

马克思在《资本论》中曾经卓越地显示了从现象到本质的过程:价值(本质)与价格(现象)、价格与供求律、劳动与劳动力的价格等他都提供了一个范例,说明了怎样从现象的考察中去认识事物内部的实在的基础——本质。

和形而上学相反,在形而上学的观点看来,本质是不动的、不变的、永恒的东西,只有现象才会不断地变化。古代希腊的柏拉图和芝诺,近代布尔乔亚的斯宾诺莎和莱布尼兹等都是这样主张的。布尔乔亚的哲学家、政治家、经济学家都认为资本主义社会是永恒的、不变的制度,这一种见解就是不变的本质的引申。即是对于本质与现象之了解缺乏辩证的历史主义的态度。辩证唯物论虽然认为本质是比较安定的东西(相对地说),但也是可不断地发展、变化、更新的。因此,伊里奇曾经明确指出:

> 辩证法,从其本身的意义上说,是事物本质自身中的矛盾的研究,不仅现象是变迁的、运动的、流动的,只是被有条件的界线划分着的,事物的本质也是这样的。(《哲学笔记》)

事物是处于不断地运动、发展、变化、更新的过程中的,在事物内部的固有的矛盾斗争及其展开的过程中,对立统一物在一定阶段便向着其相反的一面推移(正的向着负的,落后的向着进步的,衰亡的向着新生的),在这基础上便发生了新质的发生以及旧质的死亡。为了要了解事物发展的方向及其基础,我们就必须讲作为唯物辩证法的范畴之根据与条件了。

"根据是本质关系上的规定性之一。根据可以算是一种本质,是当作结果所由产生的出发点来考察的本质,当作新的东西的端初形态来考察的,当作本质向其发现推移的能动的端初来考察的本质。"如中华民族解放战争的进步性及革命性以及日本法西斯帝国主义侵略战争的反动性及退步性,就是中国抗战胜利和日本法西斯的崩溃和失败的根据。但是,根据不过是一种现实的可能性,它只指明了事物本质之发展方向及基础,至于能否转化成现实性,还要看条件而决定。因此,斯大林曾经强调指出:

"一切决定于条件、地点与时间。"

条件可以分为外在的条件（如地理环境及人口问题对于社会的影响等）、内在的条件（如民族统一战线对于抗战胜利等），以及本质的条件（即根据发展的不可缺少的根本条件，如没有前进集团的创造，中国抗战即无法胜利；没有了全国人民的觉醒，和平、民主、团结、统一的三民主义新中国即无法建立等等）和次要的附属条件（如国际关系对于中国抗战及建立民主、和平、团结、统一的新中国的帮助等等）。因此，不是所有的条件在根据发展的过程中都具有同样的重要性，发现本质的条件用我人的实践推动事物向前发展并改变事物，这是科学认识的任务之一。因此，斯大林曾经再三指出："原则决定了以后，干部就决定一切。"但是，这也并不是说，外在的条件和附属的条件是不重要的，地理环境对于社会的发展有阻碍或加速的作用，国际的帮助对于中国抗战也有着重大的影响。因为内在的条件与外在的条件、本质的条件与附属的条件不是彼此孤立的东西，相反地，它们是彼此关联、依存、范围、作用和统一着的。

根据和条件是对立的统一物。根据虽然是事物发展的基础，但是条件对于根据的发展却具有决定的作用和意义。从一方面，条件与根据是彼此互相关联、依存、范围、作用和统一着的，统一于事物内部固有矛盾之斗争的展开过程中。条件在根据的发展过程中，是可能被创造和被产生出来的，如建立国际的反日统一战线，以及日本国内反战民族运动的壮大是中国抗战胜利条件之一，这些条件都可以在民族解放战争展开和壮大的过程中创造和产生出来。

根据和"具备根据的东西"，条件和"具备条件的东西"都是对立统一物，因为随着根据和条件的展开，"具备根据的东西"和"具备条件的东西"都要被扬弃、被代替，因而它们是对立着、矛盾着和斗争着的。但是，他们又是不可分离的，相互依存、相互范围、相互作用和相互统一着的，因为离开了任何一方面，对方即不能存在，一方的存在是以另一方的存在为前提的。不仅是这样，即使是根据的诸侧面关系，也是对立统一物的诸联结。如生产关系（根据）及在其上之上层建筑——政治、法律、意识形态等等。而政治和国家等又可以变成意识形态发展的根据（第一上层建筑物对于第二上层建筑物的决定意义）。

根据与条件并不是绝对的东西，在它们之间只有着相对的限界。在一定阶段之下，根据与条件即可互相转化，如无产者与资产者的矛盾，在封建社会时代不过只有条件的意义，但到了资本主义社会便转化而成根据了。

在形而上学中，莱布尼兹也曾创立了所谓"理由充足律"，以规定事物发展的根据，但这所谓"理由充足律"却完全是呆板的、机械的、没有发展和变化的东西，因而便变成了一个抽象逻辑上的存在；相反地，又有些观念论者反对对事物之发展做深入的考察，而只以记述表面的现象为满足，即是反对从事物发展过程中去暴露其根据与条件之意义。只有唯物辩证法才在哲学史上首次地科学地阐明了根据与条件之实际意义。

第二节 形式与内容

凡是事物都是具有一定的内容和一定的形式的。好像摆在我们面前有一本文艺作品——果戈里的《死魂灵》，那么，构成这一本作品的材料就是内容，而这些材料的组织和结构就是形式。同样，我们日常所看到的东西都是一定内容和一定形式的统一，没有内容的形式和没有形式的内容同样是不可思议的。

但是，内容和形式并不是主观地、任意地和没有规律地结合在一起的，内容和形式的范畴是贯彻着唯物辩证法的四大法则的，特别是贯彻着对立统一的法则的。

形式有两种，一种是外在的形式，如一本书（果戈里的《死魂灵》）的大小、颜色、图案、纸张种类等，都是外在的形式，但除了这些以外，作品的题材、结构、描写和叙述的技巧等等都是内在的形式。又好像"水"吧，它的内容就是氢和氧（H 和 O），而它的形式就是特殊的分子结构 H_2O。因此"形式不但是内容的外的构造，而且还是它的内的构造"。

形式与内容一方面是密切地关联和统一着的，它们彼此相互依存、相互依赖、相互贯通，任何一方都以对立的存在为前提，没有了任何一方面，对方即不能存在，因为绝对地没有内容或形式的事物都是找不出来的。但是，它们又是彼此对立着、矛盾着、斗争着的，内容发展到了某阶段，形式已经变成了它的发展的障碍时，便会发生形式的扬弃和蜕变，以及内容的改造。

形式与内容的对立统一的基础在内容这一方面，某一特定的内容都要求有与它相适应的内部形式。在内容发展的某一阶段，形式由内部的东西而变成了外部的东西，从促进内容的发展变成了内容发展的障碍，这时形式就非被扬弃不可了。在形式被扬弃了以后，它便被新的、更高级的形式所代替，这新的形式是适应于内容的，它大大地推动了内容向前发展，这样，内容又以崭新的姿态和最大的速度向前发展了，因此伊里奇指出："内容和形式及其相反的斗争，（发生了）形式的逸脱和内容的改造。"

关于形式与内容的对立统一的典范例证是生产关系与生产力的辩证法，关于这点，马克思曾经再三地明确指示过。在《政治经济学批判》一书的"序言"中，马克思曾经指出道：

> 在自己生活的社会生产中，人们加入一定的、必需的与他们意志无关的关系——生产关系，生产关系适合着他们社会生产力发展的一定阶段。这些生产关系的总合组成社会的经济结构，法律的及政治的上层建筑在上的真实基础，而社会意识的一定形式就适合于这上层建筑……在自己发展的某一阶段上，社会的物质生产力就与现存的生产关系或者财产关系（这不过是他的法律的称谓）发生矛盾，而在这以前他是在这种关系内发展起来的。这种关系从生产力发展的形式变成为他的障碍。这时候社会革命的时代便到来了。……在全部生产力还没有突破他所容许的充分的发展领域前，任何社会形式是不会死亡的，在旧社会的胸怀内还没有形成它的存在的物质条件前，新的、更高的生产关系是永远不会出现的……

但形式与内容的对立统一以内容为基础，这并不是说，形式对于内容是没有重要的作用的，是消极的和被动的。相反地，形式可以促进内容发展，也可以破坏内容，在发展过程中，形式是具有能动性的，在谈到了资本主义的生产关系怎样破坏了生产力时。在《辩证唯物论与历史唯物论》一书中，斯大林曾经科学地描述道：

> 在资本主义制度下，生产关系的基础是对于生产工具的私有，而对于生产工作者（雇佣工人）没有私有。雇佣工人资本家既不能杀死又不能出卖他们。因为他们人身是自由的，不过，他们被剥夺了生产

工具，为了不致饿死，被迫地要出卖劳动力于资本家与忍受剥削的重担。在生产手段的资本主义私有之外，从农奴制度解放起来的农民及手工业者，依据个人劳动之中的生产工具的私有，在初期有很大的流行。代替手工业工厂的出现了以机器武装着的大工厂。代替以农民原始工具耕种着的贵族田庄出现了以农业技术为基础，使用农业机器的资本主义经济。

新的生产力要求生产工作者要比被压迫的黑暗的农奴来得更文化些、更聪明些，以便能懂得机器以及正确地使用它。因此资本家愿意有从农奴制压迫下解放出来的雇佣工人，有足够的文化程度以便使用机器。

但是把生产力发展到巨大范围之后，资本主义陷入它自己不能解决的矛盾中。产生愈来愈多的商品，减低商品的价格，资本主义就锐化了竞争，使中小私有财产群众破产，把它们抛入无产阶级，压低了他们的购买力，因此产出来的商品就没有销路。发展了生产，集结了几百万工人在大工厂中，资本主义给予了生产过程以社会的性质，这便摇撼了它自己的基础，因为生产过程的社会性质要求生产手段的公共所有，然而生产手段的所有权，仍然是资本家私有的，与生产过程之社会性质不相符合。

生产力性质与生产关系之间不可调和的矛盾暴露于周期的生产过剩的危机中，这时候资本家由于他自己造成的人民的破产被迫焚烧产品，消灭已经制成的商品，停止生产，破坏生产力，这时候千百万人民被迫忍受失业和饥饿，不是因为商品不足，而是因为商品生产过多。

这就是说：资本主义的生产关系，已经不适合于社会生产力的状态，而立于和社会生产力不可调和的矛盾中了。

这就是说：资本主义成熟着革命，革命的使命就是以生产手段的社会主义的公有，来代替资本主义的私有。

这就是说：剥削者与被剥削者之间的最尖锐的阶级斗争，乃是资本主义制度的基本点。(《联共党史简明教程》，第四章第二节)

和形而上学相反，唯物辩证法并不像形而上学者们所想一样：以为形式与内容之间是有着绝对固定的限界的。恰好相反，唯物辩证法虽然不把形式与内容看作同一的东西，但却认定他们是相互贯通的，正如黑格尔所说的一样："形式是向形式推移的内容，内容是向内容推移的形式。"

斯大林对于形式与内容这一范畴的发展，是应当加进马列主义的哲学之宝库中去的。他科学地断言，在社会主义社会中，生产条件是完全适合于生产力的，因而这样便肃清了下面一种错误：这些人把资本主义社会中生产关系与生产力的敌对矛盾迁移于社会主义社会中，认为必须把社会主义社会中生产关系与生产力的矛盾解释成为矛盾的一种特殊形式，这样就没有方法去了解形式与内容的活生生的辩证法了。在《辩证唯物论与历史唯物论》一文中，斯大林曾经指出：

> 在社会主义制度之下……生产关系的基础是生产手段的社会所有，生产品依"工作者得食"的原则按照劳动来分配。这里，生产过程中人的关系的特点是不受剥削的工作者之同志的合作与社会主义的互助。这里，生产关系是完全符合于生产力的状态的，因为生产过程的社会性质为生产手段的社会公有所支持。

其次，斯大林在文化上关于社会主义的内容与民族形式的辩证法的理解，也是发展了和丰富了形式与内容的范畴的。他一方面打击了大俄罗斯主义的偏狭的爱国主义和民族主义的反动思想，一方面也毫不放松地批判了托洛茨基主义的"漂亮"理论，他们空谈国际文化而忽视了被压迫民族的民族文化之发展，这是口头革命而实质反动的理论。关于这一点，斯大林曾经这样写道：

> 在一国内劳工阶级专政的条件之下，形式上民族的和内容上社会主义文化的繁荣，为的是要使他们融合成为一种用公共语言的社会主义文化（不论形式和内容都是社会主义的），当劳工阶级在全世界上取得胜利及社会主义融合于生活中的时候——这便是列宁主义的民族文化问题的解释的辩证性。

此外，斯大林在论集体农场的问题上，也是向前发展了和丰富了形式与内容的范畴的。一方面，他指出了集体农场是社会主义经济的形式，而确定了它在社会主义经济发展过程中的能动性的意义，他说：

谁能否认，集体农场正是社会主义的经济形式，只有通过这种形式，才能使千百万小农跟机器，跟耕种机——这些经济繁荣的杠杆，农村经济的社会主义发展的杠杆——结合起来。

但同时，斯大林又强调了内容的主导性，指出现阶段只能是劳动组合，只有到了社会主义经济的更高阶段才能扬弃劳动组合而过渡到更高级的形式——农业公社。因此，斯大林又一再地反对将形式脱离内容，不根据农民自愿原则追求数量和形式，而变成形式主义的倾向。他指出：

……集体农庄和苏维埃都只是组织的形式，固然是社会主义的，但究竟只是形式而已，一切要看什么样的内容被装到这形式里去。

第三节　必然性与偶然性

在对于必然性和偶然性的问题的理解上，观念论和形而上学都是不正确的。有些观念论者（好像休谟）否认必然性是一种客观的东西，他们认为所谓必然性不过是主观上和心理上的东西。

形而上学相反，他们认为自然界中有着一种严格的必然性（如斯宾诺莎、霍尔巴哈等）；有些人主张，自然界中虽然有偶然性，但是偶然性却是和必然性毫无关联的；另外有些人又主张只有必然性才是客观的东西，至于偶然性，那不过是主观的现象。

对于把必然性当作了主观——心理上的东西，对这种错误的答复是很容易的。如果，像他们所设想的一样，那么，事物（自然界的和历史的）的发展便变成了没有客观规律的东西，一切都变成了偶然的堆集。如果是这样，我们就要问：为什么代替了原始氏族社会的，恰好都是奴隶社会而不是其他社会制度呢？为什么所有的社会都经历了下面几种制度：原始社会、奴隶社会、封建社会、资本主义社会、社会主义社会。显然，他们是没有方法回答的。因此，马克思曾经明确地指出：

资本主义生产的否定，是它自己以自然——历史的必然性来进行的。

只有我们把资本主义的发展规律当作一个发生、发展、成长、衰亡的自然—历史过程来把握，我们才能够了解，为什么资本主义社会必然会发生经济恐慌，为什么要消灭这种恐慌和危机就必须以生产手段公有制的社会主义来代替生产手段私有制的资本主义。这就是说，我们必须把生产方法的交替史、生产力与生产关系的矛盾发展史当作一个自然—历史的必然过程来处理。

同样，形而上学的理解也是不正确的，他们的主张的根本缺陷在于把必然性与偶然性形而上学地绝对地对立起来，在这两者之间划下一条不可跨越的鸿沟和绝对不变的固定限界。在他们看来，必然和偶然是毫不相容、互相排斥、互相反对的东西，必然是必然，偶然是偶然，这两者之间毫无相似之点。他们的公式就是必然—必然，偶然—偶然。在他们看来，科学认识的任务就是要发现自然界事物的必然性的法则及规律，而偶然虽然是存在的，但我们可以不注意它，因此必须从科学当中被驱逐出去。这样，科学尽可以把不知道的东西称为"偶然"而不去研究它。关于这点，恩格斯曾经批判道：

但是，在这种观点之下，任何科学都完结了，因为科学的任务正是要研究我们所不知道的东西。

按事情的实质来说，我叫不被了解的现象为偶然或神是无关重要的，这两个名词都不过是我的无知的表现，并且因此不归于科学的管辖。在那必然的联系失去力量的地方，科学便不存在了。（《自然辩证法》）

另外有些形而上学者认为只有必然才是客观的，偶然不过是主观的东西，这同样地没有辩证地去理解必然与偶然的关系。斯宾诺莎扬言："我们把事物看作偶然的……这只是由于我们的想象"；同样，霍尔巴哈也公开宣称："在自然中没有任何东西是偶然地发生的。"在他们看来，一切都是具有严格的因果性的，谁要承认偶然的客观性便是走向神秘主义和宗教主义的道路。这种思想的彻底发展，必然走向"定命论"，认为某一个人在马路上被汽车碾毙了也是有必然的原因的,甚至于自出生以来便注定了。至于肇事的时间为什么在今天而不在明天,为什么在下午三时而不在二时或四时,这在他们看来也是具有严格因果的必然性的。因此,恩格斯曾经予以批判道:

> 跟着这类必然性,我们还没有走出对自然的神学观念的范围。我们和奥斯丁及加尔文在一起称这为神的永远的决定,或和土耳其人在一起称之为天命或称之为必然性,对于科学是无关重要的。三者之中,都没有使我们从原地位动一动。这样,必然性成为空谈;因而偶然性亦留置原地不动一动。
>
> 假如某一豆荚内含有六粒而不是五粒或七粒,这一事实和太阳运动的规律或力的转化定律是同类的现象,那么实际上就是说,不是偶然性提高到必然性的水准,而是必然性退化到偶然性的水准。

唯物辩证法和形而上学及观念论都不同,它一方面承认必然性和偶然性都是客观的现象,但又不把必然性和偶然性绝对地对立起来,"偶然性和必然性是自然现象的普遍联系的环节之一……确定物质世界现象的因果的制约,并不排除在自然中偶然性的存在,因为因果性和偶然性是物质世界联结的不同的类型,涉及发展的不同的方面","偶然性和必然性是客观的关系,处于辩证的互相作用中,偶然性是必然性的表现形式及其补充"。

唯物辩证法不会把必然性及偶然性看成同一的东西,相反地,其是从对立的、矛盾的契机上去把握的。那么,什么是必然性呢?唯物辩证法回答道:"凡是一定要发生的、应当发生的现象,它的发生是事物全部客观历程所促成的,是事件的内部有规律性的发展所促成的,是产于事物自身之本质的。这样的事物或现象我们就称之为必然性或必然的现象";"反过来说,我们所称为偶然性或偶然的现象的,就是并非产生于事件之内部的有规律性的历程,它可能发生也可能不发生,在诸事件之特定的、必然的链子中,它不是不可避免的"。

偶然性有两种:一种外在的偶然性,如某君在马路上被汽车所碾毙等等;一种是内部的必然性,如在抗战中,有些人在北方抗战,有些人在南方抗战,从个别上说,这是偶然的、不重要的,但从抗战工作者本身说,在生命史上却是重要的和必然的。因此"内部的偶然性跟外部的偶然性不同，是在它存在于必然过程的内部，是这一过程的不重要的环节之一，但是它还是内部的环节之一"。

必然与偶然的辩证关联，最明显地表现于天才革命领袖的领导中。在某一社会的革命过程中，出现了一个伟大的革命领袖，在最初的时候，这个出现从个别事件——是偶然的，但到了他成为革命领袖的时候，那么他的能力、品格、德行，便和历史的意志——人民的意志，历史的要求——人民的要求结合起来，成为客观的必然性了。某一天才革命领袖的出现及其存在，从个别事物上说是偶然的，但从历史发展的必然性上说又是必然的。即使在这个时代没有了这个伟大的革命领袖，但随着历史的发展，必然要产生一个伟大的革命领袖，他是体现了历史——人民的意志和需求的。他的品格、意志力、德性就是历史上进步阶级集团最优秀的结晶品。但这绝不是说，个人—英雄—革命领袖对于历史的作用是不重要的，相反地，他可以迟滞或加速革命的发展及其成功的时间，但只有当这些领袖根据社会物质生活发展的规律推动社会向前发展，因而体现了历史的意志时，才能够成为天才而伟大的领袖。

因此，斯大林指出：

……无产阶级政党的实际行动，不应根据于"杰出人物"之良好的希望之上，不应当根据于"理性""全部的道德"等等的要求之上，而应当根据于社会发展的规律上，根据这些规律的研究上。

无产阶级政党的实际行动不应该由任何偶然的理由来领导，而应该以社会发展的规律，以这些规律的实际结论来领导。

历史科学假如想成为真正的科学的话，那就不能再把社会发展的历史归结于皇帝与将军的行动，归结于国家的"胜利者"与"征服者"的活动，而应该首先致力于物质财富生产者的历史、劳动者的历史、民族的历史。（《联共党史简明教程》）

因此，唯物辩证法认为，在历史上，必然性是通过偶然性而开辟它的道路的。正如黑格尔所指出的，偶然性是必然性的，必然性是偶然性的，两者并没有绝对的限界。又如普列汉诺夫所指出的："偶然性是一种相对的东西。它只是诸种必然过程的交叉点。"

同样，唯物辩证法也不同于形而上学，把必然和自由绝对地、固定地划分开来。唯物辩证法认为自由就是认识了的必然,只有认识了事物发展的必然规律我们才自由行动,以实践的能动性来变革事物,使它适应人类进步的要求。在资本主义社会中,盲目的法则统治了经济领域,所以在社会生活上便变成了盲目的,因而没有能够把人类的自觉性发扬起来。只有到了社会主义及康敏主义社会中,这时社会内部的矛盾消除了,人类用尽了全力来和自然界斗争,根据自然和社会生活发展的必然规律来控制事物、改造事物,而使它适应人类社会生活进步的要求,这才是恩格斯所指出的:从必然的王国到自由的王国之飞跃。

第四节　法则与因果

要把握事物的本质之间的内在联系及其统一的发展规律,要反映事物之本质之联系及其发展方向,我们就必须有法则。因此,伊里奇指出:

> 法则这一概念,是人类对于世界过程的统一和联系、互相依赖和完整性的认识阶段之一。

为了要更深刻地掌握事物(过程)之内在的统一的联系及其运动方向,我们必须应用抽象的法则,即是撇开了偶然的、个别的、非本质的东西,而在更一般、更深刻的联系和运动上去把握它。即如资本主义社会,"如果要全部掌握资本主义经济的总和,那么,即使有七十个马克思也做不到",但是不需要这样,正如马克思自己所指出的一样:"这一著作(指《资本论》)的终极的目的,在于揭露现代社会之经济发展的法则。"

因而,从一方面说,法则是内容比较贫乏的,因为它是更一般的、更抽象的,它比现象更固定些和静止些(伊里奇指出过:"法则是现象的静止的反映")。所以从这方面说,"现象是比法则更丰富的"。但是,另一方面,同时地,法则是暴露了事物内在诸联系之某一侧面或诸侧面,或侧面间的联系及其运动、变化的。从这方面说,法则比现象是更深刻的、更丰富的。

人类的认识是从现象到本质的一个无限的过程。从未知走向已知,从不完全走向比较完全，我们没有方法能够对事物作一次的、绝对无遗漏的认识。因而法则也不能一次地、完全妥当地和无遗漏地把握对象，不能完全发现对象内部的诸联系及其运动变化，而仅能反映其某些侧面。所以，伊里奇指出："一切法则都是狭隘的、不完全的、近似的。"

所以，如果我们将法则绝对化了，形而上学化了，那便将要陷进错误的陷阱里去。每一法则都有一定的限制，只有在一定的条件和范围底下才是正确的，譬如化学上的波义耳定律，便有着两个条件和范围的限制：①一定温度；②容积和压力的变化的一定限度。如果超出了这两个条件和范围，那么这个法则就不能成立了。同样，资本主义社会发展的一般规律在中国便要获得不同的具体表现形态；帝国主义虽然也是资本主义的一个阶段，但本质上已由竞争转到垄断，因而便有其特殊法则。所有这些都完全证实了斯大林的名言："一切决定于条件、地点与时间。"

对法则的考察必然引导我们走到因果性的领域中去，因为对于事物合法则性之认识必然是包括因果性的范畴的。

对于因果性这一范畴，在哲学史上存在着两种不正确的看法。第一种是不可知论——康德主义的看法。在休谟看来，所谓因果概念不过是完全属于我人主观经验上的东西，就他看来，是因为我们不断地反复经验，于是由于长期习惯和记忆的性能，才知道，有某种原因，便有这种结果。至于这些因果性的联系——因果法则，在休谟看来，则是不可认识的。康德进一步地认为因果性的范畴是先验的东西。

与康德主义不相同的另外一种的不正确的理论就是形而上学——机械主义的主张。根据形而上学的看法，一切事物都是个别的、孤立的、静止的、没有质的变化的东西。他们否定对象自身的一切活生生的联系及其发展变化，便必然会隔断原因与结果之间的活生生的联系，绞死其辩证性，而把原因与结果绝对地对立起来，使之彻底机械化。在他们看来，原因是原因，结果是结果，其间毫无相同之点，如斯宾诺莎等就是主张严格的机械的因果法则的。

唯物辩证法和不可知论者不同，唯物辩证法承认因果性的客观实在及其可认识性。但同时又和形而上学的见解不同。唯物辩证法的出发点承认各个事物（现象、过程）都处在互相关系、范围、作用和统一的状态中，彼此交互作用而形成了一幅复杂错综，不断地运动、变化、更新的世界的客观图画。在这一幅交互作用、运动、变化的图画中是有着统一的发展规律的,其中形成了一条广长的链子,各个环节交互作用,在这里成为原因的,到别处就成为结果。因而所谓因果性概念,只有取其中之一个环节之变化来观察时,才能辨别,才有意义。而科学认识的任务,也就是要看自然与社会的历史性之广大联系中"把它们每一个分别地拿出来观察,研究它的特性、它的个别的因果等等"。正是因为这样,在论到了因果性时,恩格斯曾经指出道:

> 假如某种运动从一物体转移到另一物体上去,而且是主动地转移过去的,那么我们就可以把它当作运动的原因;假如是被动地转移过去的,那么它便是运动的结果。(恩格斯《自然辩证法》)

近代的马赫主义及其同伴以及一部分的自然科学家,曾经再三地对唯物论,特别是辩证唯物论做了冲锋式的进攻,其中他们攻击的焦点就是因果性及法则的概念。

根据马赫主义及其追随者的见解,必须把法则与因果性的概念消解于人类主观感觉经验的领域之中。他们声言,因果性及法则的概念不过是人类"思维经济"的产物,因而完全是主观的与记述性的;马赫主义的健将皮尔逊曾大声疾呼:"人类是自然法则的创造主!"

为了要将法则及因果性的概念归于人类主观精神的领域,观念论者曾经对唯物论发起过两次重大的冲击,但是随着科学的发展,客观事实的检证都证实了他们的谬误,因而都溃败了。

第一次的重大冲击发生在20世纪初,那时候电子论刚刚成立,于是,观念论者便大喜若狂,还没有来得及等到科学上的证实,便大声疾呼:"原子非物质化,物质消灭了!"从此留下的只有能量、电气,从此,人类的主观精神牵制一切等等!既然世界是能量——主观精神的集团,那么客观的因果法则当然消灭了,因此,人们便要求返到休谟和康德的阵营中去。

但不久电子的物质属性都证实了,质量也测定了,而爱因斯坦更光辉地成立了和证实了能量物质化和物质能量化的理论。根据爱因斯坦的理解,物质可当能量的总体看,能量可看作物质的根本属性。因而古典物理学中物质不灭原理与能量不灭原理便可以合而为一,而变成质能不灭原理了。过去人们的错误在于把物质和能量绝对地划分开来,以为"原子非物质化，物质消灭了！"

观念论者对于唯物论的第二次的重大冲击是来自所谓"不定性原理"之成立。1927年，德国物理学家海森堡发表了"不定性原理"，根据古典力学，凡一质点在运动时，它的位置和速度总是可以精确地测定下来的，因而误差也可以减到最少程度，差不多等于零。但是，海森堡根据观测电子运动的结果，发现了其位置能测定时，速度即不确定；相反，速度确定时，位置即不确定，而前后误差的数值，则等于一定量，即所谓的普朗克常数。这一定理发现后，观念论者又大喜若狂，认为这样客观因果法则便破产了，从此，物理世界一切事物都要为"不定性"的原理所支配，因此人类主观的精神便支配了一切。但是，事实上这些观念论者们欢喜得太早了，事实上后来证明了，误差的发生不过是光扰乱了电子的结果，这并不足以推翻因果性定律，相反地，这倒是证明了因果法则的存在。

现代的理论物理学将数学应用于物理学的领域中，虽然获得了重大的成绩，但这最容易走向观念主义。现代量子物理学的创建人笛拉克、海森堡、约旦、德罗乐利等都企图以一种方程式来表现物理过程，而在他们看来，数学方程式都是主观的，因而这样便走向了观念主义，并企图以此否定因果性。实则，机械的因果性当然不能反映客观事物的真相，而唯物辩证法的法则和因果性范畴却是客观实在之正确的摹写，这是已经被自然界和社会历史的实践所证实了的。

否认因果法则的客观性是和对于必然与偶然之缺乏正确了解相关联的。现代物理学应用了统计学的方法而获得了重大之成就，但部分的观念论者便以此来否认事物发展之必然性以及因果法则。笛拉克及海森堡等扬言，在电子运动之观测及实验中，以同样方法，重复若干次，可得到不同的结果，因而这种结果不过只是一种可能性，所以必须应用统计法来研究。由此，他们便认为客观因果法则及必然性的概念应当让位于主观的偶然性了，因而近年以来"自由意志"一概念在物理学中便大为流行，海森堡扬言："……电子的大小，是依据于我们（测量它的状态时）所应用的实验的。"其实，统计方法正是证实了必然和偶然的辩证性。统计方法的任务就是通过偶然性而发现数量间的必然关联。这并不是驳倒了唯物辩证法的必然性和因果性的概念，相反地，这倒是科学地证实了它。

第五节 可能性与现实性

唯物辩证法要从事物内部的自动上去掌握对象,因而它必须把焦点集中于矛盾斗争的展开,对立物的转移,新的质的发生、成长、和旧的东西的没落和死亡上面,正是这样,就引导我们走向可能性和现实性的范畴。

我们必须把两种可能性分别开来。一种是抽象的可能性。在主张这种抽象的可能性的人们看来,一切想象都是可以计算在内的;这种可能性并不是基于对事物的本质的矛盾的展开,对事物内部的根据的发展的周密考察而得出来的。第二种是现实的可能性。这种可能性是合法则的,这种可能性直接包含于旧事物之本质的矛盾之中,直接和根据结合在一起。但是,根据本身就是矛盾的东西,因而可能性便不只有一个。好像一颗小麦,它可以成为种子,发生、成长而成为许多颗小麦,但是,也可以死亡。为了要理解可能性怎样发展成为现实的东西,我们又得求教于现实性的范畴了。

在这里,同样地,我们必须分别两种现实性。一种是抽象的现实性,这是没有和事物发展的必然性的过程相结合的。好像空想社会主义,他们不将社会主义的制度当作资本主义生产力方法发展的必然结果,而社会主义制度建筑于主观的空想和愿望之上,将它建筑于"伟大人物"和"杰出者"的个人智慧和行动之上。在他们看来,社会主义制度所以不能够在以前出现,不过是以前历史缺乏了"杰出者"和"伟大人物"的结果。他们不懂得生产的社会性与占有的私人性是资本主义内部的根本矛盾,体现为生产力与生产关系的对抗,生产关系破坏了生产力,因而发生了经济恐慌。而经济恐慌的到来和不断地加深及扩大,又一再显示着资本主义必须死亡,革命时机已经成熟,社会主义将以其生产手段的公有制代替资本主义的生产手段的私有制。正是因为空想的社会主义不懂得把现实性与必然过程结合起来,不会把社会经济的发展当作一个自然史的过程来处理,所以他们才成为空想的。

第二种现实性是科学的。它和事物发展的必然性过程结合起来。但并不是一切可能性都能转化成现实性的,使可能性转化成现实性还必须考察条件的作用。

在可能性转化成现实性过程中，人类的实践是发生了重大的作用的。斯大林在批判右倾机会主义的"自流论"时，曾经明确地、强调地指出：

> 伊里奇只是说"新经济政策充分保证我们在经济上政治上得到社会主义的经济的基础建设的可能性"，但可能性仍然还不是现实性。要可能性转变成现实性，第一就要抛弃自然放任的理论，要改造国民经济，要对都市及农村的资本主义要素实行断然地进攻。

周密地考察可能性与现实性的对立及其互相贯通，考察由可能性到现实性的过程，是科学认识的任务。

在科学中常常提出"假设"，所谓"假设"就是一种实在的可能性，这种"假设"要成为现实，还必须有待于实践上的证实。哥白尼的太阳系理论，最初也不过是一种"假设"，后来才被拉普拉斯以及其他天文学家在数学及天体观测中证实；马克思的社会主义学说在最初时也不过是一种科学的天才的"假设"，但苏联社会主义革命及其建设的胜利把它证实了。因而，根据实在的可能性以提出"假设"，然后再根据不断地实践来检证这一个"假设"，这是科学认识的重大任务之一。

第七章

辩证唯物论的认识论

第一节 认识论中的两条路线

正如由于对物质与精神的孰先孰后的解答不同,而划分哲学的两大阵营——唯物论与唯心论——一样,在认识论的领域中,我们也可以在五光十色的言词的背后看到两条不同的路线——唯物论的认识论与观念论的认识论。承认意识反映存在,这是唯物论的根本命题。一般说来,一切的唯物论者都承认客观事物被我们所反映,于是发生了认识。但是,这并不是说,在历史上所有一切唯物论者都贯彻着反映论。恰好相反,在哲学史上,只有最彻底的唯物论——辩证唯物论才首次科学地在认识论的领域中贯彻了唯物论,建立了完整的和彻底的反映论,而揭开了人类认识之谜。因此,伊里奇着重地指出:机械唯物论的最重大之缺点之一,就是它不能够在认识论的领域中贯彻唯物论,因而便走向了观念论的认识论的阵营。辩证唯物论一方面要反对一切形形色色的观念论的认识论,但同时也不放弃与庸俗唯物论的认识论做斗争。辩证唯物论坚持意识是物质的反映,拥护我人认识客观实在之可能性和可靠性,因而光辉地宣布了唯物论的胜利,但同时地,也打击了庸俗唯物论的企图,这些庸俗的唯物论者将意识还原成为物质的运动〔很早便被恩格斯批判过的庸俗唯物论者(福格特等)便认为头脑产生意识就像肝分泌胆汁一样〕。把意识当作实在的一种呆板的、机械的、直线式的写照,因而就失去了客观实在的真相。

不错,意识是物质的产物(正如斯大林所写的一样:"物质、自然、存在乃是客观的真实性,它在意识之外离开意识而存在的;物质是最初的,因为它是感觉、想象、意识的来源,而意识是第二次的、派生的,因为它是物质的反映、存在的反映;思维是高度发展的物质的产品——即脑子的产品……"),但它是物质发展的高度的产物。从低级到高级,从简单到复杂,有着各种各样的复杂错综的物质运动形态,庸俗的唯物论者由于他们的形而上学性,因此不能够了解各种物质运动形态之间的质的差异,而把它们看作同一的质的量之不同的表现形态。正因为这样,他们便不可避免地走向物活论(斯宾诺莎正是一个典型的例子),承认一切物质都具有意识。18世纪法国的自然主义者滂涅(1720—1793)曾经将一切实体如次地分成了四类:①死的或无组织的实体;②有组织而无精灵的实体;③有组织有精灵而无理性的实体;④有组织有精灵而有理性的实体。当滂涅提出了这样的主张时,法兰西唯物论者罗比涅(Robinet,1735—1820)即根据"不间断律"给以抨击。他曾经这样写道:

在不间断性当中如何会有有组织的和无组织的、有精灵的和无精灵的、有理性的和无理性的分别呢?

假如人们愿意自然不显著地从一种现象过渡到另一种而不发生飞跃和跳跃,并不破坏实体的链,那么,就不该承认无组织的、无精灵的、无理性的实体……(《论自然》)

这样,庸俗的形而上学之唯物论把一切物质都精灵化和理性化了,结果使无法理解人类认识的客观实在,即是我人头脑反映客观实在的实际,而将它和动植物甚至矿物的反映等同起来。(我国的"唯生论"也站在观念论的立场上来拥护"物活论",认为一切物质都有精神,只有程度上的不同,因而主张万物有灵。根据他们的见解,认为矿物界具有精神约30%、物质约70%,生物界具有精神约60%、物质约40%,至于人类却具有精神约90%、物质只约占10%。至于100%都是精神的,就是鬼神。在三言两语之下,便坦白地肯定了鬼神的存在,这是多么地"玄妙"啊!可惜不知他们竟如何测量得这比例出来!大概是根据主观空想,"理当如此"吧!)因此,庸俗的唯物论便把人类的认识和其他一切物体的反映等同起来了。辩证唯物论承认意识是反映,但反映却并不就是意识。生物界的新陈代谢、动物界的交替反射等都可以作为反映,但并不就是意识。意识是反映的最复杂、最曲折、最多方面的高级形态。如果把我人的意识的反映客观实在性当作是毫无复杂、曲折、多面的东西,那就必然走向庸俗的唯物论。

和唯物论相反,观念论的出发点"认为世界是'绝对观念''世界精神''意识'之体现",他们"断言:真实存在的只有我们的意识;物质世界、存在、自然只存在于我们的意识、感觉、想象以及概念之中"。正因为这样,所以,他们"怀疑认识世界及其规律的可能性,不相信我们的智识的可靠性,不承认客观真理,而认为世界上充满着科学所永远不能认识的'自在之物'"。在哲学史上,英国的休谟和德国的康德就是最著名的"不可知论"者。

当康德认为客观实在是离开我人的意识而独立存在,并且能够作用于我人的感觉器官而发生认识的时候,他大体上说是唯物主义的;但当他主张客观实在内部的实际是不能够认识的时候,他便陷入了观念论的陷阱当中了,康德分离了现象与本体、客观与主观、内容与形式,结果便认为"物自体"是不可认识的,并由此否定了我人知识——科学是客观物质运动内部规律的反映,在他看来,科学只说明了现象界。至于"物自体",却是非科学所能认知的。因此,他认为所谓"辩证法"不过是企图突入"物自体"的内部,而发生的一种错觉。由此他便引导出了所谓"二律背反"的定律。正是这样,康德左手把"现象界"划给了科学去做地盘,右手便在"物自体"的领域中把"神""创造主"捧上了皇座。

更早之前,英国的怀疑论者休谟便对不可知论发表过系统的言论了。根据休谟的见解,我人的认识是否反映客观实在、是否反映客观世界的真相,我人关于客观实在的知识是否可靠、是否客观真理,这在他看来是不可知的。休谟着重地指出:只有"知觉"才是唯一的存在,他认为"主体和客体都归约为'种种知觉的集团'……",这样,他"在一方面拒绝把知觉归属到外部世界,别一方面又拒绝把知觉归属到神性或未知的精神"。因此,"对于'以客体对人的作用或以心的创造力说明感觉的起源'这个问题答复的时候,他没有采取一贯的充分彻底的态度"。所以英国休谟主义者赫胥黎(Huxley)曾经认为:"休谟承认'唯物论的态度',也承认'唯心论的态度'。"而恩格斯谈到不可知论时,即正确地指出不可知论不过是"羞羞答答"的唯物论。

马赫及其信徒的认识论是观念主义的典范,他竭尽全力反对唯物主义的认识论,即是反对感觉、观念、意识、心理是客观实在的反映,而客观实在是独立存在于我人的意识之外的实在。马赫将一切实体分解为"感觉的综合",而将感觉看作主观心理的产物。他曾经明确地写道:

感觉不是"物的象征"。"物"较适当地说，是"感觉的综合"之心理的象征，这个感觉的综合是在相对安定性的状态中。世界的"实在的要素"，不是物（物体），是颜色、声音、压力、时间、空间（我们所常叫作感觉的）。（《发展中的力学》）

这样，马赫的理论便走到了彻底的主观唯心论——纯粹的唯我论的阵营中去了，否认一切实在。由此，马赫否定了意识反应实在，同时也就否定了我人关于客观世界知识的真理性。在马赫看来，我人的科学的知识并不是反映着客观事物（自然界的和社会的）的内部的运动、变化、发展的规律的。科学的任务只在于描写和记述，而借以将一切过程简单化、明确化。科学的作用就在于帮助我们"思维经济"。马赫否定了科学反映事物、改造事物的伟大作用，而将科学知识归于"记述之主观的原理"，"最完全的、最单纯的记述，……'事实的'之经济的陈说……"，而这所谓"思维经济的原理"，"据马赫的见解……本质上是先验的原理"。事实上，只有反映客观实在的知识才是在思维上最"经济"的，主观的描写和记述只是一种空想、空构和装饰，而不是真正的思维的产物的知识。因此，伊里奇在《唯物论与经验批判论》中曾经斥责马赫道，

"思维"着原子是不可分的或是组成于阳电子和阴电子，这是"更经济的"么？思维着俄罗斯资产阶级的革命，是自由主义者所成就的，或对抗自由主义者而成就的，这是"更经济的"么？为着察见关于适用"思维经济"的范畴之主观主义的错误，只提起这样的质问也就够了。人类的思维，只在它正确地模写客观的真理时，"是经济的"。实践、实验和产业将充当着这个正确的标准。（傅子东译本，第189页）

普列汉诺夫的"象形论"（Theory of Hieroglyphs）是呈向康德主义及马赫主义的阵营的一纸投降书。在普列汉诺夫看来，认识只是客观事物的"象征"或"象形"，而不是客观世界的"反映"或"肖像"。既然思维不是客观世界的正确的反映，而只是一种"象征"，这就走向了康德的不可知论。关于这点，伊里奇曾经在《唯物论与经验批判论》中指出过："彻底的唯物论者应当用影像、肖像或映像这些名词来替代'象征'那个

名词。"

亚克雪洛德及其同伴加深了普列汉诺夫的"象形论"的错误，而将庸俗的机械唯物论和康德的不可知论结合起来。亚克雪洛德披上了近代实证科学的外装，而企图以所谓"经验"作为它的"象形论"的基石。他认为感觉只是客观世界的符号，而不是它的真实的反映。机械论者，沙拉比扬诺夫加深了所谓"经验论"的错误，他声言，自然界是不可靠的，我人的感觉器官也是不可靠的，因而扬言必须靠器械来修正我们的器官。这样，机械论者便否定了我人认识的可靠性，而大步地走向了康德主义。

民国十二年（1923）展开的科学观和玄学观的论战，这是在近代中国科学运动史上值得大书特书的事情。不论当时科学阵营中的健将丁文江、吴稚晖等还是如何的不彻底，但总真是击溃了张君劢为首的玄学神秘思想，在思想上奠定了和巩固了科学运动的基础，这是五四运动的重大成就。但就在这一次论战中，同时也充分表现出了五四运动的不彻底和基础的脆弱（没有大机械工业）。

照理来说，市民力量抬头了，工业发展了，那么，不但应当有"道地"的自然科学，为了要消灭封建时代的旧思想，也应当有唯物思想来做武器。但五四运动太脆弱了，不但贩过来了自然科学，而且也贩过来了一些五光十色的陈腐观念和神秘思想。马赫的科学观、康德的不可知论一下子都被贩过来了。科学阵营里的大将还没有选择好最锐利的武器，便厮杀起来了。盲目的冲杀虽然取得了暂时的胜利，但不久，"五四"过去了，敌对的玄学阵营又重整旗鼓。其实，没有最锐利的武器是不足以消灭敌人的。

我们且来看看当时科学阵营中的健将丁文江怎样皈依马赫的吧：

> 我们之所谓物质，大多数是许多记存的感官感触加上了一点直觉感官感触。假如我们的感官的组织是另外一个样子的，我们所谓物质一定也随之而变——譬如色盲的人眼睛里头蔷薇是绿的。（《科学与玄学》，第75页）

> 我们所晓得的物质，本不过是心理上的感官感触，由知觉而成概念，由概念而生推论。科学所研究的不外乎这种概念同推论，有什么精神科学和物质科学的分别？（同上书，第910页）

这样看来，科学变成了研究主观心理的东西了，这当然是不对的。因为自然科学研究的对象是自然界客观事物的运动、变化，这些事物（物质）是独立存在于我们头脑之外的客观实体。因此，物质并不是什么"心理上的觉官感触"。自然科学是以发现客观的物质运动某一侧面的规律为任务的，因此它研究的也并不是什么"由知觉而成"的概念，和"由概念而生"的推论。将客观的东西变成了主观的东西，这是他们最大的错误。除了丁文江外，被称作"倒转过来做先锋""压阵老将"的吴稚晖也曾经在厮杀当中"认贼作父"，竟向马赫"拱手称臣"，这些都充分说明了当时科学思想根基的脆弱。

如果我们说，丁文江和吴稚晖曾经向马赫"三呼万岁"的话，那么陈仲甫却是康德主义的"中国版"的发行人。他说：

吾人感觉所及之物，今日科学，略可解释。（《有鬼论质疑》）

感官有妄，而物体自真，现象无常，而实质常在。（《今日之教育方针》）

自然科学已经说明了自然界许多现象，这是我们不能否认的；社会科学已经说明了人类社会的许多现象，这也是我们不能够否认的。（《科学与人生观》，序言）

陈仲甫将现象和本质对立起来，认为我们的科学只能够解释现象（"感觉所及之物"），却不能够知道实质的情形，这完全是康德的"不可知论"的"再版"。

总之，在"五四"时代，无论丁文江、吴稚晖还是陈仲甫，都不是彻底的唯物主义者，他们大都是动摇不定的。左脚从玄学的巢穴中拔了出来，接着右脚又陷进了康德、马赫、柏格森之流的深渊里面去。

第二节 当作认识论看的辩证法

修正主义的机械论者扬言科学的哲学——唯物辩证法缺乏认识论的基础，因而必须在所谓现代科学实证的认识论的基础上面来修正和补充它。

其实，这是一个无耻的歪曲和谎言，辩证唯物论的认识论——反映论是随着整个马克思主义的建立而产生出来的，虽然反映论的认识论的丰富和发展的确是伊里奇阶段的产物。从普列汉诺夫到一切形形色色的机械修正主义者不能够了解当作认识论看的辩证法的意义，因而就不可避免地在认识论上面患上了最严重的"色盲"。

和形而上学不同，科学的哲学的创建人对于一切客观事物的观察采取的是一种辩证的历史态度，即把一切事物当作一个发生、成长、推移、转化、衰落、灭亡的整个过程来把握。

形而上学的唯物论是抽象的、直观的，它们不能够从辩证的历史态度上来把握，因此，马克思曾经严格地批判了直观唯物者——他们的前驱费尔巴哈。在费尔巴哈看来，"人"——认识的主体，只是人类学上的实在，把"人"当作纯粹生理上的个体，因而便只把它当作自然的存在来处理。他既然只把"人"当作一个孤立的、永恒的、不变的实在来处理，便不能够了解"人"的历史性质，即是不能够从辩证的历史认识上来把握它。马克思再三指出，"人"不是孤立的、抽象的个体，相反地，他是"社会关系的总和"，"人"就他本质来说，可以说是"人的社会化"或"社会化的人类"，在阶级的社会中，"人"总是属于某一社会特定集团的，即是作为阶级的实在，因而历史地是具体的。所以，马克思着重地指出了费尔巴哈不了解人类历史实践的意义，不能够从历史实践中来把握认识论的契机。这样，费尔巴哈虽然在某种程度上也坚持唯物论的根本命题，认为"人"是"客体"与"主体"的统一，存在是第一次的，思维是它的产物，思维是存在的反映；但是因为他没有把握辩证的历史实践的契机，就不能够科学地解决认识论上的诸问题。在他看来，思维的反映存在是机械的、抽象的、直观的。

对于人类认识考察的辩证的历史主义，还在马克思、恩格斯以前，黑格尔就已经阐明过了，不过，他是站在观念论的基点之上加以阐明的。到了马克思、恩格斯才将这"头脚倒置"的理论，加以批判改造，澄清了它的杂质，抽取了它的"合理的核心"，而使它具备了科学的形态。

如果我们用科学的历史主义态度来观察，那么，认识论、辩证法和论理学是同一的。如果，我们从历史的发展上来看，历史的东西和逻辑的东西是一致的。人类的认识不外是客观事物发展在我人头脑中的反映，是"在头脑中翻译过来的物质"。因此，人类的认识随着客观世界及人类实践的发展而不断地加深起来。从现象到本质，从第一级本质到第二级、第三级本质，从外在的联结到内在的联结，从诸侧面的大体上的概括认识到复杂错综的全体性的考察；从较狭隘的法则到更一般、更广泛、更正确的法则。总之，是从不完全的认识到更完全的认识，从认识的低级阶段到高级阶段的发展，从未知到已知的过程。而这过程恰好是和客观世界的发展一致的，是它的反映，并且在这发展中是以人类的历史实践为基础的。

伊里奇光辉地发展了反映论，强调地指出了辩证法、论理学、认识论三者的同一性。辩证法是客观世界的法则在我人头脑中之反映，所以，它自身历史地从客观世界中抽取出来，而反过来又成了认识客观事物的科学的方法。正是因为这样，所以辩证法和论理学是同一的。辩证论理学究明了"我们的认识依从怎样的法则发展？人类对于现实的理解通过怎样的阶段？从某一认识阶段到别一认识阶段的推移是怎样显现？"等诸问题，因而辩证论理学自身又是认识论。关于这点，伊里奇曾经说：

> 论理学是关于"一切物质的、自然的及精神的东西"之发展法则，即关于世界及世界认识的具体内容之发展法则的学问。总之，它是世界认识的历史之总计、总和和结论。
>
> 马克思虽然没有留下"论理学"，但却留下了《资本论》的论理学……在《资本论》里，把黑格尔的宝贵的东西加以采取，并且将这宝贵的东西加以发展的，唯物论的论理学、辩证法及认识论（不需要三个名词，这是同一个的东西），是应用在一个科学里了。

哲学必须以科学为基础，而辩证论理学必须置基于人类认识史——科学史的总和之上，即是，它必须总结了人类认识史——科学史，吸收了它的最优良的养料而舍弃了它的糟粕。正是因为这样，所以便成了"世界认识的历史之总计、总和与结论"。《资本论》是"唯物论的论理学、辩证法及认识论"三者的同一的应用的典范。《资本论》开端，便分析了资本主义社会中"最单纯的、最普遍的、最大量的、最直接的'存在'，即各个商品"。在这里，马克思是把商品当作二重东西来分析的，首先是当作社会关系的商品的存在，其次又当作经济学上的概念的存在。在这里，马克思光辉地把"资本主义的历史和把这历史概括了的诸概念"当作"二重性的分析"，"理论的东西和历史的东西"是被统一着的。在《资本论》

里，马克思首先"分析着资产阶级（商品）社会的、最单纯的、最普通的、最根本的、最大量的、最日常的，能碰到几十亿次的关系，商品交换。这分析，在最单纯的现象中间（资产阶级社会的这细胞中间），暴露出现代社会的一切的矛盾（或一切的矛盾的萌芽）。从这里再进一步地叙述，就把这矛盾的发展（生长和运动），这社会的发展，在它的各个部分的总和上，从始到终都给我们指示起来"。关于这发展，伊里奇曾经如下写出过：

商品—货币—资本—绝对的剩余价值的生产
相对的剩余价值的生产

这个发展的过程，是两重性的发展，是存在的发展，又是概念、范畴的发展，到最后终于把资本主义社会发展的一般法则指示给我们。而这过程，"依据事实或依据实践的检证……是在分析的每一步都进行着的"，从马克思的《资本论》里，我们可以得到指示："辩证法的论理学是存在的论理学，同时又是思维的论理学；是对象的理论，同时又是认识的理论，辩证法的论理学是把思维当作依从同一法则发展的统一的物质世界之一方面暴露的，所以，它又是辩证法的认识。"（西可洛夫等《辩证唯物论教程》）

普列汉诺夫及其同伴是不理解论理学、辩证法以及认识论三者的同一性的意义的。他简单地将马克思、恩格斯的认识论与费尔巴哈的认识论等同起来。德波林也认为辩证法的方法论是与认识论对立的。他们的错误在于没有理解存在与思维、对象与认识、理论与实践、历史的东西与论理的东西的统一，而把它们割裂开来，因而犯了严重的错误。关于这一点，伊里奇曾经指责：

辩证法正就是（黑格尔及）马克思主义的认识论，对于事情的这"方面"（这不是事情的方面而是事情的要点）不加以注意的正就是普列汉诺夫，其他的马克思主义者则更不用说了。

辩证唯物论的认识论和它以前的一切哲学的重大区别之一，就是它能动地把握了认识上的实践的契机。马克思在批判费尔巴哈的时候，曾经再三指出费尔巴哈的唯物论的根本缺陷就在于他的"直观性",不能从主体上、实践上去把握,而是只把人类活动看作生理上的直观。马克思明确地指出费尔巴哈不了解人类实践的历史意义。在这一点上,普列汉诺夫曾经犯过重大的错误,他不了解辩证唯物论的认识论与费尔巴哈的认识论上的根本不同,而声言费尔巴哈是能够了解人类实践的历史意义的。他不了解在辩证唯物论以前的一切哲学,是没有方法能够了解人类实践契机的意义的,从根本上说,这是历史限制的结果。从一方面说,前代的哲学的主人都受着阶级的限制和束缚,因而他们的进步便有了一定的限度。只有工人阶级才能够将革命贯彻到底,因而也只有工人阶级的哲学才能够理解和贯彻人类认识上的实践的意义。

所谓认识就是事物为我人所反映,但是这反映不是被动的、呆板的、死的、枯燥的东西,相反地,是能动的、活生生的、迂回曲折的一个矛盾过程。在这个过程中,人类以"主体"的英勇姿态,勇敢地向着认识的对象突进,从外部突进内部,从现象突进本质。因此,我人的认识,可以解释为主体向着客体(对象)的不断的渐近线式的运动,在这运动过程中,认识的主体不断地使客体从属于自己,不断地努力解开客体的内部之秘密,发现客观事物(对象)的物质运动规律,而借以达到改造客观事物,使它适应人类进步要求的目的。因此,马克思在批判费尔巴哈的时候,曾经再三强调实践的意义,他指出:"从来一切哲学都是各色各样地解释世界,而问题却在于变革世界。"同样,伊里奇也指出:"人类的意识不仅反映客观世界,而且创造客观世界。"

辩证唯物论和作为它的前史的一切哲学之最重要的分别点之一,就在它对理论与实践之对立统一达到了科学的理解。在辩证唯物论出现以前之一切哲学,由于它们的主角(奴隶主、自由民、封建主、市民,小市民等历史集团)的历史实践之不彻底性(他们的革命都是以剥削代替剥削),因此,他们的哲学之主要特色之一就是理论与实践的分离,辩证唯物论出现于19世纪中叶的工人集团运动之历史实践的基础之上,因而从产生之日起,它便把理论与实践彻底地统一了起来。

辩证唯物论科学地根据"存在决定意识"的命题,主张实践高于理论的认识,关于这点,伊里奇曾经明白地指出:"实践高于(理论的)认识,因为它不仅有一般性的价值,而且还有直接的现实性的意义。"实践生活是本源的,实践生活(人类千百万次的实践经验——社会生活之实践经验以及对自然界斗争之实践生活经验）是理论认识之源泉，理论是从实践生活之中抽取出来的。只有当社会物质生活诸条件之发展已经提供了产生理论之前提时，理论才能产生。但这并不是说，理论认识是不重要的。理论一经发生，便可以成为巨大的力量，动员、组织人民大众，指导历史实践，推动社会历史向前发展。否定实践生活之本源性及其在认识过程中之意义，就是观念主义、主观主义、教条主义之特点；而否定理论之伟大作用，否定其指导革命行动之历史意义，却是一切形形色色的机械主义以及修正主义之特点。一切第二国际的修正主义都企图使实践与理论分离开来，而将马克思主义变成抽象的教条。

辩证唯物论卓越地阐明了人类认识过程中之实践的意义，而明确地断言：实践是真理的标准。

关于作为理论家基础的实践与理论之结合这一问题，早在19世纪50年代时，新哲学的创建人已经发表过卓越的见解了。

在1845年的《费尔巴哈论纲》中，马克思曾经指出道：

> 一切先驱的唯物论——也包括着费尔巴哈的唯物论——的主要缺点，是在那里面，即对象、实际性、感觉性，仅仅触及客体的形态或是触及直觉的形态，而不触及人类感觉的活动、实践，不触及主体的形态。因此也就会那样发生出来，使行动的方面，在对唯物论的对立性中而借观念论发展起来，但仅是抽象的，因为观念论，自然，不知道像那样的实际的、感觉的活动。
>
> 社会生活，就其本质说来是实践的。一切把理论引诱到神秘主义内的神秘，在人类的实践中和在这种实践的理解中，都会找着自己合理的解决。
>
> 费尔巴哈因不满于抽象的思维，所以曾提出感官的默想，但他并没有把感觉看作实践的人类感官的活动。

同样，恩格斯在他的著作中也再三强调了认识过程中之实践的意义。他承认实践是认识的试金石，因此他说："证明布丁，就在于吃布丁。"

当谈到实践是人类理性认识的基础时，恩格斯在《自然辩证法》一书中曾经宣称：

人类思维之最重要的，和第一个基础，恰正是人类的改变自然，而不是单独的自然；人类理性按着他的能够改变自然的程度而发展。

一切修正主义——机会主义之最主要的特色之一·就是理论与实践之分离，割去了马克思主义中革命实践的活力，而使它变成了空洞抽象的教条。因此伊里奇和斯大林在反第二国际及其同伴之斗争中，便彻底地将马克思主义之理论及实践，战斗地结合起来。在《列宁主义问题》一书中，谈到列宁主义方法时，斯大林曾经写道：

这种方法的要求归着到什么呢？第一，归着到第二国际的理论教条在大众革命斗争的烽火中的，在活跃的实践的烽火中的清算，即是归着到理论与实践间破坏了的统一的恢复，归着到它们中间裂痕的消除，因为只有这样创立被革命理论武装着的，真正无产阶级的政党。

唯物辩证法承认一切事物之存在都是有条件的、可变的，但它和一切折中主义、相对主义、诡辩主义以及怀疑主义不同，因此，在1918年，当托洛茨基等提出"既不和平，也不战争"的口号时，伊里奇曾斥之为折中主义和诡辩主义的标本，因为，这个口号并没有反映事物过程的诸内在联结之本质矛盾，而只是形而上学地和主观主义地按照形式而将它们折中地调和在一起。因此，他曾再三地强调："在原则性的问题上是没有中间路线的。"

唯物辩证法一方面反对主观主义的相对主义，这种相对主义是没有能够反映客观事物运动、变化的规律的；但另一方面，唯物辩证法也不放松和这样的观念主义者们做斗争，根据这些人们的意见，认为真理是永恒的、超越经验、超越历史、超越科学的东西，总之，他们所谓真理是脱离了一切条件、地点与时间而存在的超绝真理，他们企图以一种呆板、抽象、死硬的东西来表示历史过程中一切阶段的事物过程之本质，甚至有些哲学家扬言真理是先验的，因而其妥当性与普遍性便与我人的科学经验无关。

不论是相对主义和诡辩主义的相对真理论，或是超绝的绝对真理论，都是以形而上学的思考为基础的。形而上学思考的特征就在于其孤立、片面、零碎、呆板、僵硬、死的抽象的性质，"是——是、否——否"，因而必然会绞杀相对真理与绝对真理的辩证关系。在形而上学的思考看来，相对和绝对两者之间是彼此地绝对排斥的，"相对—相对，绝对—绝对"。既然在这两者之间划下了不可逾越的鸿沟、不可超越的固定对立的限界，因而便没有办法理解这两者之间的活生生的辩证关系。关于这一点，伊里奇指示道：

> 主观主义（怀疑论及诡辩论等）和辩证法的差别，主要的就是，在（客观的）辩证法里，相对的东西和绝对的东西的差别也正是相对的，在客观的辩证法看来，相对的东西里面，包含着绝对的东西，在主观主义和诡辩论看来，相对的东西就只不过是相对的，而不能与绝对的东西相容。

主观主义的错误在于没有理解人类认识过程之矛盾性，即没有理解作为辩证法的核心与精髓之对立统一的法则。列宁在《哲学札记》中，曾经指出了观念主义之产生的认识论之根源，其实，这应用于主观主义和诡辩主义以及怀疑主义之相对论上也是正确的。在谈到了观念论产生之认识论的根源时，伊里奇曾经这样论述道：

> 人类的认识不是直线（或者说，不是描画着直线的东西），而是向着圆的联系，向着螺旋无限地接近着的曲线，这曲线的任意断片、碎片和小片，都能转化为（能片面地转化为）独立的完全的直线。这样（如果只看见树木而不看见森林），这直线就会引导到泥沼里，到僧侣主义里（而支配阶级的阶级利害又使这直线固定起来）。直线性和片面性，硬直和化石，主观主义和主观的盲目——这就是唯心论的认识论的根源。但在僧侣主义里，是当然要有认识论的根源的，它不会是无根的东西。它无疑地是一朵空花，但却是从活的、能结果实的、真的、肥壮的、全能的、客观的、绝对的人类认识里开出来的空花。

辩证唯物论的真理观的根本命题是承认真理的客观实在性。也就是说："世界及其规律是完全可以认识的；为经验及实际所考验过的我们的知识是可靠的知识，有客观真理的意义……"但是，人类之认识事物（现

象　过程）并不是可以一次完全无遗漏地将对象完全认识清楚的，因此，人类的认识便成了一个渐近线的过程，通过无限矛盾的发展，而不断地更深入到事物内部之中，以发现其内部运动、变化的规律性。

因此，辩证唯物论认为从人类认识历史过程之终极上说，真理只是有相对性之意义。好像在18世纪的时候，自然科学中关于物质构成之学说只有分子说；但到了19世纪，便有原子说；而到了20世纪不但已经有了电子说，而且还发现了中子、正子、质子等物质实在。因而，从科学发展过程的终极来说，也就是从人类认识发展过程之将来的终极来说，不论分子说、原子说或电子说都只具有相对性之意义，它只表示着某一个历史时代人们对于物质构成之认识的深度，表示着人们从现象向本质冲进的程度。随着人类科学史的发展——人类历史认识之深度、广度、密度之发展，所有这些历史性之相对真理的学说都是要受到扬弃的，代替它的将是更能反映事物（现象、过程）本质之更完全、更深刻、更全面和更正确的学说。人类的认识是螺旋式的向上昂涨线运动的一个过程，因而我人的认识便不断地接近当作历史过程的终极看的客观真理，即是不断地接近事物（现象、过程）的最内部的本质，这一点却是绝对的、无可怀疑的。因为认识是具有历史性的，每一个时代的人们都继承了前代的实践和科学的成果，原子说以分子说和十七八世纪的产业实践为基础而向前加深了物质构成之研究，结果便扬弃了分子说；同样，电子说又扬弃了分子说。要承认客观世界及认识史是向上发展的，那么就得承认我人之认识是一个不断地向着终极的客观真理运动的一个过程。因此，辩证唯物论在一定的认识历史意义上是承认真理的相对性的，但这并没有否定客观真理，相反地，这倒是证明了客观真理，证明了我人是在不断地接近作为认识历史过程之终极的客观真理。

但是，唯物辩证法关于真理的相对性之理解和绝对主义之相对论，是毫无相同之点的。绝对主义之相对论完全否定了绝对真理之意义及其存在之可能。但唯物辩证法相反地认定各个相对性之真理对于特定的该历史时代而言，即具有绝对性之意义。从历史之终极说来，不论分子说、原子说或电子说，都只是具有相对真理之意义；但分子说之于十七八世纪，原子说之于19世纪，以及电子说之于20世纪说来，却都具有绝对真理之意义。因而，在一定历史条件、地点和时间底下，相对真理同时也就具有绝对性之意义，而当作认识历史过程的终极真理看的绝对客观真理，也就不外是一切历史时代的无限的相对真理之总和。因此，伊里奇曾经指示道：

> 人类的思维，在本质上能够把那由相对真理总体而构成的绝对真理，给予于我们，并且正在给予着。科学的发展上的各个阶段，添加新的颗粒于绝对真理的这个总和，而各个科学的命题之真理的界限，都是相对的，由于知识的渐进的增加而伸缩。

凡是否认了绝对的客观真理，就必然要走向主观主义的观念论。马赫及波格唐诺夫之流的主观主义的认识论就是一个最佳的范例。波格唐诺夫"否定了真理的绝对客观性"而扬言"客观真理的标准是没有的；真理是观念上的形态，是人类经验之有组织的形态"，是"社会的调和的经验，或换一句话说来是社会的组织的经验"。那么，经验的来源是什么呢？真理的标准又是什么呢？在这些问题上，波格唐诺夫便陷进了主观观念论当中，而不可避免地，妖魔、鬼怪、神……的存在也是真理，因为这显然也是"观念上的形态，是人类经验之有组织的形态"，"是社会的组织的经验"。关于波格唐诺夫的主观主义的经验论，伊里奇曾经批判和阐述道：

> 一切认识都从经验、从感觉、从知觉得来，这是真的，但客观的实在是否知觉的泉源这个问题尚待解答。如果你肯定地答复，那么，你便是唯物论者。如果不然，那么你必然走到主观主义或不可知论，不管你（如康德一样）或否定物之本体的认识或否定时间、空间、因果律的客观性，或（如休谟一样）完全排斥物之本体的思想。你的经验论之不一贯，你的经验哲学之不一贯，将存在这个事实中，即，你否认经验之客观的内容，否认经验的认识之客观的真理。

如果我们说，马赫主义是帝国主义时代反动者哲学思想中之一最重要的思潮的话，那么，以詹姆斯、杜威为首的实用主义者则是美利坚帝国主义的产物。和马赫主义同样，实验主义也认为真理是主观的产物，因而提出以"实用"为真理的尺度，这一点是充分反映美利坚市民的物质利害的。杜威的实验主义在"五四"时代也在中国得到了"再版"的机会。

杜威的实验主义的"义务宣传员"是胡适。他竭力宣称要"尊重事实""尊重证据"，发挥科学精神，小心求结论，大胆立假设。他所应用的"武器"是杜威的"五段论法"（归纳法和演绎法的综合），他所提出的口号是："拿证据来。"他力赞这是"科学实验室的态度"。从表面上看来，胡适所贩过来的货色，确是要得，但在实验上，这却是一种发了霉的劣等东西。

我们知道，自然科学是要按着自然界事物变化原来的样子而不加以任何增减地去说明它的。因此，科学是一种"如实"的学问，它本身是一种客观的真理，绝对不容我们随意歪曲。好像地球是绕着太阳而运行的，这是它们本身实际是这样，地理学和天文学不过是将这个运行的实际情形告诉我们，并没有经过任何的修改，因此我们可以说地球绕着太阳而运行这是一个客观真理。用什么方法来证明地球绕着太阳而运行这一个学说是真理呢？这就要靠观察、实验或实际上的应用（如航海）了。在没有得到证实以前，哥白尼的这一个学说还不过是一种"假设"，但一经证实，它便成为一种客观真理了。

胡适所主张的科学观，最大的错误在于他否认科学是一种客观真理，而认为科学不过是一个"假设"，这种"假设"是主观的、随意的。我们最好还是看看他自己的话：

一切学说理想都当作待证的假设。（《介绍我自己的思想》）

科学律例不过是一些最适用的假设，不过是现在公认为解释自然最方便的假设。（《实验主义引论》）

律例不过是人做的假设，用来解释事物现象，解释得满人意，就是真的。解释不满人意，便不是真的，便该寻别种假设来代它了。（同上）

一切真理都是应用的假设。（同上）

看了上面的话，胡适的反客观的主观的科学态度，便完全"现出原形"了。原来真理竟是为了解释"方便"才由"人做"出来的，而它的真确与否，胡适博士又认为应该以"满人意"与否为标准。怎样才算是"满人意"呢？于是胡适打开他的招牌了，上面写着"实用"两个大字。所谓"实用"，就是对于人们有实际利益的意思，这样看来，"真理"完全变成了"一个百依百顺的女孩子"，任由"主人"的意思去"打扮"她。这一种主观的科学观，胡适是坦白地承认的，他说：

我们且莫问那绝对究竟的真理，只须问我们在这个时候，遇着这个境地，应当怎样对付它；这种对付这个境地的方法，便是"这个真理"……因为这个真理是对付这个境地的方法，所以它若不能对付，便不是真理，它若能对付，便是真理。（《实验主义引论》）

这样胡适不但完全否认了真理的客观性和绝对性，将它定为"对付环境的一种工具"，而且也带上了"点点滴滴"的一种狭隘的经验主义观点。

然而，辩证唯物论的真理论和抽象的客观主义或机械主义的观点毫无相同之处，且丝毫不放松和它们斗争。抽象的客观主义者拒绝对对象做具体的全面性的考察，而从多方面的考察中去发现事物内部之内在联结的运动规律性。"列宁在工会问题上批评到托洛茨基和布哈林的折中主义时，确定了唯物辩证法逻辑的四个基本要求。第一个要求是从事物的各方面，从它的一切联系上去研究这一事物，哪怕我们从来'不能够完完全全达到这一步'；第二要求从事物的发展和自动上，从它的联系的变化上去观察它；第三点照列宁的说法，是'全部人类的实践应当归入事物之完全的'定义'中去，实践是真理的标准……'第四个要求是具体的认识。"

列宁这一个明确的科学论述，粉碎了一切主观主义、折中主义和诡辩主义者的遁辞。这些人拒绝对事物做全体性之具体认识，而只是从现象上把握某一片面的特征或属性，将它夸张起来，而抹杀了全面的内在互相联系。最明显的教条主义者就是反真理具体性之典范。这些人拒绝对活生生的事物全面性之考察，抹杀了一切条件、地点与时间的差异，而将马克思、恩格斯的学说当作教条，机械地应用于任何历史情况之中。这样，理论便不能反映现实，因而也就不能够产生变革现实的伟大作用，因为马克思、恩格斯的理论之生命力和伟大作用正在于正确地反映现实，所以，它是"全能的"。因此，抽象的教条主义必然要剥夺事物及作为它的反映之理论的活生生的生命力，而使之枯毁，成为没有血液和生气的东西。1905年，俄国的孟塞维克忽略了俄国民主革命的具体历史情况，而扬言革命必须由资产阶级领导，这就是缺乏"具体的认识"的一个典型的例子。

在论述到缺乏"具体的认识"之教条主义时，列宁曾经如下指出：

我们的学说不是教条，而是对行动的指导——马克斯和恩格斯常

常这样说过,是真实地嘲笑了"公式"默记者和单纯重复者,他们在最好的场合,也只有能力去设计一般的任务,这种任务不是历史过程每一特殊地带变形着的政治和经济具体情况所必要的。

因此,在分析事物(现象、过程)时,我们首先就要把事物的各侧面、因素、特征、属性做多方面的调查研究;用列宁的话说来,就是要求我们"了解具体情况"。关于这点,斯大林在《辩证唯物论与历史唯物论》中,曾经天才地、明确地指出:

一切决定于条件、地点与时间。

所有这些都证实了一句名言:"没有抽象的真理,真理总是具体的。"

第三节 认识的过程

从活的感觉到抽象的思维,再进到实践的检证,这就是我人认识的辩证之一般进程。辩证唯物论卓越地阐明了人类认识过程的真相。新哲学的唯物论承认独立存在于我人的头脑之外的物质世界的实在性,并且断言:物质是首次的,精神、意识……是派生的,它是高级发展阶段的物质的产物,即是人类头脑的产品。因此,承认客观物质世界独立存在于我人的头脑之外,作用于我人的感觉器官(视觉、听觉、嗅觉、味觉、触觉……),而使我人产生认识底端初形态,这是反映论的根本的命题。

从历史的观点来看,自然界之中产生了人类,人类在劳动生产过程中创造了社会。在原始时代,人类以最原始的生产工具为媒介,以加工和作用于自然,改变自然界物质的性质和状态,而使它适应人类进步的要求。就在这劳动生产和生活实践之中,人们不断地和自然界的物质运动之各色各样的运动形态接触;同时在社会生活的实践中,又和各色各样的社会生活之诸物质运动形态相接触,因而便得到了各色各样的丰富的诸感觉形态。而随着人类思维能力的成长,各色各样的感觉便被制成了各色各样的表象、概念、范畴、法则等等。正是这些概念、范畴、法则、规律等使我们得到了科学理论和科学思想体系。譬如就《资本论》来说吧，其中就充满了许多概念和范畴：商品、价值与使用价值、抽象劳动与具体劳动、货币、剩余价值、工资……而《资本论》之最终的目的，据马克思表示是要发现现代资本主义的一般的运动和变化的法则。科学的理论、科学的思想体系从活的感觉走向抽象的思维，不仅是应用感觉和表象来反映客观世界，而且是应用概念、范畴、法则、规律等高级的、复杂的、更本质的东西来反映客观世界。因而当作客观世界的物质运动之某一侧面或多面关系之反映的科学理论和科学思想体系，只要被实践的检证证实了它是正确的，它便成了客观的真理。

正是因为这样，反映论和哲学史上的"唯理论"和"经验论"都不相同。"唯理论"的哲学家，如笛卡尔、斯宾诺莎等告诉我们，人类的认识过程直接地是从思维开始的，只有思维才是认识的唯一的正确道路。这样，便抹杀了感觉在认识过程中的作用和意义，认为没有它，仅靠思维就可以认识客观世界，因而没有方法理解感觉和思维之正确的辩证体系。"经验论"的哲学家们相反，根据霍布士、洛克等人的意见，又过分地强调经验的源泉——感觉之作用，而机械地将思维还原成了感觉，这样就不可避免地降低了思维在认识过程中的作用和意见，而同样没有能够对感觉与思维之关系达到科学的理解。

人类的认识是从感觉开始的，没有耳，绝不知道声音；没有眼，绝不知道有光、色；没有鼻，绝不知道有香、臭；没有口，绝不知道有味；没有触觉，绝不知道有冷、热；等等。而物理学层面上，热学、声学、光学等等，正是借着我人的感觉而取得素材的。只有借着感觉，才能制成更高级的概念、范畴、法则等等。因此，缺少了感觉之认识活动，科学是不可能的。我人感觉的认识替我人的高级认识做了准备的基础。因此，"人类认识的最初形态，是客观实在性在感觉器官里的反映，是对于这反映的直接意识"。

在历史上的一切观念论及主观主义者都企图否认我人认识的客观实在性，因而同时必须否认我人感觉的反映的客观实在性。观念论者怎样反对感觉的反映的客观实在性呢？大体上说，他们认为："（一）我们永远是只与我们的感觉来往；我们永远是不直接感受现象本身，而永远是只感受这个现象的我们的感觉，因此我们永远不能把事物的感觉与事物本身来比较；（二）最不同的刺激可以给我们以一样的感觉；可以以光的感觉为例，光的来源可以是光线对于我们眼睛的作用,亦可以是以手指压眼球的结果。(三)不同的主体不同地感受同一的刺激;对于健康的人,蜜觉得是甜的,而病人则觉得苦的;色盲和平常人完全不同地感受颜色,而受了山道奎(一种驱虫药名)的毒后,人对于多少光亮的对象都觉得是黄色的;因此,问题还没有解决;在这些感受中哪一个是真确地反映客观事物的状况的。"

观念论者的怀疑和发问是经不住答复和批判的。对于第一个问题的答复,辩证唯物论认为"假如事物唤起我们的某种感觉,这就是说:事物本身有这样的属性,这属性唤起我们的正是这样的感觉,而不是其他的感觉。因此,感受了事物给予我们的感觉,我们就认识了它的属性。认识了事物的属性,我们就认识了事物,因为事物的属性在其全体和相互联结上表现了这个事物的本质"。

对于第二个问题的答复,我们认为"不同的刺激能够给人们以同一的感觉,这种情形只证明:远不是所有的感觉都是一样地确切地反映客观现实",但是人们实践的验别和检证将要把这些不同的感觉分别开来,譬如"多吃了奎宁之后,耳朵中发生嗡嗡之声,远远地令人想起雷的声音。但是谁会难于确定这两种感觉的差别呢?……人在实践上普通很容易判断,分别真理的感觉和虚伪的感觉"。

对于第三个问题,观念论者以为"病人感知事物及其属性与健康的人不同,这点应该认为是完全不可思议的。……这是因为他是病人呵!病损害了感觉器官,破坏了他们的工作,所以其结果是患疟疾者,蜂蜜会觉得苦的,色盲者不能分别红蓝"。

和"唯理论"不同,辩证唯物论的反映论与"经验论"在一起,承认感觉是人类认识的源泉,但又批判了"经验论"的形而上学性,辩证唯物论也不承认感觉能够完全无误地和完全正确地把握对象,而只认为"感觉是客观实在之近似正确形象的反映",如竹竿插入水中,看来是曲的;一座山,远看则小,近看则大;等等。但"就是错误的感觉本身,也包含着某种程度的能反应客观实在性的、不容置疑的真理",因为感觉是人类认识的初步阶段,而人类的认识就是对象为我们所反映的结果,所以这感觉的形象绝不会与被感觉的对象自身"全然不相似"(普列汉诺夫及其同伴正是这样地去了解的)。因此,伊里奇指出:"我们的感觉、表象、概念是和事物、物质、(意识以外的)客观实在性照应着","感觉替人类展开客观的真理"。

辩证唯物论的反映论在观察感觉活动时，坚持了辩证的历史主义的态度。许多动物在个别的感觉能力上总是比人类更强的，但其感觉的认识能力却远不及人类。关于这点，恩格斯在《自然辩证法》中指出：

> 鹫的眼睛比人的眼睛的视力远得多，但人眼对于事物的识别能力，又比鹫眼更强。狗具有远比人类锐敏的嗅觉，但不能区别在人类已经成为各种事物的一定标识的气味的细微部分。

为什么呢？因为从生物界发展的一般规律上说，人类在质上是比鹫和狗更高级的东西。人类在劳动生产过程中不但创造了社会，而且也创造了自身。人类感觉器官活动的生理构造之发达，首先是作为自然实在之发展的结果，其次又是作为社会实在之发展的结果。根据达尔文的研究，个别器官不是彼此孤立的，相反地，个体整个器官之发展及其作用是彼此关联、作用和统一着的。因而人类各种各样的感觉器官（视觉、嗅觉、味觉、听觉、触觉……）是统一中彼此关联着的整体。由于生物界进化的法则，人类成了自然界中最高级的生物，因而与此相适应的，作为人类个体的整体活动之感觉器官也是最高级的东西；人类社会生活由低级而走向高级，由简单而走向复杂，于是，复杂的社会生活便需要敏锐的感觉，而后来由于遗传的关系，又把感官的活动能力固定下来了。问题是明显的，非洲的原始人的视觉能力是比文明人贫弱些的，因为简单的社会生活没有可能使他们的视力发达起来，只有复杂的社会生活才有可能提供丰富的视觉对象，而使人类的视力日益发达。因而，所有感觉能力便是历史—生产方法的历史—生产力与生产关系的历史的产物。

辩证唯物论也承认在某种意义和程度上感觉有它的主观性，因为事物对象的各侧面是关联中之统一整体，而感觉却往往只能反映其中之某些侧面或属性。因而便需要从感觉之多种多样性中去检验和证别其正确与否。而在检验和证别上面，辩证唯物论的反映论认为必须依靠人类的实践。所谓感性认识，就是外界事物作用于我人的感官而发生的认识作用，因而在这里便体现了客体和主观、物质和精神、实物与映象的对立，但这对立只是相对的，并没有绝对的意义。在人类实践的过程中便体现了他们的统一，关于这点，伊里奇曾经指示道：

在人的头脑中——列宁说——反映着自然。这些反映的正确性考验和应用于人的实践和技术上，人走向客观真理。

表现在人类实践中的——列宁说——对于自然的统治，是自然的现象和过程在人的头脑中客观、正确的反映的结果……

实践是感觉的基础，就其对于感觉而说，简言之有如此的意义：首先，实践可以使感觉内容日益丰富。感觉能力日益发达，只有实践在广度、深度与密度上均有重大之发展时，感觉才会达到更完密、更丰富和更深刻的地步。其次，实践可以发现谬误和纠正谬误。最后，因为人类的实践是从主动上去把握对象的，所以实践可以使感官活动从消极的感受性的活动而变成从主体上去掌握对象。

所谓实践，就其意义而言，作为它的基础和核心的就是社会的物质生活诸条件，特别是社会的生产方法——人们获得社会物质财富（衣服、鞋子、房屋……）的生产方法。而生产方法又是以生产力为内容的。在物质财富的获得的生产过程中，不但体现了生产力和生产关系的统一，而且也体现了人类与自然的对立统一；人是自然界的一部分，人由生物界发展而来，但"人"又对立于自然，应用了生产工具为媒介而加工于自然，作用于自然，不断地改造自然、克服自然、控制自然。为了发现自然界的内部的诸联结及关系之于运动的规律性，人们必须不断地和自然界的物质运动诸形态接触，因而感觉又是以人类劳动生产的实践活动的契机而开始人类科学认识的过程的。

因此，感性认识是科学认识的源泉。由此，我们便开辟了走向认识自然界的内在的诸联结及关系之运动规律的道路。"感觉和一切认识的形式同样，反映着事物的质的侧面和量的侧面，反映着现象和本质，反映着物的属性和当作这些属性的统一着的物自身，反映着个别的东西和普遍的东西，感觉及一般地说来的直观（用伊里奇的适切的表现）是抽象的也是具体的，是契机也是关系，是同一性也是差别性，是静止也是运动。"

我人生理上的感官对于我人认识客观世界有没有绝对的限制性呢？恩格斯和伊里奇都曾经明白地指示过：这是没有绝对的限制的。但是，辩证唯物论也不反对我人感觉的不完全性，正为此，科学上创制了大量精密的仪器以帮助人类生理上感官活动的不足。随着科学的广大发展，我人的感觉将能够更完全地和更正确地反映客观世界。

我人要把握客观世界的内部的运动规律,要发现对象的内在的诸联结和关系,仅靠感性认识是不够的,为了能够对对象做更完全、更深刻、更严密的认识,必须从感性的认识过渡到理性的认识,即是过渡到以思维的论理法则的更复杂的东西来反映世界。我们必须理解,反映有多种多样的形式,从植物的各种反应到动物的条件反射都不失为反映的一种样式,但"人"和其他一切生物不同,它可以应用最高级的反映样式——意识、思维的反映样式来反映世界,因而人类的认识就远非其他一切生物的认识可比,而和他们有着本质的差异。

人类的认识从初步阶段的感觉而过渡到更进一步的思维阶段,这是一个辩证的发展过程。为了更深刻、更完全、更严密地掌握对象,人们便不得不暂时抛弃了感觉的直观而走向抽象的思维。当人们发问:"思维远离开了实体吗?"伊里奇即指出:在某种意义上它是离开了实体的,因为它抛开了个别的、偶然的、非本质的直接的经验,而同时就在一般的、本质的特征和属性上,去更深刻、更精密地把握它,这就好像为了要跳跃得更远而必须后退几步一样。

为了要更完全地掌握对象,人们首先必须把直观概括成表象,因而表象不外是"普遍化了的对象的最初的特殊形式",表象的成立,主要是依靠多次的实践经验,而将留在记忆中的关于对象之诸侧面的特征、属性等统一成为一个完整的、活生生的、能动性的形象。因而从表面上看表象是离开了直观的,但同时却在统一的整体上更接近了客观的东西,"表象是感觉向思维前进时的认识的移转、联结和运动,是由前者进到后者的转化过程"。

如果表象再经过抽象化或普遍化的过程,那么,我们便可以得到概念。从表面上说,概念比表象是更远离了对象的,但同时也就在更本质的方面接近了和掌握了对象。当我们发问说"表象比思维更接近实在性吗?"的时候,伊里奇回答道:"说接近也行,说不接近也行,表象是不能够把握住当作全体看的运动的,例如一秒钟三十万公里的光速度的运动,它就不能够把握住,但思维却能把握到——并且非把握到不可。"

马克思在《资本论》中提供了科学抽象的卓越的范例。他指出:"在分析经济形态时,既不能用显微镜,也不能用化学反应液药。即必须用抽象力。"但这抽象并不是割裂感觉,而是与感觉统一着的。《资本论》在开始时,便分析了资本主义社会中"最单纯、普遍的、大量的直接存在"——商品，接着便从商品交换分析到货币，从交换价值到价值，从具体劳动到抽象劳动，从资本到剩余价值，从工资到劳动力等。而在这过程中，又是随时以实践为检证的。因此，概念是抽象的又是具体的，当它离开了直接而以媒介的形式去反映对象时，它是抽象的；但当它更本质地反映了对象的内部诸联结、关系及其转化、推移与运动时，它又是具体的。

因此，唯物辩证法的概念和形式论理学的概念不同。在形式论理学看来，愈是一般的东西，内容就更贫弱、更空泛，因而他们确立了外延愈大、内包愈小，内包愈大、外延愈小的命题。在他们的心目中，外延和内包是形而上学地绝对的对立的。而辩证唯物论的概念是抽象的也是具体的，因而是一般、特殊和个别的活生生的统一，而这统一的基础的就是人类的实践。关于这一方面，列宁曾经这样指示道：

  这应该是辩证法一般……的叙述（或研究）的方法。从最单纯的东西、最普遍的东西、最大量的东西等等开始，任何一个命题开始都可以——从树叶是绿的，伊凡是人，巧其卡是狗，这一类的命题开始。在这里（就如黑格尔天才地认出来一样）就有着个别的东西即是普遍的东西这样的辩证法……这样，对立（个别的东西和普遍的东西是对立着的）就是同一，个别的东西，不曾存在在达到普遍的东西的关联之外。普遍的东西，只有在个别的东西中间，只有通过个别的东西才能存在。一切个别的东西（总在某种情形上）是普遍的东西，一切普遍的东西，都是个别的东西（一部分，一方面或本质），一切普遍的东西，只是近似地包括着一切的个别对象。一切个别的东西，都是不完全地参入到普遍的东西里面，其他等等。一切个别的东西，借着成千的过渡，而和其他种类的个别东西（物、现象、过程）联系着等等。在这里已经有着自然的必然性，及客观联结等等的要素、萌芽、概念了，偶然的东西和必然的东西、现象和本质，已经在此地存在着了。因为说到伊凡是人、巧其卡是狗、这是树叶等时，我们就把一串的标帜当作偶然的东西加以抛弃，把本质的东西从现象的东西分开，把一个和另一个对立起来。

  一般的东西，它的意义是有矛盾的。它是死的，不纯粹的，不完全的等等。然而又只有它，才是认识具体事物的阶梯。因为我们是无论如何也不能把具体的东西完全地加以认识的。只有一般的概念和法则等等的无限的总计，才在完全性上把具体的东西给予我们。

思维从具体上升到抽象，不是离开——如果它是真确的——真理，而是接近它。物质的抽象、自然规律的抽象、价值的抽象等等。总之，一切科学的（正确的、郑重的、不是胡说的）抽象反映自然更深刻、更正确、更完全。

各个事物（现象等）的关系，不单只是多样的，也是一般的、普遍的。各个事物（现象、过程等）和各个事物结合着。

不单只对立的统一，还有各个规定、现象、质、特征、侧面、性质等向着其他各个事物的（向着它的对立的）推移。

（《哲学笔记》）

因此，对于抽象与具体、直接与媒介、感觉与思维的关系，辩证唯物论是把它们当对立的统一来处理的。而作为这统一的基础的就是人类的活生生的实践的检验。所以，辩证唯物论的概念如果由其远离开对象而以思维来把握对象上看，是主观的；但由其源泉上看，由其更深刻、更完全、更严密地反映着对象的内在的诸联结及关系以及本质的诸特征上说，又是客观的。概念和范畴正是人类认识世界的网和结。

正如概念是反映着客观世界的内在联结及关系的侧面一样，唯物辩证法的判断及推理也和形式论理学不同，形式论理学只在形式的特征上去把判断和推理做成各种形式上的排列和分类及其间的联结；而唯物辩证法的判断和推理却是反映着客观世界内部的诸联结及其发展、运动、变化的规律的。唯物辩证法的判断虽然从形式上看是由两个概念的直接联结而构成的，而推理从形式上看也不外两个判断的直接联结的结果；但实际上，这些联结和关系却是客观存在的关系之反映。因而，辩证论理学的判断和推理也是合法则的，判断反映着各个对象的联结，而推理就是这联结之必然关系的反映。并且它不把这些判断和推理当作是没有关联的孤立的东西，而从其推移与转化上去把握它的变化。因此，正如恩格斯所指出的一样：辩证论理学"它从一个形式里引出另一个形式来，在这些形式中间建立起来从属的关系，而不仅只给与同格的关系。比较高的形式是由比较低的形式展开来的"。

判断与推理既然反映着存在的发展，因而也必然与人类的认识史——科学史及实践史一致。关于这点，恩格斯曾有指示：按照黑格尔的主张，判断是应当分为下列诸类别的：①定在的判断；②反省的判断；③必然的判断；④概念的判断。而这分类正反映着人类实践史及认识史——科学史的发展行程。在《自然辩证法》中，有着如下的举例论述：

有史以前的人类，当他们（约在八十万年以前）发现了摩擦生火的方法的时候，或者在比这更远以前，当他们用摩擦来使身体的寒冷部分得到温暖的时候，他们就已经实践地知道摩擦能够生热的事实了。但从这时起，一直到发现摩擦一般地就是热的源泉时，这当中虽不知道有多少年月，但千数年总是要经过的。然而无论如何，总有这样的一个时代到来；这时人类的头脑充分地进化起来，而能够把摩擦是热的源泉这一个定在的判断甚至于肯定的判断加以确定。

再经过几千年后，最后到了一八四二年，迈尔（Mayer）、朱尔（Joule）和柯尔定（Colding）又把这一特殊过程，在和（这几千年中间所发现了的）其他类似过程的关系上来加以研究，换句话说，即在最近便的一般条件上来加以研究，而把下面的判断做成了公式：即一切机械运动都会由于摩擦而转变成热。在这问题的认识上，从上述的定在的肯定判断要进到反省的普遍的判断，是需要这样长的时间和这样多的经验的知识。

但到了这时，事态的进展就急速得多了。才不过在三年后，迈尔就能够把反省判断——至少是本质地——提高到像今日这样的阶段上。即，任意的运动形态，在各种场合的一定条件下，都直接地或间接地能够，而且不得不转变成其他任意的运动形态。这就是概念的判断，并且是必然判断，判断一般的最高形式。

这样，据黑格尔看来，判断本身的理论形式的发展，在这里是表现为关于运动一般的性质的，立脚在经验基础上的、我们的理论知识的发展。它表示思维法则与自然法则（只要能正确地被认识到的话）是必然地会相互一致了。

我们可以把第一个判断看作单独性的判断，即在里面是记述着摩擦生热这一件单独的事实。第二个判断可以看作特殊性的判断，即特殊的运动形态，机械的运动形态，在特殊的情状之下（由摩擦），就显示出这样的一种属性：即能变成另外一种特殊的运动形态（热）。第三个判断是普遍的判断。即证明任意的运动形态是可以，而且不得不转变成其他的任意的运动形态。在这一个形式上，法则就到达到最后的表现了。

同样，关于推理，唯物辩证法的理解也是和形式论理学不同的，形式论理学中，把归纳推理和演绎推理等绝对化了，抽象了它的活生生的内容，而使它变成了呆板的、死硬的、僵直的东西。根据唯物辩证法的理解，推理是反映着对象的内在的诸联结的必然关系的，因而它自身便具有活生生的内容，它的发展也是和人类实践史和认识史——科学史相关联着的，并且归根到底要由实践经验所检定。

同样地和形式论理学相反，在形式论理学看来，分析与综合也是形而上学地绝对对立着的。但在唯物辩证法看来，不论是分析或是综合，都不外是唯物辩证法的有机组成部分中之侧面或契机，它们自身都没有绝对地独立的意义的。马克思的《资本论》提供了二重应用——分析与综合并用的光辉例子。在《资本论》开始时，从具体循着分析而上升到抽象，但接着又从抽象的东西出发而走到具体。这一个应用，是唯物辩证法应有的光辉的典范。

形式逻辑的另一种重大的形而上学性的错误就是将归纳法与演绎法绝对化了，并将它们绝对地对立起来，而割断了它们之间的一切合理的联系。所谓归纳法就是从个别的经验出发而从其中抽取出一般的原理或法则；而所谓演绎法，则循着相反的方向，从一般的原理或原则出发，根据合法则性的演绎而到达个别的东西。唯物辩证法反对把归纳法和演绎法加以抽象化，而明确地认定不论归纳法或演绎法都不外只是唯物辩证法的有机组成部分中之契机。唯物辩证法并不把归纳法和演绎法当作绝对对立的东西，相反地，它是从不可分离的内在联结的观点上去把握它的。在唯物辩证法看来，归纳法和演绎法同样是它自身的侧面，前者反映着从具体升向抽象的运动路线，而后者则反映着从抽象走到具体的途程。唯物辩证法强调了实践的检证的优越性，强调了真理的全体性和具体性，因而反对无条件地、绝对地、主观地和机械地应用归纳法和演绎法，同时主张我人必须随时从实践经验上加以检证，必须时常贯彻一句名言："一切决定于条件、地点与时间。"

形式逻辑的学者常常有一种意见，认为逻辑这种东西原来是和实际的一切东西没有任何关系的，不管事物在实际上如何，只要纯粹逻辑上的推演搞得通就行了。因此，罗素常常说：逻辑只是一种逻辑关系间的必然推演，逻辑只是一种"型构"，和实际的东西是没有任何关系的。这样，他们便主张用各种"符号"来代表这些"逻辑关系"，结果，他们便做成了许多和数学上方程式近似的一系列的"符号"。他们以为这些逻辑上的"型构"便是逻辑学的精华。这样说来，逻辑学不就变成了一些符号上的游戏吗？它对于我们有什么用处呢？于是他们便不得不"聪明"些了，他们说这是为了要使我们说话正确和说话方便。

其实这是不对的，逻辑研究的就是人类从具体的感觉到抽象的思维的全过程，它是特别着重于思维法则的探讨的。逻辑在始点上和在基本上，绝不只是应用于说话，而是我们对待客观事物的一种态度、观点、方法和根本理论，正因为这样，所以它能告诉我们怎样去认识客观事物，特别是怎样去思维。因为我们如果仅靠具体的感觉，就只能知道事物片段的表面的情形；而靠抽象的思维，才可以深入内部知道事物实际运动的规律。因此，辩证逻辑也"不外乎一般所说的平常道理，它只是比平常道理能够照顾到更多的方面，更周到，能够看得更深刻，贯彻得更久远"。

形式逻辑的毛病就在于它只顾到事物的片面，而且是静止地（呆板地，或死地）和表面地来看的，这样，自然对于事物内部的了解便不会周到、不会深刻，而贯彻得也绝不会久远。试想想吧，任何一个问题即便表面看来是很简单的，其实也是够复杂的，绝不是一堆"符号"所能解决的，也绝不是用逻辑符号间的关系能够表现的。分明是一条迂回曲折的羊肠小径，而我们偏偏要把它当作直线形的康庄大道走，这样怎么会走得通呢？

新哲学依照着外界东西原来的样子而不加以任何增减地去解释它，逻辑就是要我们依据这些本来的规律去认识事物、改造事物，而使它合乎人类生活的进步要求。

形式逻辑是一种死的、呆板的思维方法，这是不可否认的。但是，形式逻辑是不是可以把它简单地消灭掉呢？这当然也不是的。形式逻辑有了很久的历史，也曾解决过很多问题，人类靠它认识过许多事物，科学靠它建立过许多体系（最明显是欧几里得几何学）。因此，在形式逻辑里，一定有许多要得的东西的。这我们就要谈到形式逻辑的扬弃问题了。

在五六年前，曾经有过一次关于形式逻辑扬弃问题的激烈论争。在这次论争中，反对了把辩证逻辑和形式逻辑"划地盘"，也反对了对于形式逻辑的某一部分的无条件的"扬",而对于另一部分的无条件的"弃"。在这次论争中,正确地指出了要整个地或全体地去"扬弃"。形式逻辑,把它的积极因素(要得的)经过了加工改造以后,吸收于辩证逻辑当中,这样,被吸收去的便变成了辩证逻辑中的组成的部分了。

由此我们证明了,形式逻辑是应当消灭的,它绝不是可以与辩证逻辑"共存不朽"的东西,它在被"扬弃"以后,只剩下被送进历史博物馆中去的命运。

逻辑绝不是没有内容的,逻辑的内容反映了外界一切东西的运动、变化和发展。许多形式逻辑学者常常把数学和逻辑列在一起,而称它们为形式之学或结构之学,即是承认它们是没有任何实际内容的。因此,数理逻辑的大师便常说:"逻辑归数学,数学归逻辑。"其实,数学本身也是有着实际的内容的,用数学来做形式逻辑的"挡箭牌"或战友是并不恰当的。数学反映了外界的数量关系、空间关系,因此它绝不是一种所谓纯粹逻辑关系的推论。算术立足于现实数量的计算,几何立足于空间的测量,代数立足于正负数的矛盾关系,所有这些都是现实的。是的,一般地说来,初等数学是处理不变量的科学,因此大部分都应用形式逻辑,特别是欧几里德几何学(当然,就是初等数学中,在实际上也是贯彻着辩证法的,很显明的一个例子:离开了正负数的矛盾便没有了代数学)。但是,在高等数学中,便要处理变量了,这时候,形式逻辑便完全无能为力了;正因为这样,非欧几何学才会"扬弃"了欧几里德几何学,量子物理学才会"扬弃"了牛顿物量学,现代的物质观、运动观、时空观才会代替了古典的形而上学的观点。非欧几何学比欧氏几何学反映了更广泛的东西,而且反映得更深刻、更周到,贯彻得更久远,因而也解决了现代几何学中许多令人束手无策的问题。同样地,爱因斯坦和普朗克也是这样地"扬弃"了伽利略和牛顿。现代物理学和数学上的这些成就,是这一批果敢的天才们抛弃了过去形式逻辑的束缚(当然,他们也没有能够全部摆脱)而不自觉地应用了辩证逻辑的结果。如果人们兢兢业业地守住形式逻辑而不敢越其藩篱一步,那么我们就不会有 20 世纪的科学,也绝不会有爱因斯坦和罗伯切夫斯基、黎曼等伟大的天才。因为就形式逻辑看来(也就是在欧几里德几何看来)非欧几何是荒谬绝伦的,因为它一开始便提出了点和线的运动。同样地,就形式逻辑看来(也就是就算术和代数学看来),微积分学也是不可思议的,因为它一开始便提出了运动变化的函数概念。

不但这样，就在现代几何学中也并没有像罗素所说的一样是纯粹逻辑关系间的必然推演。谁都知道，欧几里德几何学在证明两三角形全等时是引用了重叠法的，逻辑关系间的推演没有办法证明它，于是只有引用人们的实际经验，求助于实践。所以，我们的导师曾经这样地指示我们说："纯粹逻辑的推论是什么也不能给予我们的。"

第八章

人类思维及哲学思想的发生

第一节 从历史上拆穿哲学的降生秘密

从一种原始的东西发展而成为我们今天的宇宙，不知道要经过多少万万年的时间。在19世纪以前，人们只知道天体是非常广大的，但是并不知道宇宙也是由一种原始的东西经过了很长的时间才生成的。在十七八世纪的时候，伽利略和牛顿等天才的科学家曾经应用望远镜去观察天体，同时又应用了数学和力学、物理学的知识来研究天体的运行。因此，在当时人们也知道宇宙是一片非常广大的空间，其中有着很多的星球在依照着力学的法则运行。但是，牛顿等人并不知道宇宙本身也是经过了很久的时间才生成的；相反地，在牛顿看来，宇宙是永远如此、一成不变的，即使在最初的时候，也已经是一个非常完整的天体。那么，宇宙是怎样形成的呢？牛顿的答案是，假定有一种神秘的外力来做成它。所以人们后来嘲笑牛顿，说宇宙的形成和它最初的运行都是"上帝"的杰作。到了19世纪的时候，哲学家康德和科学家拉普拉斯提出了一种新的学说，这就是"星云假说"。根据这个学说，宇宙在最初的时候不过是一团具有高温度的大气，由于不断的运动变化和冷却，经过了不知多少万万年以后，宇宙才生成像我们今天所知道的样子。当然，这一种学说在最初的时候不过只是一种很可能的假说，但后来不久，在天文学中便被许多事实证明了它是正确的。

19世纪的下半期，地质学、生物学和化学等科学已经非常发达了。地质学观察了地层的状态，它告诉我们地球也经历过了不知多少年代的变化。从前的海洋现在可以变成大陆，从前的沙泥现在可以成为岩石。古生物学又告诉我们，不但地球有着它本身发生和成长的历史，就是生物界也不能例外。在几万万年以前，地球上还没有人类，但已经有了非常原始的生物了；有许多生物绝种了，但又有许多生物新生和繁殖。最后，在生物学中出现了细胞学说和达尔文的进化学说。根据细胞学说，动植物是由一种称为细胞的单位所组成的，从单细胞的变形虫以至最复杂的人体都是如此，这些细胞具有新陈代谢的机能，是生命组成的单位。至于进化学说呢？它认为生物的进化是经过了非常长久的时间的，在这长久时间中有许多生物灭种了，但又有许多生物新生出来。据达尔文的理论，生物的灭亡或发展，取决于生物能否适应自然环境，这一种法则他称为"自然选择"。由此，达尔文认为人类也是由一种人猿动物，经过了千百万年的长久时间才变成了今天的样子的。后来，化石学证明和发展了达尔文的学说。化学说明了有机界和无机界的许多事实，并且说明了它们之间的正确关系。近代化学又把有机界和无机界的鸿沟填满了，它告诉我们，不论有机物还是无机物，都是由 92 种元素构成的，而有机物也不过是比无机物更进步、更复杂、更高级的东西罢了。

  由于 19 世纪科学上有了这些重大的发现，才使我们明白人类进化的历史，也使我们了解思维是怎样发生的。大约在五百万年以前，这时候地球中的第四大冰河期刚告终，于是在地球的大陆上便出现了一种高级的动物——类人猿。这时候严寒的冰河期已经过去了，正是适合生物发展的环境，我们今天的热带在当时大概是一片非常广大的陆地，生长在这森林满布的热带中的凶恶猛兽是非常多的。类人猿为了保存性命，避免凶恶野兽的攻击，攀登树木是非常需要的。而且当时的类人猿主要靠采集的植物果实作为食物，这就更增加了他们对于攀登的需要。为了适应环境，不久，这些类人猿渐渐地习惯了用手攀登树木和抓获东西。既然是用前肢来进行劳动生产，那么只有用后肢来支持体重了。后来，由于习惯，它们便渐渐能够直立行走，而这些习惯经过了很多代以后，由于遗传的关系，便固定下来。在生理上，类人猿这时候便成了一种直立行走的高等动物了。

  又经过了许多时间，大约离我们现在一百万年，这些人猿已经成为人类了。因为这时，他们已经能够独立地去进行劳动生产工作，利用自然界中的石块，把它磨平，而将它做成一种非常原始的粗糙的劳动工具了。有了这一种劳动工具，他们便可以捕捉小野兽和更多地采集植物果实，这样，劳动生产的范围便扩大了。

  语言是由劳动生产创造出来的，在没有劳动工具的广泛应用以前，人类还没有抽象的思维和语言。这时候，人们为了要在劳动生产中互通意见，便只有用手势语了。这一种手势语就是应用各种姿势和动作来表示出某一个意思，这些动作是在劳动生产中（捕捉野兽和采集果实也需要广泛应用两手的姿势和动作）形成的。历史语言学者马尔的研究认为，手势语流行的时代大约是母系社会。

自从人类有了最原始的劳动工具，人类生理的构造和机能也进步了，这是适应劳动生活的需求的。这时，手进化得特别快，因为最初人类的劳动生产主要是靠手的。进化的结果是人们的手更灵活了，更适宜于进行劳动生产。根据达尔文的研究，一个生物个体各器官的发展是互相关联着的，器官并不是孤立的东西。如果一个生物个体的某一个器官发展了，那么，同一个体的其他器官也一定接着要发展起来。手是有机体当中一个很复杂且重要的器官，手的发展也必然影响到其他各器官跟着发展起来。其次，劳动生产更扩大了，生产经验也一天天增多，对于自然界的各种感觉反应也一天天繁剧起来。要互相传授劳动经验和抒发情感，便需要有一种共同的语言当作媒介，这样，口这一个器官便很快地发展起来了，喉管的构造和机能也进步了，渐渐地便能够发出一种比较复杂的音节，而口的器官不久也能够发出一种固定的音节了。

动物是没有抽象思维的机能的，它只能够应用具体的感觉和最简单、最直接的表象去做条件反射，而反映各种事物。人类在最原始的时候也是这样。这时候，人们并没有抽象思维，而只有具体的感觉。因为人们在这时还不过只是刚刚离开动物界，还没有彻底地从生物界中分离开来。当然，风吹、雨打、行雷、闪电、猛兽的咆哮、弱小动物的悲鸣……所有这些自然界的现象和劳动生活中的各种事实都会引起他们各种非常原始的反应，不过这些具体感觉的反应并没有带上明确的抽象思维的性质。这时候的人类还不过刚刚离开了动物的状态，因此客体与主体、所思（思维或认识的对象，即是各种客观事物）与能思（即是思维能力）、所见（感觉的对象，也就是客观事物）与能见（感觉能力）之间的关联是统一的。这时候人们还处在一种混沌的本能的原始状态当中。

只有当人类有了声音语言以后，才开始有思维与存在的分裂，才能够有抽象的简单概念，并且可能以语言为媒介，将这一种概念表达出来，传给其他人知道。因此，马尔根据语言的化石学，认为人类在手势语的阶段是没有方法知道客体和主体的对立，以及它们两者之间的关系的。

人类大脑的发展是人类思维产生的物质基础。语言的发展是人类思维产生和发展的指示物。至于人类劳动生产发展的扩大却是人类思维产生的最根本的社会基础。劳动生产的发展，使捕鱼和猎兽比采集植物果实更重要，这样，人们的食物主要便是肉食了。肉食一方面使人类的身躯向着定性均匀的方面发展，终于使人类有了现代人的外形；而另一方面最重要的就是肉食促进了大脑的发展。脑部得到了肉食的营养，由于化学作用，人类的大脑便更加发达起来了。有了大脑的发展，声音语言也进一步发展了，不但更复杂、更清楚、更确定了，而且也能表现更多的抽象概念，能应用语言来反映更多的客观事物。同时，有了大脑的机能，劳动生产便成了有计划、有目的的活动了，这样便大大地促进了社会劳动生产的向前发展，而反过来，劳动生产又推动了大脑机能和人类思维的向前发展。

有了语言和最原始的抽象思维，人类的有意识的活动便渐渐分裂为客体与主体、所思与能思、所见与能见之间的对立了。当然，这一种分裂还是很模糊的，还不够清楚的。不过，人们既然已经开始有了关于客体与主体的对立的认识，就必须确定主体与万物之间的关系。但是，这时的社会生产水平还是非常低下的，而非常狭小的生产经验知识不足以解决这一个问题。因此，在原始社会的初期，人们都有着一种"万物有灵论"或"泛神论"的原始的宗教思想。这一种最原始的抽象思想产生的根源是原始人对一切自然界的现象（风吹、雨打、行雷、闪电，日月、星辰、江河、山岳等各种自然现象的变化）和社会现象（繁种、战斗等）既不大明白，又不懂得身体的生理构造（出生、成长、死亡等生理自然现象），因而对于一切事实都感到神秘而不可思议，认为这是不可避免的事情，结果便渐渐产生了一种"宿命"的思想。

这时候，人们一方面对于外界的一切事物感到一种宿命的恐惧，另一方面他们又无法去解释"梦"的成因。他们只是觉得晚上睡了以后便好像有个独立的东西在活动，于是渐渐地便产生了"灵魂"的概念。后来，他们又形成了这样一种思想，认为既然在人身中有着"灵魂"的活动，那么便没有理由说人们死了以后灵魂便会消灭，因而便产生了"灵魂不灭"的思想。既然人是有灵魂的，既然灵魂是不灭的，那么，在当时的人们看来，万物也必然是有灵魂的了。不然，为什么风会吹，雨会打，会行雷，又会闪电呢？所有这些在他们看来都必须有一个独立的"灵魂"在主持活动。因此，这一种思想便认为万物都有一个灵魂在独立活动。不过这种思想在当时是带上了一种宿命、悲观的性质的，人们毫无灵魂高于物质的思想,他们只是对于灵魂感到了一种宿命的恐惧。这时候,主体还不过在统一的整体中。(统一于人类个体的劳动生产过程中,在劳动生产过程中,人们以最简单的劳动工具为媒介而加工于自然,改变了自然界的物质形态以使它适应人类生活上的需要,在这过程中便体现了客体和主体的对立统一。)主体和万物刚刚分裂开来,这种脱离还不彻底,因而他们便以主体来推测万物,认为既然人类有灵魂,那么外界的一切事物也是必然会有灵魂。

在这以后,由于劳动生产的发展,人与自然界和人与人之间的接触更频繁了,特别在劳动过程中,接触的东西一天天增多。这时,因为人类已经有了原始的思维能力,所以有些事物在经过了多次接触的实践活动以后,偶然便会引发人们发现一些简单的表象和概念。好像虎皮和鹿皮在性质上有不同,有什么样的森林才有什么样的野兽,天有黑云便将要下雨等等。同时,他们不但能够分别事物的根本性质上的不同和最简单的因果性,而且也有数量的概念了,好像捉到了三只鹿远不如猎获一只老虎好些等等。在劳动生产过程中,原始的人们渐渐在实践中得到了许多表象和概念,这些表象、概念,有些是关于性质的,有些是关于数量的,有些是关于地理的(空间),有些是关于时日的(时间)。这些表象、概念最初都被当作孤立的,因为他们当时还没有概括的能力,不能够将这些个别的表象、概念按照它们自身的内部的关联组织为法则或规律。只有当社会劳动生产向前进一步发展的时候,只有在人类的实践更加深入和更扩大了以后,人们才能够将许多在根本性质上相近的表象、概念,按照它们自身的内部关联综合起来,而形成抽象的范畴和思维法则、规律等等。

社会劳动生产的发展(首先就是劳动工具的改进)是促进客体与主体、所思与能思的分离的根本原动力。因为广泛地使用了比过去更进步的劳动工具,所以个人(主体)在对自然界斗争中的地位和作用、能力都加强了。由于这种能力的加强,主体从本能的混沌统一状态中更进一步地独立分离出来。劳动工具的发展对于人类抽象思维能力的发展有着特别重大的作用。

摩尔根的科学研究证明了古时并不是和现在一样是私有制度,而相反地,是财产共有的。在氏族社会,人们分成了许多氏族的集团,各个氏族中的成员都是平等互助的,他们共同进行劳动生产工作,同时也将生产品公平分配、共同消费。在这时,人们的劳动生产工作虽然主要还是捕鱼、狩猎、采集植物果实等,但其谋生的重要性已经减低了,人们已经开始懂得从事最原始的农业耕作,并且饲养家畜也成为他们的日常工作了。从经济关系上说,这时候氏族之间偶然的物物交换已经开始了,而且在后来也有了人类最简单的社会分工(最原始的),最初是性别的、部落的,其后就是由社会内部产生出个人的分类。这时,在知识领域之内,出现了掌有专门神教的巫师。

在氏族社会的末期,出现了氏族共同体与个性生活的二元倾向,社会分工的成立是这实践生活扩大的直接推动力。这时人们不但能够跨海捕鱼、越山狩猎,来往于深山密林之中去采集果实,而且也开始设法去进行农业耕作,氏族单位就要向地域单位发展了。为此他们要观测气候、计算季节、测量土地、沟通水利等等。在埃及,因为尼罗河的定期泛滥,人们不但有了农业上的知识,而且也产生了测量术,以便划分田亩。因为在一次泛滥以后,重新划分土地面积是很必须的。此外,建筑术的兴起也使人们在劳动过程中得到了不少的知识。大概在氏族社会的后期,人们已经有了很多的生产知识和社会知识了。

劳动生产的向前发展,人类抽象思维能力的成长,使人们从自然界和社会中所得到的抽象概念更多了。同时,人们在这时候也已经有了最原始的初步综合能力,使他们能够将若干在表面上看来是独立的东西,按它们在实际上的内部联系统一起来(当然,这种统一还是原始的、朴素的、不完整的、不够彻底的,这是氏族社会的生产水平还很低下的结果)。好像,人们最初偶然地发现了有植物果实的地方必然会有鸟雀。这个发现完全是偶然的,但是多次的实践活动都证明了这一点,于是人们便知道在鸟雀和植物果实之间建立一种互相依存的关系了。但是后来,由于人类劳动实践的扩大,人们整天来往于深山密林之间,于是又偶然地发现了有植物果实的地方不但有鸟雀,而且也有昆虫。到了最后,不但发现有昆虫,而且也发现有许多小的寄生植物。这种种发现,在最初完全是偶然的,但不久以后便被固定下来。这许多事实说明了植物果实、鸟雀、昆虫寄生植物等之间的生活上的依存关系。"在这一基础上面,抽象概念遂在思维中发展起来,并开始渐渐起了很大的作用。后来因为对周围现实作更深刻的分析的关系,所以,才发生了抽象化;而随着抽象化的发生,则发生了一种可能,使范畴跟客观的现实分离,把它们变成一种仿佛离物质而单独存在的绝对东西了。"

上编 著作选：新哲学教程

抽象的范畴真正地从客观实际当中分离开来而独立地存在，是从奴隶社会开始的。在奴隶社会的初期，氏族社会的生产关系已经崩溃了，这是人类社会的第一次大革命。城市与农村的第一次分裂产生了，地域单位代替了氏族单位，国民人类代替了血族成员，货币的凯旋行军扫清了氏族的废墟。这时，铁器与文字的发明，使生产力大大地提高了，个人的劳动生产已经有了剩余生产物，人类社会第一次出现了阶级的对立——奴隶主和奴隶的对立，奴隶主是统治者、压迫者，奴隶是被统治者、被压迫者。和这相随的，商业活动也已经带上了经常的性质而广泛地展开了。奴隶主与工商业者这时以新的社会主人的姿态走上了社会政治舞台，带着战胜氏族社会旧势力的余威，负起了推动新的社会生产力向前发展的重担。在这基础上，航海更扩大了，农业耕作也取得了重大的发展，因此，人类的社会实践活动也就在新的基础上发展起来了。不过，这时的奴隶主和商人以及小市民因为是以新的国民人类的姿态出现于历史舞台，他们对于社会生产力的推动是进步的。由于社会生产实践上的需要，在奴隶社会向上时期，科学有了相当重大的发展，数学、力学、天文学、地理学、数学等都已经有了一个粗简的规模。这些科学的发展是直接和土地测量及分配、气候观测、航海、建筑、日常计量、农业耕作等相连的。哲学的发展是和科学的发展相关联的，有了人类社会实践活动的广泛展开，有了科学的发展，哲学思想才能够正式成立。

哲学是意识形态之一，它的成立是人类对于存在（社会的及自然的）认识的总括形式。我们上面说过，在氏族社会后期，人类虽然已经知道了各个表现、概念间的某些内部关联，但还不能够完整地去暴露这些关联，也就是不能够产生出完整的范畴和法则。到了奴隶社会时代，社会实践和人类思维能力的成长提供了一种可能——使人们能够产生出反映事物的内部关联的范畴和法则。人们从许多实践（如树木、昆虫、鸟雀、河流、日、月等等）中抽出它们的共同特征和属性而得到了"物质"的范畴；人们又从风吹水流、生死存亡等许多事实中得出了"运动"的范畴；人们又从日常的数量计算中得出了"数量"的范畴；至于"质量"的范畴，也可以从社会实践生活中证别各种事物的不同的根本性质中得出来。因此在奴隶社会的时候，如物质、运动、数量、因果性、本质、必然、偶然、内容、形式等范畴都已经产生了，而随着现实认识一天比一天加深，更进一步地暴露了事物的内部联系，因而范畴的内容也日益丰富，同时也使新

·161·

的范畴有产生的可能。

一个范畴的成立是综合地研究许多事物以后才能够抽象得出的。这些范畴的成立、扩大和加深，最后使人类思维能力，也就是使主观完全分离独立出来了。这样以后，人类便开始有一种思想上的幻觉，认为主体和客体、能思和所思、能见和所见、观念和物质，总之，认为意识界和物质界是绝对对立的，主观可以离开客观而独立存在。

在奴隶社会的初期，哲学的发展是和科学、人类知识的总体一致的。这时人们并没有对周围事物做个别详细的分析和考察，因为在社会生产水平低下、科学幼稚的阶段，要这样做是不可能的。他们对于自然现象不过仅有一个笼统的考察，觉得万物经常流转，变化万千，因此他们便认为宇宙万物都是处在不断发展、变化和更新的物质运动状态中的，他们又认为物质运动是它自身自动的结果。这种思想带上了自然和朴素的性质，他们直觉地去观察万物而得出了这一种原始的哲学思想。

完整的哲学思想的出现，表示物质界和意识界、客观和主观、物理和心理已经完全分裂了，它们已经以对立的形式出现了。不过我们要明白，奴隶主在奴隶社会的初期是进步的，他们要战胜自然，要推动社会生产力向前发展，因此他们需要进步的科学和哲学思想。这时候的哲学，从科学中采取了许多成果，科学是"如实"的，科学按着自然界的物质运动的样子而不加以任何增减地去解释它。因此，这时的科学绝不会强调主观来抹杀客观，强调精神、意识来抹杀物质，强调心理来抹杀物理。因此，在奴隶社会初期的自然哲学思想中，我们还没有看到抹杀物质、客观、物理的情形；同时也还没有看到它们强调主观、精神、意识、心理等作用。也就是说，它们没有抹杀后者产生的根源。

哲学思想在以后的发展就不同了，奴隶社会是以奴隶主和奴隶的对立为基础的，阶级对立的特点就是智力劳动和体力劳动的分工。在当时，这种分工是第一次的历史革命；在我们今天看来，这种分工是不合理的，但在当时倒是一个重大的进步，是奴隶社会历史发展的必然结果。奴隶主既然脱离了生产过程，便能够专门从事文化、艺术、政治等工作，于是产生了希腊的艺术文化。这时候，这些专门从事哲学、科学、艺术等研究工作的人是不参加劳动生产工作的，他们是统治者或者"帮闲"者，他们生活优厚，因而有时间专门从事学问工作，这样，这些人们便发生了一种"错觉"，以为只有智力劳动才是高尚的东西，而体力劳动则是非常卑下的。

既然智力劳动是高于体力劳动的，智力劳动者当然也就应当统治体力劳动者了，这在他们看来是"合理"而"自然"的。因此，我国战国时代的孟子便曾经坦白地说："劳心者治人，劳力者治于人。"大人养大体之官（即思维），小人养小体之官（即劳作）。既然这种统治、支配、压迫是"合理"的、"自然"的，那么思维也应当高于物质、支配物质了。因此，渐渐便产生了一种哲学思想，认为思维支配存在、意识支配物质、主观支配客体、心理支配物理等等。结果他们便抹杀了物质、客观、存在、物理等实在的本源性、首次性和第一义的优越性了；同时也就抹杀了精神、意识、思维、主观、心理等作用产生的根源，认为不是先有物质、客观、物理等实在的存在，相反地，在这一切东西出现以前便已经有了思维、精神、主观、意识这些作用了，甚至是在还没有地球、没有宇宙以前都早已存在了。这种倒置头脚的神秘思想，大概在希腊社会中期便已经成为一种非常完整的体系，柏拉图的"理念"论就是其中最著名的代表。

这一种倒置了头脚的神秘哲学思想的错误并不在于它承认了主观、精神、意识、思维、心理这些作用的存在，这些作用或机能的存在是谁也不能够反对的事实。因为我们如果没有了主观、意识、精神、思维、心理这些作用，我们便没法认识世界——没有科学，也没有哲学，同时也就会变成和其他哺乳类高等动物（我们的远祖先也曾经是哺乳类的高等动物）差不多了。但我们人类和其他哺乳类的高等动物不同，人类不但会适应自然，而且会积极地改造自然界的物质形态，使它适应人类进步的需要。动物（就是最高等的也只能如此）只会应用自然的生理器官去进行劳动生产工作，而人类却可以应用各种各样的生产工具。动物在进行劳动生产工作时是缺乏完整的计划、目的和方法的，但人类却应用思维的机能做到了这一点。关于这一点，马克思曾经举过一个例子：譬如一只蜂建筑蜂巢，它的精细，即使一个最卓越的工程师看见了也会惊异；但就是一个最低劣的工程师，在还没有建筑房子以前，整个房子的目的、计划、方法都已经在他脑中了。这就证明了思维机能有着伟大卓越的作用，人类有着比一切动物更发达的大脑，而"头脑是思想之器官"，人类有了它才能够发生伟大的主观作用。因此，我们决不能够抹杀主观、精神、意识、心理等这些机能的伟大作用，不过，我们不能够把它太夸大、太强调、太绝对化了，认为它可以支配、超越一切客观的实在。将片面的东西夸大成全面的东西，这种夸大和强调将陷入神秘主义的唯心论里面去。

关于这种神秘哲学思想的起源，恩格斯曾经这样写道：

> 自从出现了物质劳动与精神劳动的区分的时候起，劳动分工，才变成了真正的分工。自这个时候起，意识才能够的的确确幻想到，它无非是现存实践的意识；它才能够的的确确想象某种东西，而可以不想到某种真实东西——自这个时候起，意识才能够脱离世界，转而去创立"纯粹"理论、科学、哲学、道德论等等了。
>
> 劳动过程，一代比一代变得更复杂、更进步、更各方面了。打猎和牧畜之外又来了农业，后来又来了纺线、织布、冶金、陶业、航业，与商业和制造业同时出现的，则有艺术和科学。从部落又发展而成了民族与国家，于是法律和政治业发展起来了，随之人类生活在人类头脑中的虚幻反映也发展起来了，宗教本身就是这种虚幻的反映。所有这些构成物，起初本是头脑的产物，支配着社会，现在在它们的面前，人的两手的比较质朴的制作物则退居次要地位了，尤其编制劳动动作计划的头脑，在很早的一个发展阶段上（比如在原始的家庭中），就已经有了迫使他人来执行自己计划的可能了。人们认为头脑，脑筋的发展与活动是迅速发展的文明的唯一动机了。人们在解释自己的行动的时候，遂惯于从自己的思维为出发点，而不是从自己的需要（这种需要当然反映在头脑中，当然认识清楚了）为出发点的，这样，随着时代的进展便发生了唯心论的宇宙观，这宇宙观自古代世界没落时代起就占有了人类的智力。

这种神秘的哲学思想在古代是对奴隶主的统治阶级有利的，因为它肯定了这种统治、支配和压迫的合理化，这样，这种神秘的哲学便变成统治者支配、压榨被统治者的一种工具了。宗教使人们忘记了现实物质生活的痛苦、承认命运，转移了人们的视线，引人们去乞求未来天国生活的安息；同样，唯心的宇宙观也转移了人们向现实社会斗争的视线，而去承认"统治""压迫""支配"的合理和不可避免。因此，所谓唯心论不过是一种"隐密的优雅的神父主义"，所以在历史上唯心哲学是紧紧地和宗教结合起来的，而且唯心哲学还成了宗教的理论基础。

由于行将没落的统治阶级将思维、意识、精神、心理等主观作用绝对化了、硬化了，结果便否认了一切事物的存在，认为"万物不存，存于吾心"等等。到了最后,便要认为除了"我"以外,任何事物都不存在,但严格地说来,"我"也是不存在的。因此,其实一切事物都是不存在的,存在的不过只有"我思",也就是说,只有主观的思维是存在的。从前在氏族社会的时候,各个氏族有一个图腾(totem),就是选择一种物品(动植物)来作为"神"去崇拜。历史上的唯心哲学家,对于观念、思维、意识、精神、主观这些作用,也把它们绝对化到了"神"的地步,因此我们倒可以说他们是崇奉着一种"思维拜物教"。关于这一种将观念绝对化为"神"的情形,列宁曾经这样地写道:

> 原始的唯心论,认为一般东西(概念、观念)都是个别实体。这是很奇怪的,非常(更确切些说,小儿似的)妄诞的。然而现代的唯心论,如康德、黑格尔,神的观念难道不是这样(其实是完全如此的)吗?桌子、椅子,以及桌子和椅子观念;世界与世界观念(神);物与"实体",不可知的"自在之物";地与太阳,一般自然界的联系——这都是法则,理性(Logos),神。人的认识的分歧与唯心论的可能(等于宗教),在最初的抽象化(一般'房屋'和单个房屋)上就已经有了。(《哲学札记》)

如果我们说宗教和被倒置了头脚的唯心哲学思想产生和发展的社会基础是阶级关系的存在的话,那么在共产主义的大同社会中,阶级对立关系消灭了,在人类中间已经没有了统治、压迫、支配等现象的时候,唯心哲学不是要消灭了吗?是的,不错,那时候人们将要过着"各尽所能,各取所需"的平等互助生活,智力劳动和体力劳动的对立消灭了,社会内部的矛盾消灭了,这样便使人类有可能用尽一切力量去和自然界斗争。科学的昌明最后消灭了人类一切神秘和愚昧的残余,那时,人们自觉地变成自然界和社会的主人,这就是所谓"从必然王国到自由王国的飞跃"。在那时,被倒置了头脚的一切神秘哲学思想的残渣将被完全扳正过来,"思维拜物教"的历史"杰作"将被送进历史博物馆中当作"古董""供奉"着,我们后代的人们在游览之余,一定会因为它的神秘荒诞而感到无限的"惊奇"。

第二节 从理论的历史拆穿哲学的生成秘密

从上面所讲的思想起源于哲学的成立看来，我们已经把哲学的神秘宝库打开，赤裸裸地回溯到它的降生源地，找出它的辩证法的发展来了。如果我们把这一自然史的生成阶梯，还原做理论的抽象形态，或许是更引人入胜的。

在这里，我想说一个哲学法则的基本东西，那就是所谓"对立物的统一"，如哲人所规定"对立物的统一（或同一）与分裂，及其矛盾构成分子的认识"。即使是哲学思想的起源问题，也是可以依据这个法则来讲明白的。

人类与外界的反应关系，在猿人时代是一个自然的统一，这虽然比自然物与自然物的反应更高级性些，但人类在没有制造工具的时代，人类的"能思"与"所思"（或主观与客观）的相互交接并不能发生普遍的认识，这关系是一种比较单纯的或单纯系列的。但这种关系到了一定的阶段，它便在自然的运动中附加了超自然的社会特征。经过劳动的实践检查，思维（反映）本来是和存在同样，都是存在一般，而现在则反映这一自然物，就变成同时是自然物又是超自然物，它和存在（所思）自然物，表现为对立的东西，即一方面是"思维"（一矛盾极），而他方面是"存在"（另一矛盾极）。这不同于一般的物交物了，而是另外历史地附加了人类与自然相交的特别性质，即人类的认识。

构成此认识关系的对立的因素，即认识的主观与认识的客观，换言之，即认识的"见分"与认识的"相分"。这一分裂运动是历史的必然，分裂是二者的对立，而当其认识作用实现之时，则又是同一的，即是说尽可能地把"存在"反映而为抽象的概念，所谓"呼牛为牛，呼马为马"，第一个牛、马是"相分"，而第二个牛、马是"见分"。

我们知道"知识是一个过程"，最初的不是最后的。如果我们使历史更简洁地理论化起来，那么最初的认识关系尚是偶然的、简单的形态，例如：

Ⅰ 偶然的、简单的认识关系
客观（或存在，或云相分）——主观（或思维，或云见分）
牛————————————呼牛

"牛"本来和人类一样，是存在的自然物，然而历史的发展使"牛"变做了"非牛"，这"非牛"指它并不是自然的牛，而成了超自然的牛的概念，一般的牛、牛的具体物附加上了牛的抽象物，"实牛"成了"虚牛"。人类最简单的认识关系，大抵是从这样实在物的表象方面起头的。人类大量的、复杂的、多面的、深刻化的认识，应该是从这一原基形态的分析开始的。

然而，实在物是多样的。人类在反映实在物时，由于历史的劳动实践，尤其由于有目的、有计划的实践，不但反映实在物的"如实"的样子，更反映实在物的性质，实在物的关系等等。尽管反映可能是错误的，不是事物的本身所在，然而在当时的人看来则是真实无讹的，甚至对于他们是有指导性的。由此便发展出扩大了的、复杂的认识形态，例如：

Ⅱ 扩大了的，复杂的认识形态
客观（或存在）　　　　主观（或思维）
牛————————————呼牛
马————————————呼马
石————————————坚的东西
火————————————热的东西
贝————————————贵重的东西
飞鸟———————————可动的东西
蛇————————————祖先所出的东西
风雷———————————神圣造化的东西

上面我们所知道的例子，并不是完全的，而是表示一部分抽象的认识发展。牛、马、石、火、贝、飞鸟、蛇、风雷并没有文字的记录，但至少是可以由人类蓄积的言语把它们表象出来或抽象出来的。这一连串的认识形态，不仅由于直接的感觉，使对象物亲身体验于主观，而且更由于若干年代的祖先传授以及自己若干年月的记忆经历，使复杂多面的自然存在界反映为公意所寄托的抽象物。通过社会人类的实际生活，人的实践的检证经过积累，把这些抽象的表象渐渐远离开自然对象界，成为一列一列的自己运动的东西，成为好像一列一列独立存在的东西，日趋于静止、固定。观念的东西和实在的东西分家是不成问题了，但是在人类社会方面，观念的劳动与劳动的观念并没有分家，换句话说，劳动者亦同时是观念生产者，劳动与精神还在统一的时代。只有到了接近文明时代的氏族共同体社会，社会成员的个性发展以及超社会权力地位的产生，才逐渐形成了宗教职业的观念家——所谓巫师之流。这些人是全能的，具有手工业导师与测验气候占卜吉凶之资格。

因此，人类的认识活动就要向一般的思维形态去发展了，例如：

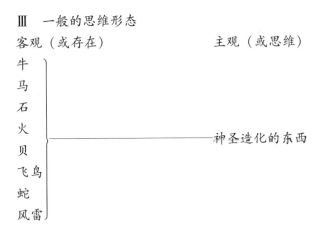

由上举例看来，牛、马、石、火、贝、飞鸟、蛇、风雷等都是具体的、活动的、个别的、特殊的自然物，各个东西都也有它自己的实在存在，不论人类去不去触它、握它、整理它、综合它，它是独立自在的（哲学用语叫作"即自性"）；这些自在物经过了人类的手和脑的生产过程，经过了人类彼此之间共通使用的交换过程，它就变成抽象的、静止的、社会的、一般的历史产物了，而实在存在也就成为意识存在，独立存在的自在物就显得超乎自在，变成了它的反对物——对自存自在的东西（哲学用语叫作"对自性"）。好像一块自然物的青铜，它本和人类的手脑之为自然物并没有什么差异，然而历史的发展却使手脑走向更高级的物质运动，手脑对于自然，不但反映着

自然，而且改变了自然，所以意识亦就逐渐形成为好像是自然物而同时又是超自然物的了。那块自然物的青铜，当它塑成一座佛像的时候，它就不仅是青铜，而且是超出青铜而附加了一种神秘的性质，它是可崇拜的一种象征，离开自然物的青铜另外发生着一种支配人类的威权。同样的，人类的意识生产，好像那座铜佛，离开了物质界而自己生成为一种神秘的能动精神，它对于自然好像有其自由支配的权能。

在这里，人类最初的知识是和宗教迷信分不开的，人类对于认识的对象，也喜好用一般性的对象的认识去综括着，所谓"愚而好自用"正是人类低级意识的说明，当他幼稚地不能把握自然时，他却容易以全能姿态自居，而囫囵地把自然吞下去，要求一般认识。这亦是必然的自然史。人类要了解自然的生成根源，要了解宇宙的命运，同时反省到人类自己本身，就很容易拿宗教的观念解决一切，万事乞灵于神圣造化的主宰。这种主宰，虽然是人类的观念一般，但人类是把它认作解决事物原因的根据的，这样最后便导致了认识高居在物上，好像忘记了认识的发生地，颠而倒之，人类意识支配事物的内在发展。

到了精神生产与劳动生产分离的时候，这种一般的思维形态更要显露出来。如果我们把文明社会的事业家与观念家的分工作为历史条件去看，那么一般的思维就要被固定成为绝对的东西，因此，认识活动的内部因素对立的发展，就完全分裂而为外部的矛盾。就是说，一方面是自然界，他方面是思维界。我们再把上面的公式另换一下，例如：

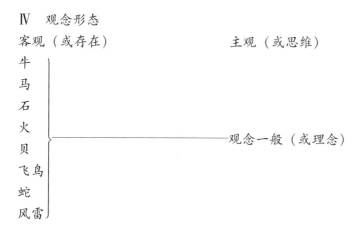

好像在货币取得了一般的等价形态以后，它就完全脱离了商品界，另外在商品之上形成了一种物神崇拜的东西。观念一般亦然，当它取得思维活动的权力支配地位，它就要形成"思维的拜物教"——虽然观念不是物质，而是凌驾万物之上的裁判者或圣者——完全把原来的地位"存在—思维"倒转过来而成了"思维—存在"。思维在这时好像是社会与自然的权力手段，它是一个思维界，好像和自然界没有历史渊源了。

《资本论》第一篇中说：

> 在这梦幻中，人类头脑的生产物，好像是被赋予了一个固有生命的独立姿态，并且好像变成了彼此互相结着关系的，并和人类结着关系的独立姿态……我们把这叫作物种崇拜教。

我们由理论的历史研究讲来，这已经进入了哲学生成的开头了。当思维界独高居在自然界的头上，成为一个神秘的意识，它便不想在物质存在里活动，而飞出了物质，独立追求自成的世界。所以哲学的语源在希腊是"爱智"，意思就是脱离物质的实在，走入思想智识的纯粹抽象世界，反过来企求主宰着物质。

现在举一个章太炎说明语言文字缘起的例子，他说：

> 立"为"字为根，为者母猴也，猴喜模仿，效人举止，故引申为诈为，其字则变为作伪（人为之意），凡作伪者异自然，故引申为诈伪，凡诈伪者异真实，故引申为讹误，其字则变作伪……如立"乍"字为根，乍者止亡词也，仓卒遇之则谓之乍，故引申为最始之义，字变为作……凡最始必有创造，故引申为造作之义，凡造作者异自然，故引申为讹义，其字则变为诈。

思维都是由语言的发生词为根的，反映着自然。如"为"字和"乍"字，原来都是存在的反映，但是由母猴而作为，而诈伪，而讹误；由止亡之词而作始，而造作，而诈讹。越到了接近于一般的观念生产，就越和原来的语言思维活动脱离，越成为思维界的综合物。至于作伪（即人为）创造之义，要求对于宇宙人生的总的答案时，那么思维更要和物质分离独立，忘记劳动—语言—文字—思想的历史，而只从思想是天生的自成的神秘世界做起,好像有些人把"资本"这一历史的范畴,看作天成的东西。人类亦在这时把"思维"这一历史的范畴,看成了与生俱来的东西,它反而是编制宇宙的样子。于是人们钻进了理念的世界,建筑了哲学的神宫。

然而,哲学的自觉,应该是拆穿思维的秘密,使哲学由神宫回到它的自然史的地基。这种研究,是由《资本论》启发的,正如该书第一篇注六十五说:

> 照赫拉克利特讲,万有皆由火转化而成,火皆由万有转化而成。这犹之乎金子转形为商品,商品复转形为金子。(拙译本,第103页)

下 编

论文选

数学的史的考察

数学研究的对象是什么呢?在科学的分类当中,孔德(Comte)把数学列入自然科学当中。黑格尔(Hegel)承认数学和自然科学的关系,但他却不把数学列入无机科学里面,而将自然科学分成为数学、无机科学、有机科学三大类,这样便变成数学和无机科学相对立了。康德(Kant)的见解和上面的相反,他以为数学是"先验的"科学,因此他把数学从一般的自然科学中分离开来,称它为"形式科学",而和其他一般的经验科学相对持。

根据科学的哲学的见解,数学是研究什么的呢?恩格斯说:

> 数学是数量的科学,他的出发点是数量的概念。
> 纯粹数学的对象是现实世界的空间形式及数量关系。
> 我们的几何以空间关系为出发点,而我们的算学与代数则以数量为出发点。

因此我们可以说:数学是处理"空间关系"和"数量关系"的科学。精确地说来,数学"是关于数量及形式之学,研究数量的依存关系与变化,以及研究物体的形式与其所占的空间之学"。

"数"是"量"的最抽象的表现,所以在一切自然科学当中,数学是最抽象的科学。不过我们要理解"量"是事物的规定性之一,是"现实性之外的侧面"。我们说"数学是数量的科学",就是说数学在现实世界中抽出一特定的侧面——"量"的侧面,作为它研究的对象。关于这一点,列宁曾经写道:

> 数学及其他诸科学各各抽出物体、现象、生命之诸侧面之一以作其研究的对象。

这样看来,数学和其他的自然科学一样,它的素材是取于客观世界的,所以说:数学"具有实在的内容"。

我们进一步还可以看到,数学虽然是"数量的科学",但"质"的差异却还可以在数学里找到反映。恩格斯曾经这样说:

> 十六不简单是十六个一的总和,而且是四的二次方与二的四次方,本数亦可表示同其他一数相乘的数,一个新的有定的性质,只有偶数才能用二除。如四与八。
>
> 数,个别的数在数的系统中已有了某种性质;九不但是九个相同之一的总和,同时也是九十、九十九与九十万的基础。一切数法都依据他在数之系统中所占的地位,而且他本身亦决定于数的系统……

由恩格斯看来,数学不但反映着客观世界的质的差异性,而且"质量互变"的规律同样地统治着数学的领域。好像数学中的"无限大"和"无限小"本来只是数量上的差异,但这两个数量的差异太大了,割断了一切合理的关系,所以同时也是质的差异。这就是说:由量的变化引起了质的变化。

不过,数学和其他的自然科学的分别就在于它是研究"数量的科学",它是"关于数量及形式之学"。它抽象了对象的一切本性和内容,使它表现出来最抽象的形式。好像在算术式 $3+2=5$ 中,我们对于"到底是 3 只梨子加上 2 只梨子呢? 还是 3 只苹果加上 2 只苹果呢?"这一个问题是并不理会的。事物的一切具体内容、属性是抽象了的,正是由于我们抽象了事物的一切质的内容而研究它的数量关系,才产生了数学。恩格斯说:

> 为要能够纯粹地研究这些形式及关系(指空间形式及数量关系),那么应该完全把他们与内容相分裂,把内容暂置不管,当作无所可否的东西。这样我们就得到不能测量的点,没有厚度及长度的点,各个 A 与 C,X 与 Y,不变数及变数,只有在最后我们才到达理性本身自由创造及想象的产品,即是到达想象的量。

正因为数学是一切自然科学当中最抽象的科学,所以往往有许多数学家忘记了它的"实在的内容",抹杀了人类历史实践对于数学发展的意义,而踏入了观念论的领域。

一、"数"的发生

"数"是否是思维自身的产物呢？恩格斯回答道：

> 说在纯粹的数学中，理性只利用自身创造的及想象的产品，那是完全不对的。数目及形体的概念完全是由现实世界中得来的，人类最初从十个指头学习计算，就是说作第一次的算术计算时这十个指头无论如何总不是理性自身创造出来的产品。要做计算，首先不但要有应被计算的对象，而且还应说在考察这些对象时具有辨别他们的一切其他特性的能力，可是这种能力正是长久的历史发展及经验的产物。

从恩格斯这一段话，我们可以说数字正是人类历史发展的产物，"记数法"只有在人类千万次实践当中才能产生出来。而且进一步来看，人类本身也是历史的产物，由猿到人最少经过了几百万年的历史，在这个长时间的发展过程中，劳动的生产使手适应着物质生活条件的需要。正是由于劳动生产的需要与手和脑的发达才产生了人类最初的算术计算。

在原始社会中，人类劳动生产过程已经渐渐地规定了工作的设计，而在劳动生产过程中是具有数量的关系的。好像狩猎获得的野味、捕获的鱼，尤其是后来家畜的饲养、劳动工具的制造……都具有数量的关系，于是在脑和手相当发达的条件下便发生了"数的概念"，而且进一步有了"计数"的需要。于是原始社会的人类便利用了十个指头的最初的算术计算，这样人类便认识了"数"的意义。

在人类历史中，以"五进""十进"和"二十进"三种记数法为普遍。"二十进"就是由于原始人都是用手指和脚趾合并起来计算数目的。现在我们在最落后的阿非利加人、伊士企摩（Eskimos）人及南太平洋的岛人中都可以见到用手指和脚趾来计算数目的残余。所以卡约黎说：

> 十进法之组成盖源于一手十指，数于十而暂停，因以为第一次较高之单位。

由此我们可以了解，"数"的产生并不是偶然的，它并不是人类头脑空想的产物，反之它是人类历史发展中某一特定阶段的产物。"数"的产生只有当社会物质生活诸条件的发展已经提供了产生"数"的需要和条件时才有可能，"数"的概念是现实的数量关系在人类头脑里面的反映。人类头脑中所以有五的概念，就是因为现实世界中有五棵树、五只狼、五条鱼等等。

二、从算术到代数

由古代的文献看来，埃及已经有了算术的运算，其中包括着四则和分数等。算术运算的发生是社会物质生活诸条件发展的必然结果，工商业的产生、交换关系的发展，提供了对于算术运算的需要。而在农业经济中，天文学和历法的产生也必然和数学有着密切的关联，农村水利事业和建筑的发展产生了力学和几何学的初步知识，而力学的发展必须以一定程度的数学知识为前提。总结起来就是说：人类劳动生产的发展直接或间接地促进了"算术"的发展。

代数是古代数学发展的必然结果，古代数学发展到了某一阶段便具备了代数产生的前提和条件。当然代数的产生也和人类社会生产有着密切不可分离的关系，它的产生和发展——直接的、间接的，归根到底还是由人类社会生产来决定。不过，数学的发展也有着它本身的相对独立性，如果古代数学的发展不是到了一定的高度，代数的产生是不可能的。

比较可靠和比较完整的代数运算大概在希腊时代便完成了。带奥凡培的数学已经完全脱离了几何学的形式，而纯粹地应用解析法了。好像 $(2 \times 3)(2x-3)$，他便不用几何学去求得，而单纯用代数的运算，但是在他的代数当中还缺少负数的概念。

代数比算术具有更抽象的形式，于是从现象上看来，好像代数是和现实生活没有丝毫的关系似的，其实，恰好相反，代数比算术更深刻地反映着客观世界中数量的关系。正因为这样，许多在算术里面解决不了的问题在代数里面却解决了。

正数和负数的概念在算术中是不可思议的，而它却是代数学的基础。人类千万次的实践（实际上的运算、工商业上的应用），证明了代数运算的正确性。正因为代数学是更深刻地、更正确地反映着客观世界的量的侧面，所以它虽然表现出更抽象的形式，但是它却具有"实在的内容"。

三、几何学

几何学是以研究"空间关系"为出发点的,因此客观世界有着它所需要的一切素材。一般观念论的数学家以为第一条线是得自点在空间的运动,第一个面是得自线在空间的运动,第一个立体是得自面在空间的运动等等。其实点线所以成为不可测量,完全是抽象了对象的一切内容而单纯地研究这些"空间关系"的结果。但这并不是否认几何学和人类社会生产的关系,相反地,它证明了这一点。恩格斯说:

> 四方形以其一边为中心而旋转,因而得出矩形的体。欲到达这种概念,那么应该研究一些现实的四方形与矩形——虽是形态极不完全,和其他科学一样,数学是从人类的需要上产生出来的。即是从地段的面积及器的容积的测量,从日历及机械学的计算产生出来的。

正是由于人类的社会生产提供了对几何学的需求,而在客观世界中又有着它的一切素材,它才能够产生和发展起来。

数学领域中的"先验论"者,我们首先举出了康德。

康德以为一切数学命题都是"先验的"(transcendental),它并不需要经验来证实,一切经验的自然科学的经验的命题都只是提供了相对的真理,而数学的命题却包含着绝对必然性的认识,只能由直观来证明。就康德看来,时间和空间的范畴是"先验的",而时间是数学的对象,"空间"是几何学的对象。因此,数学就由于它的"先验性"而和一般的经验的自然科学分别开来。它一经直观证明就立即会与其普遍性、必然性的意识相结合,而且按照它的特殊法则发展,因此,它的妥当性是和经验无关的。19世纪德意志布尔乔亚的两重性限制了康德,使他在数学的领域中踏入了观念论的泥坑。如果研究数学,将它的原来的样子不加以任何的增添地去理解,那么一切数学的命题绝不是"先验的",反之,几何学中的公理、代数中正负数等都是人类的经验产物。只有在千万次的人类生产实践中,才能产生不用证明的公理,因为人类的实践已经证明了它的正当性。恩格斯说:

> 所谓数学的定理者,不过是一种思想上的规定,借以作数学上的

出发点而已。数学是数量的科学,它的出发点是数量的概念。数学不足以确定数量,于是不得不借助于外力,引用了定理,这是数量的要素的规定。然而却不是定义,事后看来,它却是不能证明的,在数学上也是不可证明的。然而在分析数量的时候,这些定理又好像是数量之必有的性质。斯宾塞说:这些数学的"自证性"是世代相传的,这一句话很正确,这些定理并不是纯粹的重复语,所以可以用辩证法去证明他们。

人类之实践的活动以论理之种种形式输入人类之意识中,已不知反复至若干亿万次,然后如此等等之诸式获得所谓公理之意义。

最近自然科学的发展,最后地摧毁了"先验论"的残余,康德以为数学的命题具有绝对的普遍性、必然性,和一般的经验无关。但是"相对论"的产生却证明了——关于真理学说——科学的哲学是正确阐明了相对真理和绝对真理的关系的。欧几里德的几何公理在今天并没有绝对的必然性和普遍性的意义,纯粹的算术相加在电子运动的计算当中便要采取不同的形态,初等代数在量子力学中已经得到了不同的表现形式。非欧几何的成立证明了欧几里德几何不过是千万种几何中的一种。那么是不是现代的数学不正确呢?不是的,客观世界的发展法则在现代数学当中得到了更深刻、更正确的反映,正是由于许多自然科学家不自觉地运用了科学的哲学的观点,才产生了今天的自然科学,产生了非欧几何、相对论、量子论等等。

再者,在数学的领域中,纯粹的逻辑推论是不能有什么成就的。好像几何虽然有了公理,而证明两三角形全等时还是靠着重叠法,代数的基础也是随时从客观世界中拾取它所需要的素材。数学是纯粹逻辑的推论和现实经验无关这一个理论是不正确的。

我们进一步地来看看新康德主义对于数学的见解。

在哲学的领域里,新康德主义是从右边来批判康德的,它发扬了康德主义中一切唯心主义的成分,割弃了康德关于唯物论的一切进步成分;同样地,在数学的领域里,新康德主义者也是从右方来修正康德的"先验论"的。新康德主义中,马堡学派认为一切数(number)(如正数、负数、无限大、无限小等)在客观世界中都不能找到它的"原型"。好像数学里的"Ω"和"π",实在是没有什么物质的实际因素和具体内容的存在。在这里仅仅涉及理想的"数"的标记罢了。他们认为数理不是"经验的结构",而是"逻辑的结构"。他们认为数是从"一般"、从逻辑中产生出来的,所以它具有严格的理性的逻辑特性和"理想性""先定性"。

"数"是"人类精神之自由创造",他们肯定了康德关于数学起源的"先定性""先验性"的理论,但是反对数学的对象是"时间"和"空间"。卡西列尔说:

<blockquote>这两个数没有时间的实际性,而仅有理想的逻辑构成。</blockquote>

卡西列尔以为数之"先定性"在数学之本身的逻辑功能中便可以得到根据,"时间"和"空间"不是数学的前提,相反的,只有数学才是"时间"和"空间"的前提。而逻辑呢?就马堡学派看来是"纯理性的""纯认识的",它只有纯"范畴"的意义,和实际没有什么关系,不能"直觉"。

新康德主义的另一流派佛锐堡学派对于数学的见解和马堡学派稍不同,他们认为数学是"反逻辑"的。反对从理性主义出发。他们认定数学的起源必须以"时间"和"空间"为前提,而"时""空"是可以"直观"的,因而也就是非纯逻辑的。由此,他们断定"数学"的"反逻辑"性,不能称逻辑为数学,而只能说数学是逻辑,不过他们关于数学的理想性和先定性的看法却是和马堡学派一致的。

从上面新康德主义关于数学起源和它的本质的理解我们明显地看出了他们发扬了康德关于"先定性"的一切退步成分,把它彻底唯心主义化,这一点是和19世纪资产阶级的反动化过程相关联的。

我们对于新康德主义关于数学起源的理论的评价,首先,要指出他们的见解是唯心主义的。他们认为数是人类精神之自由创造的产物,其实归根到底地说来,数学的发生只有在人类社会物质生活诸条件的发展已经提出了要求时才有可能。其次,不把逻辑当作"人类认识历史的总和、总计和结论"来处理,混同了"数学"和"逻辑",因而是反辩证法的。再次,抹杀了人类对于客观世界的认识,而玩弄着所谓"纯逻辑"的游戏,因而是不可知论的。最后,我们应该指出,一切"数"的概念,如正数、负数、虚数、无限大、无限小等,都可以在自然界中找得它的一切原型,它不是纯理性的产物,而在客观世界中有着它的一切素材。好像关于"负数"这一个概念，恩格斯曾经解答道：

> 代数学上的负数只有对正数而言时才是实数，就是说，只有在与正数的关系当中才是实数，离开了这种关系，只就其本身来说是个虚数。

人类千万次的实践，尤其是近代工商业和物理化学的应用，证明了数学的正确性，即是说数学无论如何不是"人类精神自由创造"的产物。

自然科学（因而数学也在内）在古代已获得了初步的发展，但是在封建的社会里，"哲学变成了神圣的婢女"，自然科学也只在证明神学的目的下面才获得了藏身之所，寺院的僧侣变成了智识的占有者和支配者。整个欧洲陷入了神学的深渊当中，而自然科学在这个时代的发展便好像"龟"的爬行。

而到了 16 世纪以后，资产阶级的生产关系已经在封建社会里面成长发展起来，因而由于生产的需要，自然科学也就获得了发展的机会，数学在这个情形底下也就采取了一个崭新的形态出现了。笛卡尔的解析几何、莱布尼兹微积分就是这个时代的产物。

但历史的发展很快地把"搜集科学"的时代抛在后面了。在庞大的材料面前，布尔乔亚的科学家无法"整理"，正因为这样，"自然科学危机"的呼声在每一个资产阶级自然科学家的口里响起。

到了今天，布尔乔亚的数学已经达到了它的顶点，由于不自觉地运用了辩证法的观点，他们打破欧几里德几何学的局限性而创立了非欧几何，但是非欧几何要能够顺利地向前发展，又要求我们非自觉地懂得辩证法不可。

总之，到了今天，哲学和数学已经结成了不可分离的综合体。如果数学没有了哲学，那么数学会变成盲目的，根本不能够前进一步；如果哲学没有了数学和其他自然科学，那么将会变成空虚的、抽象的、没有内容的。数学提供哲学以内容，哲学是数学的指导，两者是不可分离地关联在一起的。

（原载《群众》第七卷第二十二期）

论中国社会发展阻滞的原因
——兼评几位史家对于这一个问题的意见

一

随着中华民族解放战争的深入和扩大，反侵略战线的巩固和发展，反映到作为思想战线的一部分的历史科学的批判的研究上，也必然地深化和扩大起来。而且正是由于它对法西斯的侵略主义的历史观进行着科学的批判的清算，对企图用人类主观观念去代替历史的现实形态的反科学的历史观进行着现实的斗争，因而必然地使民族解放战争、反侵略战争和历史科学的现实的斗争结合在一起。

今天，我们生长在一个伟大的时代里，伟大的历史课题摆在我们的面前，决定人类命运的反侵略战争在全世界的范围里进行着。侵略与反侵略、文明与野蛮、民主与独裁、光明与黑暗、自由与专制，正在旗帜鲜明地对立着、斗争着，为民族的自由独立而进行着正义战争的中华民族的命运已经和反侵略的战争密切地关联在一起。到了今天，反侵略战争和民族解放战争已经一天天地接近胜利，但是我们不能忘记，站在我们面前的是具有强大力量的敌人，我们不要被胜利冲昏了头脑。为了使理论能够发挥它的指导实践的能力，而使我们民族能够顺利地通过一切迂回曲折、转弯抹角而走向胜利，我们必须研究民族解放战争和反侵略战争发展的规律性，而且必须对企图奴役全世界人民而幻想出来的、法西斯的侵略主义的历史观，进行现实斗争的清算。因而，历史科学的研究和讨论就有总结过去、批判现在、指导将来的现实意义。

我们知道，人类历史的过程不是偶然事件的堆集，相反地，它是"人类在其生活的长期斗争中所展开的社会经济形态之发生、发展与更替的相续诸过程"（翦伯赞先生语），因而人类历史的重大事件的发生都是人类社会实践生活发展的必然结果。因此，面对今天的民族解放战争和反侵略战争的发生，把它作为历史发展过程的一环来考察，其不但是人类社会实践生活发展的必然结果，而且它本身的发展也具有客观的规律性。因此，历史科学的批判的研究也就具有指导民族解放的伟大的实践意义；历史科学上的论争也就不是什么经学院式的烦琐论争，而是反映着各个阶层的意识形态，反映着他们对于现实的理解。从这些复杂错综的意识形态的斗争中，可以正确地发现人类历史发展的规律和它在中国历史中表现出来的现实形态，因而就可以粉碎法西斯的走卒对中国历史的现实形态做观念游戏的歪曲的企图而指示出人类历史的，特别是中国历史的前程。

由于法西斯是进行战争、企图奴役全世界人民大众的金钱资本家的恐怖的暴力的专政，所以它是违反历史的必然法则的。为了替法西斯主义披上虚伪的"外装"，历史科学的领域里散播着"暴力史观""外砾史观"的毒素。根据法西斯主义的主观的需要而歪曲各个民族的历史，"以便把自己形容成为这民族史上一切高尚英勇事迹的承继者，而对于一切有伤民族观念的耻辱事实，都用来反对法西斯主义的仇敌"。他们把自己民族描写成为世界上唯一优秀的民族，其他都是"下贱"的民族，都要接受他们"灌输文明"，根据他们的意志来"改造自己"。日本法西斯正是由这样来"证明"他们侵略中国的战争是"圣战"的；而大喊"工业日本，农业中国"这一点可以说明，为什么法西斯主义的宣传员秋泽修二特别写了一本《支那社会构成》来"证明"中国社会——历史的"退步""落后""循环"……其实，"退步"的倒不是中国的历史，而恰好是违反历史必然法则而被历史宣判了死刑的法西斯主义。

随着民族解放战争的深入和扩大，我们对法西斯歪曲现实历史形态的无耻进行了批判的清算；说明了科学的历史观对历史发展的一般法则的理解和历史发展的一般法则在中国所表现出来的具体形态；揭露了秋泽修二之斟酌的"巧妙"的外衣，暴露了他们的法西斯主义的本质，实现了对中国历史的现实形态理解的正确的矫正。他们指出，中国历史不是"停滞"的，而且是符合社会发展的一般规律的，不过由于中国历史的特点，中国历史上的封建社会比欧洲的在时间上来得悠久些罢了。他们又指出，帝国主义的侵略窒死了中国民族资本工业的发展，使中国变成了一个半殖民地半封建性的社会。由此，他们说明了帝国主义侵略弱小民族的"退步"性及弱小民族反帝反封建的艰巨任务。因而证明了中国历史并不是什么"停滞"，也不是"退步"，更不需要什么"提携"，需要的是"自力更生"，从抗战建国中完成反帝反封建两大任务而建立一个全新的中国。

但是，中国历史的研究虽然在"学术中国化"的路上正确地向前发展着，取得了许多重大的成绩，有些重大的历史问题抗战以来也得到了更深入的讨论甚至接近正确的结论，但个别的学者由于还不能正确地运用科学的历史观理解中国具体的历史形态，不会从中国历史上大量的素材中抽象出其发展的规律性以说明烙印在中国历史上的民族特点，而是抽象地去考察历史的表象，因此也产生了一些新的错误，例如关于"中国社会发展迟滞的原因"问题的讨论，李达先生（以其在《文化杂志》第一卷第二期上发表的《中国社会发展迟滞的原因》一文为讨论的对象）和蒙达坦先生（《文化杂志》第二卷第一期，《与李达先生论中国社会发展迟滞底原因》）的论争虽然都发表了一些较为深刻的见解，但同时又都产生了一些新的错误。而且，还有无意识地受了法西斯的宣传员的欺骗的可能。因此，笔者在本文中将对中国社会发展阻滞的原因这个问题发表一些意见，如果能够引起研究中国历史的学者们讨论，而使这个中国历史上的重大问题得到正确的结论，就是笔者之幸了。

二

在还没有说明李达、蒙达坦、华岗诸先生的意见以前，我想先把两位以前的史家对于这个问题的意见说明一下：

首先，我们说明何干之先生的意见。他说：

> 他们已指出了亚细亚生产方法，就是原始共同社会末期的进贡制。有了进贡的关系，农村公社长期保留在中国社会里，结果，公社虽然朝着应走的方向前进，可是跑起来却如龟步，如爬行。
>
> 他们指出了有了进贡关系，奴隶劳动就不大容易去清算公社的基础，所以中国或东洋的奴隶制度虽由国有奴隶制，发展到家内奴隶制，但家内奴隶制再不能发展到成熟的劳动（或古典）奴隶制的。换一句话说，中国古代不能靠着奴隶劳动来肃清公社的关系，确立私有制度，为封建社会开辟一条康庄大道。

>他们又指出了公社关系不但纠缠着奴隶社会,同时更纠缠着封建社会。因为公社关系留在封建经济中,各地的农村,就一个个孤立起来,死守着关门自守的生活。……所以地租不能正常地通过应通过的三个阶段,手工业也不能正常地进入工厂手工业时期。等到外国势力侵入来,中国已失了"自力更生"的资格了。在那时候,民族资本的生机突起一尺,而殖民地的劫运又堕落了一丈,同时,封建社会虽然是瓦解了,而封建势力的改头换目盘据在国土里,这一切,形成了今日新旧势力决斗的社会基础。(《中国社会史问题论战前记》,第3-4页)

总结起来,何干之先生认为,由于亚细亚生产方式——进贡制的特殊性的存在,便不能清算农村公社的基础,其纠缠着中国社会,而形成了中国社会发展的迟滞。

何干之先生明显地受了早川二郎及秋泽修二的影响。他明显地把亚细亚生产方法的问题和中国社会发展的迟滞的原因问题有机关联起来去考察,这是何干之先生正确的地方。但是他的结论我们便不敢苟同了,我们不明白"农村公社的残余"何以有这么大的力量,它的"纠缠"能把中国封建社会延长至将近三千年;我不明白"进贡制"何以有这样大的力量,竟把农村公社祸害得这样厉害,而且亚细亚生产方法就是原始共同社会的进贡制这一个理论,经吕振羽先生的批判以后,也就显露出明显错误了。(请参见《理论与现实》第二卷第二期,吕振羽《"亚细亚的生产方法"和所谓中国社会的"停滞性"问题》)

其次,我们来讨论吕振羽先生的意见。

吕先生是中国的一位科学的历史家,近年来对于法西斯史观的批判的清算尽了很大的力量,不过,他对于"中国社会发展迟滞的原因"一问题的意见,我认为有值得商榷的地方。现在我就先把吕先生的意见,介绍出来,他说:

>但我们对于社会发展之或速或迟的问题却不应忽视,不过,我们认为这不是由于先天的疾速性或"停滞性",而是由于外在影响所引起的"加速"或"阻滞"的作用,易言之,不是由于内在矛盾的规定,而是由于外在矛盾的影响。(《理论与现实》第二卷第二期,《"亚细亚的生产方法"和所谓中国社会的"停滞性"问题》)

他接着就说明所谓"外在矛盾"就是：

（一）每次大规模的民族移徙都是和历史上的农民战争或外族侵入有关，这从全国特别是东南和西南的地方志都能考究出来的，从一方面说，这是中国民族获有天惠，给予我们以地大物博人众的遗产，从另一方面说，这反给了中国社会生产力发展以阻滞的作用，在这种条件下生产力和生产关系的矛盾每由于民族的迁移而获得了暂时的缓和。

这一点就是说，外族入侵及农民战争引起的民族迁移阻碍了生产力的发展，而民族迁移所开发的优良的地理环境，是吕先生认为的主要的条件。其次要的条件吕先生举出了：

（二）历史异族，如五胡十六国、北朝、五代、辽、金、元、清……一方面直接以军事的暴力，累次给予中国社会的生产力以残暴的破坏——如大量地屠杀劳动人口、围耕地为牧场、危害科学技术的研究等；一方面，在政治上所施行的残暴压制和掠夺，不惟国家的机构直接防害生产力的发展，且在间接上使农民和手工业者在苛重的负担和约束下，无力改进生产技术，从而又迫使商业资本不断向高利贷资本转化……

（三）在封建时代的中国，四周各民族的生产都比中国落后，随着社会生产力的发展，到封建贵族、官僚、地主等所收集的剩余劳动生产物超过他们及其家族和左右肠胃消化的容量时，便必然地步步趋向豪奢，去消耗那部分多余的物品，在这一点上，既不能由其对邻近各国家各民族的交换上获得满足，自秦以后，虽开始了对欧洲的交通，也由于地理的遥隔及其他条件而不断受到阻挠……因而刺激起官营手工业的出现。官营手工业的生产完全为满足贵族、官僚、地主之日趋豪奢的生活，反一方面防害了私人手工业生产的发展，一面削弱了商业资本的积极作用——使之偏向消极作用方面去发展——一方面又间接防害着农业生产力的发展……

（四）鸦片战争后，阻滞中国社会发展的主力，是国际帝国主义。（《理论与现实》第二卷第二期，《"亚细亚的生产方法"和所谓中国社会的"停滞性"问题》）

吕先生根据20世纪40年代的史学水准提出了外族入侵和地理环境对于中国社会发展的影响，这些意见是很宝贵的，不过我们分析起来，上面四点意见中，第一和第三两点究竟地说来是中国的地理环境的作用，第四点与封建社会发展特别悠久一问题是没有直接关系的。因此，吕先生的意见归根到底只有两点：①地理环境的作用；②异族的入侵。吕先生认为前者是主要条件，后者是次要条件。

当然，如果吕先生所指是地理环境和外族入侵对于中国社会发展的阻滞有着相当影响，我们是同意的；如果吕先生就把它当作基因，我便不敢苟同了。

吕先生不从"内在矛盾"的分析中去发现阻滞中国社会发展的基因，而企图从"外在矛盾"中去探求，这就忘记了社会学的ABC了。"社会生活诸条件"的决定因素是社会物质财富的生产方法而不是地理环境。社会的历史就是生产方法交替的历史、生产力与生产关系矛盾发展的历史。我们不明白地理环境（吕先生认为是"主要条件"）何以有这样大的力量，将中国封建社会延长到将近三千年。这一点吕先生显然是受到了普列汉诺夫（Plekhanov）的影响，落入了地理唯物论的陷阱，夸大了"外在条件"的作用，而忽视了生产方法对于"社会生活诸条件"的决定作用。我认为地理环境和外族入侵对于中国社会发展的阻滞是有影响的，但究竟只是第二因而不是基因，基因还需要在"内部矛盾"中去找寻，即是需要在生产方法的发展中，在生产力与生产关系的矛盾统一的发展过程中去找寻。

三

现在我们来检讨李达先生的意见。

李达先生认为中国社会发展迟滞的原因有八种：战乱的频繁、封建的剥削、宗法遗制下聚族而居的农村公社、封建的政治机构、农民阶级不能担负新的生产方法、科学的不发达、儒家学说的影响、地理环境的影响（《文化杂志》第一卷第二期，《中国社会发展迟滞的原因》）。

关于李达先生的这八点意见，华岗（《群众》第七卷第十一、第十二期合刊，《中国社会发展阻滞的基因》）和蒙达坦先生（《文化杂志》第二卷第一期，《与李达先生论中国社会发展阻滞底原因》）都曾提出了一些批评的意见。

华岗先生指出了李达先生把中国社会发展的第二因当作基因，把科学的不发达和战乱的频繁当作社会发展迟滞的第一因。关于这一点，华岗先生的意见是正确的。李达先生忘记了生产方法及对于上层建筑和意识形态（科学是其一）的决定作用。只从历史的表面现象进行分析并不能正确地进一步把握历史的本质及其发展的规律性——生产力与生产关系矛盾统一发展的规律，因而也就不能发现中国社会发展阻滞的基因。

蒙达坦先生除了正确地指出了李达先生不能解决中国社会发展迟滞的原因的问题以外，并且认为李达先生以宗法遗制下聚族而居的农村公社、封建的政治机构、农民阶级不能担负新的生产方法、科学的不发达几点为中国社会发展迟滞的原因是不正确的。（请参见《文化杂志》第二卷第一期，蒙达坦《与李达先生论中国社会发展迟滞底原因》）

我认为还要指出李达先生有无意识地受了法西斯史学欺骗的可能。李达先生说：

> 我常有一个假想：假使中国与欧洲之地理间隔一直继续下去，中国社会再过数百年也许还停留在封建的阶段中。

值得庆幸的就是这只是李达先生主观上的假想，而不是历史上的真实。其实，中国社会的发展永远不会像李达先生所幻想的一样。在鸦片战争前中国已经出现了具有资本主义性质的手工业工厂，虽然基础还是很脆弱，但是如果不是帝国主义的大炮在它萌芽的时候把它完全轰碎了，那么，中国民族资本工业的大步向前发展不但是可以指望的，而且是必然的。这就是说，并不是中国社会生产力与生产关系矛盾统一的发展不能到达资本主义，而是帝国主义把它完全窒死了，那么又怎会"几百年"停留在封建阶级呢？

中国自鸦片战争以来近百年的历史就是一部殖民地化的历史（指到七七事变前），是帝国主义及其"代理人"阻碍中国生产力发展的历史，这就证明了帝国主义侵略弱小民族的"退步性""反动性"，因而要求民族解放，顺利地发展民族资本工业，非完成反帝反封建——抗战建国的任务不可。

李达先生在这一段里显然夸大了地理环境的作用。认为中国与欧洲的地理间隔再继续下去便可以使中国封建社会再多几百年的寿命，这完全忽视了生产方法在"社会生活诸条件中"的决定作用，抹杀了社会生产力和生产关系矛盾发展的规律，陷入了地理唯物论的陷阱。

四

现在我们来检讨蒙达坦先生的意见。

我们且先把蒙先生的意见介绍出来。

蒙先生认为中国社会发展阻滞的主要原因有五项，即特殊的土地所有关系、农民战争、共有财产、封建力役和封建剥削，"而其中尤以特殊的土地所有关系为甚，中国社会单只受着这一特殊原因的妨碍，也就难以发展了"。

对于农民战争，蒙先生曾予以确切的批评。照蒙先生的意见说来，领主间的战争是为了"扩张领土"，因而对生产手段"保存了许多"。而农民战争是为了"反抗苛捐杂税和力役的苛政，并没有领土的目的，更由于他们的愚昧，故对于不属于他们自己的生产手段不惜恣意加以破坏"，因而农民战争是妨碍中国社会发展之"原因"。蒙先生认为这是"极合逻辑的"。

华岗先生正确地指出了农民因最低限度的物质生活资料不能够维持而发起的针对残酷的经济剥削和政治压迫的农民战争，是反对地主阶级的统治的，"只有这种农民起义与农民战争，企图掀掉压在他们身上的沉重负担，扫除阻碍生产发展的腐败势力，才是推动中国历史进步的真正动力。因此也就多少变动了社会的生产关系与多少推动了社会生产力的发展"。

那么农民战争为什么没有改变中国社会发展的迟滞性呢？华岗先生接着写道：

> 这就是当时还没有新的生产力与新的生产方法，没有新的社会力量，没有先进的政党来指导，因为这些农民起义与农民战争得不到先进阶级与先进政党的指导，就使当时的农民起义与农民战争总是陷于

失败，总是在革命中与革命后被地主阶级和贵族豪绅利用了去，当作他们改朝换代的工具。这样，就在每次农民起义与农民战争停息之后，虽然多少有些进步，但是封建的经济关系和封建的政治制度，基本上依然继续下来……（见《群众》第十一、十二期合刊华文）

华岗先生的意见是很正确的，我还要继续指出，蒙先生理论的必然结果就是认为中国历史上发生的领主之间的是掠夺战争是"进步的"，因而是"正确的""善性的"。因为由蒙先生看来，战国领主间的战争最频繁而生产力发展却最迅速呢！农民战争既然阻碍了中国社会发展，就是"退步的""非正义的""恶性的"。由蒙先生看来，如果农民好好地，不反抗地主阶级的统治，那么中国早已成为一个资本主义社会了，值得诅咒的就是那帮不识好歹的农民大众，偏偏要起来反抗……我们真是不明白蒙先生是在弄一套什么"逻辑"游戏了。正确的理论告诉我们，战争有两种：①正义的、非掠夺性的、谋解放的战争，其目的或者是保护人民而打破外来的侵略，或打破奴役他们的企图，或者是使人民摆脱奴隶制、封建制、资本家的压迫，或者是使殖民地半殖民地摆脱帝国主义的压迫，或者是民主国家反法西斯的侵略。②非正义的、掠夺性的战争，其目的就是侵略和奴役其他国家其他人民，或者是对于革命集团进步势力的压迫摧残。蒙先生的"逻辑"和这个正确的理论是多么不同啊！（请参见《群众》第七卷第三期《论战争的本质》一文）

因此我们认为，农民反抗地主阶级统治的历史战争是"进步的""正义的""善性的"，我们应该拥护和赞美。历史上的领主间的争夺战争是"退步的""非正义的""掠夺性的""恶性的"战争，我们应当反对和揭露他们企图奴役农民大众的本质，指出他们企图把封建制度当作历史上的永久制度的反动性。

其次，蒙先生指出了"特殊的土地所有关系"是中国社会发展阻碍的原因，华岗先生认为这是讨论中的重大收获。我认为蒙先生的整个意见，还有些值得商榷和补充的地方。

蒙先生说：

中国封建时代的土地所有权，在秦以前是归大小的领主所分别领有的，自秦起土地才从领主独占的领有下解放出来，转移其所有权于民间，封建土地在民间可以自由卖买，这种土地所有权关系，是与欧洲的封建国家不同的，欧洲的封建国家只有当封建社会解体时，土地才从领主的独占领有下解放出来，归到民间，而领主也就随之没落，退下历史的舞台，中国却不然，土地由领主的独占的领有下解放出来后，民间便出现了地主，这种地主虽没有领主那么喧吓的权势，但却代替了领主去支持封建社会，成为封建社会的主要支柱，所以，中国封建社会并不因土地所有权之由领主移归民间而解体；而且在事实上恰好相反，中国的封建社会更加巩固起来，形成世上稀有的封建集权国家，中国封建时代之这种特殊的土地所有权关系，不单只成为中国封建时代政治制度的特殊导因，其给予经济的影响，决定中国封建时代经济的特殊性，则尤有过之。（见《文化杂志》第二卷第二期蒙文）

接着蒙先生指出了中国封建时代生产力的发展以自战国到秦这一阶段为最快，就是这一个原因。

不错，中国封建社会由战国至秦这一阶段生产力的发展是很迅速的，而地租也由力役地租过渡到了实物地租。但这一个阶段生产力的迅速向前发展，并不是因为土地归大小领主所占有，而是因为这一个阶段正是中国封建社会的向上时期，在这一个阶段里，生产关系还促进生产力向前发展。一句话说来，这是封建经济向上发展的时期，因而这一阶段也产生了灿烂的封建文化。这里蒙先生显然只看到了历史的现象而忘记了中国封建社会生产力与生产关系矛盾统一发展的规律，忘记了把封建社会当作一个发生、发展、成长和没落的过程来处理。

不错，秦以后土地已经由领主独占转为了民间可以自由买卖，地主变成了封建社会的支柱，但这只是封建社会生产力发展的结果；秦代中央集权的封建国家，它的政治制度也只是社会生产力发展的结果。由于春秋战国时代领主经济的没落，新兴地主－商人成了支配的阶层，因而造成了秦代的政治制度及土地纲领相应地就由力役地租转到了实物地租，这种特殊的土地所有权关系是中国封建社会的特点之一。另外，农村公社残存及缺乏土地的农民的细小经营造就了农业与手工业直接结合的自足自给的经济，也是中国封建社会的特点之一，因而我认为阻滞中国社会发展的基因不单纯是土地所有权的关系。当然，特殊的土地所有权关系是有相当作用的，因为土地是封建社会里最重要的生产手段，但它只能引起对农民剥削（经济的和超经济的）的加强。我认为中国社会发展阻滞的基因是中国封建制度的特点（包括特殊的土地所有权关系、自足自给的经济等），其造成了地租、商业资本和高利贷资本三者的强固结合，下面当更详述，而蒙先生竟没有提起这三者的顽固结合及其对中国社会发展所起的作用，这就值得奇怪了。

五

最后我们来看看华岗先生的意见，他说：

> 在这样的社会（指秦以后——作者注）中，地主贵族官僚绅士，都是脱离生产与骄奢淫逸的"治人者"，只有农民与手工业工人是创造财富和创造文化的基本力量，可是中国历代的农民大众，却在强度的封建经济剥削与残暴的封建政治压迫之下，过着贫穷困苦的奴隶生活，不但地主、贵族和皇室，依靠剥削农民的地租过活，而且……农民与手工业工人都被束缚于封建制度之下，没有人身的自由，没有任何权利，造成农民与手工业工人极端穷苦与极端落后，减低了生产力的机能和改进，这就是中国社会几千年来经济上和社会生活上阻滞不进的基本原因。（注重点是华岗先生所加）
>
> ……而在中国因古色古香的农村公社的残存，由于农业与手工业打成一片，你离不了我，我也离不了你，农民兼做手工业者，手工业者也兼做农民，生产始终要维持着自足的状态，生产的目的，只不过是为了满足极单纯的生活。农村成了自给自足的小天地，不论在农业上或手工业上，生产方法的特色是"祖传"和"秘制"。因缺乏生产的刺激，生产力必然如龟步地在爬行，或简直停留于同一的水准上。
>
> 中国封建时代的统治阶级——地主、贵族以至皇帝，他们拥有最大部分的土地，而在农民则很少土地，或完全没有土地。农民用自己的工具去耕种地主和贵族的土地，除了以收获的一半以上缴纳于地主贵族以外，还要担负其他的粮税。封建剥削的繁重，必然障碍生产力

的发展，使大多数农民都仅能进行单纯的再生产，而不能够进行扩大的再生产。加以中国特殊的土地所有权关系，秦汉以后，土地即可以自由买卖，出现了所谓商人地主……而且商人地主代替旧有领主去支持封建社会，成为封建社会主要支柱……

其余华岗先生还指出了外在因素——历代异族侵入对于中国社会发展也有次要的影响，华岗先生通过对生产方法的内在分析，指出了农村公社残存、农业与手工业的直接结合，形成了只有单纯再生产的自足自给经济；残酷的经济及超经济的剥削，使农民的必要物质生活资料不能够维持，只能进行单纯的再生产。生产缺乏了刺激，因而造成了生产方法的发展迟滞。华岗先生把握了生产力的最重要的因素——劳动力，这就证明了历史是劳动群众的历史，是生产者的历史，是生产力与生产关系矛盾发展的历史。

不过，华岗先生虽然接近了正确的结论，但是他没有指出自秦以来地租、商业资本、高利贷资本三者的强固结合加强了对农民的剥削：

中国乡村中商业资本与封建地主间的结合，同时保留了中世纪封建式的剥削农民的方法和压迫农民的方法。（斯大林）

因此，总结起来，笔者认为：中国封建社会的特点（包括特殊的土地所有权关系及自足自给经济——农村公社的残存、手工业与农业的直接结合）造成地租、商业资本、高利贷资本三者的强固结合，残酷的剥削使农民必要的物质生活资料不能维持，生产缺乏刺激，只能以父子相传的同一生产方法去进行单纯再生产，因而造成了生产力发展的龟步式的爬行，再加上外在因素（条件）——地埋坏境的影响及历代异族的入侵和入主——的影响，形成了中国社会发展的阻滞。

上面是笔者通过研究批判的方式提供的一些意见，正确与否还有待研究及中国历史的史家们指正。

（原载《群众》1943年第8卷第1—2期）

陶行知的哲学思想

——谨以此文纪念陶行知先生

陶先生的哲学思想是和他的人格、学问、精神、气魄一样地光辉不朽的。现在仅就已见所及,略述三个问题:陶先生的哲学思想的实质、陶先生的哲学思想的特点、怎样学习陶先生的哲学思想。

一、陶先生的哲学思想实质

我认为陶先生的哲学思想是中国人民的哲学思想,是彻底地站在中国人民立场上出发而达到的光辉的哲学理论。因此,行知先生的哲学思想应当是代表了当前中国新民主主义的哲学方面,它从四万万人民的立场出发而产生出来,反过来,又是自愿地为中国四万万人民而服务的。从实质上说,陶先生的哲学思想是新民主主义的人民哲学,这种哲学彻头彻尾是为了中国人民而服务的。因此,它以全力和一切服务于少数特权者的封建法西斯哲学思想斗争,即反对反民主的一切反动哲学思想。

侯外庐兄再三地和我谈过,他认为,就积极的意义及成分而言,孙中山先生的哲学思想是具有科学意义之经验主义的唯物论。当然,中山先生的哲学思想具有二重性之矛盾,绝非彻底的唯物论的一元哲学。我认为,陶行知先生的哲学思想应当是完备的经验主义的唯物一元哲学。如所周知,陶先生曾师事美国实验主义之领袖杜威。当然,陶先生的哲学思想是受了杜威很大影响的,但是陶先生绝非简单地完全无批判地接受了杜威的哲学思想。相反地,行知先生不过是接受了杜威的某些合理的成分或因素,而站在中国新民主主义之立场上,予以批判,将以扬弃,将它从主观经验主义之唯心哲学转变为经验主义之唯物论的一元哲学,亦即将它从帝国主义之哲学转变成为新民主主义之中国化的哲学,将它从美国的金融资产者的立场变成中国四万万五千万人的立场。

众所周知,实验主义的哲学是帝国主义时代之腐败哲学中之一种。它是反映着美国金融资产者的特点的,它代表了这些金融资产者的意志和要求。实验主义就其本质而言是腐承了英国柏克莱的主观唯心论的,而有些地方又与马赫主义相近似。实验主义的特点就是以通俗浅显的言词表达出大资产者的思想。在哲学的认识论中,凡是着重感觉经验者,形成了感觉主义的认识论。感觉主义之认识论有两条明显的路线,一即唯物主义,一即唯心主义。凡是主张客观事物独立存在于我人头脑之外,而作用于我人的感觉器官,以使我人发生经验认识者,组成了唯物论之阵营;凡是否认事物客观存在于我人意识之外,而肯定事物不过是我人主观经验之综合产物者,则加入了观念论之战线。英国近人洛克的哲学中兼有唯心论与唯物论这两种认识论之因素,即承认经验之二重来源而倾向于二元论。及后,英国大贵族的反动哲人柏克莱从右边予以修正而形成主观唯心论,而18世纪之法兰西唯物论则从左边予以批判,发扬其唯物因素而使之彻底走向唯物主义。实验主义者继承了柏克莱之主观唯心论而使之适应帝国主义时代之美国资产阶级之需求。杜威感觉经验,着重生活认识,但他认为感觉经验不外是主观之产物,如论及真理时,杜威即否认真理之客观实在性。他认为真理不外是一种主观人为的应用假设,用以解释事物,因而便近于马赫之"思维经济原理",而走向主观唯心论。杜威的哲学及其教育哲学反映了美国资产阶级之特点,就某一方面而言,由于美国民主主义之传统及其民主之普遍(虽然仍属于旧民主主义的范畴),使杜威的教育哲学有着某些积极因素,如着重生活经验、主张教育之普及、强调发展过程之意义,因此在心理学上他们也提倡机能主义。

陶先生正是发扬了杜威的积极因素,而彻底走向经验主义的一元论的。陶先生的生活教育提倡教学做合一;做到老,学到老;生活即教育;社会即学校,因而也着重生活经验。但他以为生活经验是本原的、客观的、首次的,这样,陶先生便一下子放弃了杜威的主观唯心论而走向唯物主义,将为资产阶级而私有的教育转变成新民主主义的教育、人民的教育、四万万五千万人的教育。

二、陶先生的哲学思想的特点

我认为行知先生的哲学思想之特点有三:首先,是其哲学思想与实践之紧密联系。凡是一切统治者的反动哲学都是割裂了哲学与实践之联系的,如中国近人冯友兰即宣称哲学是探讨离开了现实而存在的"真理"的。陶先生和这些哲学相反,他的哲学是在实际过程中形成的,因此充满了活泼的精神。行知先生的哲学思想绝非一朝一夕所能完成的，因为它不是经院的产物。行知先生深刻地了解教育与政治之关联，因此毕生为了新民主主义政治之实现而奋斗。正是在这一斗争过程中，完成了他的光辉的哲学思想。陶先生原名"知行"，据说是受了王阳明先生的知行合一的影响。由此可知，行知先生自始即了解实践之重要。及后，深感必先"行"而后有"知"，因此便易名"行知"。这样，陶先生已达到了理论从实践产生，因而实践认识高于理论认识之理解，即是归依于科学的唯物主义。

其次，我认为行知先生的哲学思想的第二个特点是其人民性。不容否认，行知先生的经验主义之唯物论与工人阶级的哲学——辩证唯物论，尚有距离。我人亦不否认，由于工人阶级革命之彻底性，因而辩证唯物论便成为一切具有革命性、进步性的哲学中之最彻底的哲学。辩证唯物论不隐蔽其自身之集团性，但由于工人阶级在民族革命及民主革命中是最彻底的，因而辩证唯物论同时又是民族解放与民主革命的哲学。陶先生的哲学是人民的哲学，是普遍的，它体现着广大小资产者、农民，以至进步的民族资产者及开明的地主的意志。今天，哲学的任务是要组成广泛的民主哲学统一战线，集中锋芒打击反民主的封建法西斯的哲学，这一条战线自然是以唯物论的各种派别为主要组成队伍的。而行知先生的哲学思想在这一个反封建法西斯的民主哲学之阵线中，将是一较强而有力的队伍。

最后，行知先生的哲学思想的第三个特点，我认为是它的通俗、大众化，以及民族化和中国化的特质。在行知先生的论著中，我们找不到一篇艰深难解的哲学论文。相反地，行知先生都是以一种通俗的、大众化的文字来表现他的哲学思想。在风格上，行知先生也极力反对八股，而实事求是地力求哲学之民族化与中国化。

三、怎样学习陶先生的哲学思想

陶行知先生的逝世是当前中国民主运动上的一个严重的损失。为了弥补这个损失于万一，青年们都彼此勉励，大家都要求学习陶先生。但这里就发生了一个问题：学习陶先生究竟从何着手呢？我认为最主要的是学习陶先生的思想方法，也就是说，要搞通自己的思想。那么，怎样学习陶先生的思想方法呢？我认为必须了解行知先生哲学思想之实质，了解它的精神，而不要只是背诵它的词句，即是必须向实际学习。因此，我认为青年们必须首先学习陶先生的为民主事业鞠躬尽瘁的精神，像陶先生一样地深入人民，与人民打成一片，同患难、共呼吸，理解人民的思想与情绪，学习劳动人民宝贵的优秀气质。只有在实践生活中不断地努力诠索、研究、思考，我们才有办法得到一条宝贵的钥匙，它可以帮助你打开大门，走上新民主主义哲学的道路。走上新民主主义哲学的道路，就是走上陶行知先生的哲学思想道路。

1946 年 8 月 28 日于重庆寓所

哲学有什么用处

哲学有些什么用处呢？凡是一种学问都有着一定的用处，因为本来一种学问就是从人们的实际经验中抽取出来的，也可以说是某一种实际经验的结晶，而反过来，这一种学问又可以帮助人们改进过去的经验。例如算数，这是数学中的一个部门，在古代，人们不论在农作上、狩猎上、商业交换上都需要计算数量，因此，后来才慢慢地根据了许多实际经验，得出了许多计算数量上的简单原则和方法，这样便形成了算术。算术的成立又可以帮助人们在计算数量上减少出错且更为简易方便，因此有着很大的用处，一直到了现在都是如此。哲学也是一门学问，它自然也不能例外，自然也有着一定的用处，如果它没有一定的用处，它自身就不能发生和存在，更谈不上发展了。只有那些帮闲的御用学者，才提倡哲学无用论，他们以为哲学是与实际无关的，哲学是靠纯粹思想得来的，因此，就不能以实际的东西为标准来批评它正确或不正确、有用处或没有用处等等。他们甚至公开这样说：只有科学才有实际的用处，哲学是没有实际的用处的。如中国近人冯友兰就是这一主张的代表。这一种主张是错误的，如果哲学没有实际的用处，那么我们需要这样一种学问来做什么呢？

要回答哲学有什么用处这问题，我们必须首先知道，哲学的内容究竟讲了什么东西，知道了它究竟是搞什么的，我们也就可以知道它的用处。在我们还没有说明哲学究竟是搞些什么东西这一个问题以前，我们首先来看张申府先生的意见吧。张先生给哲学下了几种界说（参见《论什么是哲学》一文，首先发表于《人民时代》第一卷第四期，其后又刊于《民主》第四十六期），现在我们就分别来研究一下。

首先，张先生认为"哲学所讲的是一切可能的"，因此，他说"哲学是可能的之学"，"说哲学是讲可能的，也就是说哲学所讲不限于现实，但并非不讲及现实，因为现实究不过可能的一种"。张先生这种说法，当然有对白部分，因为一种事物的发展路线常常有几种可能，但是哲学的任务却是找出事物本身所有的发展必然规律来。比如说，哲学告诉我们新生长的东西是必然胜利的，腐败的、没落的东西是必然会死亡的，虽然在目前看来，也许旧的东西还非常牢固。这样，法西斯的死亡就不仅仅是可能，而是必然的客观规律了。因此，哲学也讲可能，但更重要的是教人怎样从五光十色的现象中去发现事物本身的必然发展规律。

张先生又说，"哲学是原理原则之学"，当然，一切学问都是由原理原则构成的，如果没有原理原则，就不构成一种学问。因此，张先生又规定，"哲学所讲的是最高或最基本的原理原则"。不错，哲学的原理原则是根本的、一般的、广泛的，但绝不是科学的科学，而张先生却以为它就是科学的科学，因此说，"本来不拘讲什么的根本都可以叫作哲学，政治哲学讲政治的根本，历史哲学讲历史的根本……"其实在19世纪以前也许如此，因为那时有许多科学是非常幼稚的，科学还没有独立出来，因此，还容许处于科学之上的科学的存在，但到了19世纪，各个专门科学都已经独立了，"既然要求每种专门科学，都要阐明它自己在世界事物总联系中及这些事物认识中的地位，那么关于此种总联系的任何特殊科学，就变成不必要了"（《反杜林论》，吴黎平译，第15页）。这就是说，张先生所指的那种哲学是已经消灭了，是已经"都归属于自然及历史的实证科学中了"（同上）。

再次，张先生又认为"哲学是假定之学"，"因为一个问题，论据一定，断案一定，就成为科学了……哲学所讲的原理原则常常不过只是些假定"。如果说哲学所讲的只是些假定，没有得到证实的，那它自身就不是一种真理，那么哲学便没有什么意义了，不能够成为一种学问。因为没有一种学问可以说是由假定构成的，虽然学问也要有一些假定。如果哲学不过只是一些假定，那么它的用处最多也不过只如张先生所说的一样：可以使人的行动"老实得多，谦逊得多，小心谨慎得多"。但是如果哲学不能够使我们掌握真理、变革世界，那就等于取消了哲学。

张先生又认为"哲学是一种把言语说话弄清楚的活动"。我们知道，赞同形式逻辑的人们都有一种见解，认为逻辑是一种无关实际的东西，它是离开了实际而独立存在的。如果是这样，人们就要问：那么，我们需要这种东西来做什么呢？于是他们便不得不说，是为了使人们说话清楚。如果是这样，哲学却变成了是一种语言的科学了，它的用处最多也不过是如张先生所说的，可以"增加人与人的了解，减少误会，弄清楚言语的意谓，而避免无谓之事"。奇怪的是，张先生没有说到哲学首先是一种思想方法。

那么，哲学是搞什么的呢？

哲学是一种"看法"（这张申府先生是称它为"副产物"的），是站在一定历史的社会集团上，对于世界事物的一种根本的看法，因此哲学是"世界观"，即对于世界事物的一种根本的观点和理论。唯物论认为物质是首次的、最初的，精神是派生的、第二次的，因此以为物质世界是自动发展的，不必需要什么精神来做物质运动的主宰，这是对于世界的一种观点。唯心论认为精神是第一次的，而物质是派生的、第二义的，因此便把物质世界的发展归功于"创造主"的全能，这也不失为一种哲学观点，虽然是错误的。由于哲学是人们观察世界事物时的一种观点、态度、方法和理论，因此，它又可以成为一种认识世界事物的总的方法，即是成为思想方法论。辩证法认为世界一切事物都处在相互关联、相互依存的统一体的状态中；处在不断地发展、变化、更新的过程中；处在从小小的、隐秘数量上的变化以走向公开的、巨大的、性质上的根本变化中；处在事物自身所固有的矛盾及其斗争的展开的状态中。这是对于客事观物的一种认识方法——思想方法。形而上学认为，世界事物是彼此孤立的，因此，世界事物不过是偶然的堆积，事物是处在静止的、不变的绝对状态中的。在其中只有小小的、缓慢的、渐渐的、数量上的变化，而没有根本的、公开的、巨大的、性质上的变化，事物的发展不过是绕着同一圈子的循环运动。形而上学认为事物没有任何矛盾的，因此，运动变化不过是外力推动的结果。这也是一种对于世界事物的认识方法——思想方法，虽然是错误的。

总之，哲学是世界观，同时也就是思想方法论。正确的哲学是正确的世界观，也就是正确的思想方法论。

正确的哲学，应当是依照着事物的本来样子，而不加以任何增加或减少地去说明它的，简单地说来，是"如实"的。辩证唯物论是一种最正确的哲理科学，因为在一切哲学中，只有它才能够如实地去说明物质世界的实际。它"之所以称为辩证唯物论是因为它对自然现象之态度，它研究自然现象之方法，它对这些现象的认识的方法是辩证的，而它对这自然现象之解释，它对自然现象之了解，它的理论是唯物论的"。而"历史唯物论（则）是将辩证唯物论点扩展于社会生活之研究上，是将辩证唯物论的论点应用于社会生活现象，应用于研究社会，研究社会的历史"。

因此，马克思、恩格斯的哲学研究的对象是自然界和社会，它从这两个领域中抽取出了一般的法则和论点，因此，这些法则和理论不外是自然界和社会的总的物质运动规律在我们头脑上的反映。而反过来，这又成为认识世界唯一正确的思想方法。正是这样，所为哲学就是"关于自然、社会以及人类思维的一般发展规律"的学问。

辩证唯物论是一种最进步、最正确和最科学的哲学，因为只有它才能够正确地反映客观世界的一般发展的真相。为什么只有辩证唯物论才能够做到这点呢？一方面是因为辩证唯物论是立足在最进步的历史实践的社会物质基础之上的在历史上，只有工人集团才是最进步和最彻底的社会集团，只有它才能够真正彻底地如实地认识世界和变革世界（因为从社会生活地位上说，它的任务是要彻底消灭剥削制度而不是以剥削代替剥削，所以，它比市民、小市民、封建主、奴隶主、自由民等历史集团更彻底和更进步）。另一方面是因为辩证唯物论是人类思想认识发展的最高成果，它不但总结了哲学史，而且也总结了科学史，它自身是站在巩固和严格的现代科学水平的基础之上的，因而只有它才能够科学地如实地说明客观世界的实际，而不加任何主观虚构以及神秘主义的成分。正因为这样，我们必须学习这一种科学的哲学——辩证唯物论。

我们为什么要学习辩证唯物论呢？首先，就是为了要掌握真理、变革世界。处在我们周围的社会生活环境是非常复杂的，经常呈现一种五花八门、复杂错综的状态，在这复杂的环境中，如果我们不能够把这客观形势的发展搞出一条规律来，那我们便无可避免地会在生活中迷失方向。但要认识周围事物，就得有一定的认识方法——思想方法。如果我们的认识方法正确，那么我们便会有正确的认识，而接着也便有正确的行动。相反如果没有正确的认识方法，那么我们便会出现认识错误，甚至接着我们的行动也会错误。因此，学习哲学可以帮助我们了解客观环境、认清发展规律（预见将来）、加强信心、发扬主观力量，从而，我们便能够顺利地和迅速地通过迂回曲折、转弯抹角的道路，走向胜利！今天我们负有彻底消灭一切反民主的封建法西斯力量，建立独立、民主、和平、团结、统一的新中国之伟大的历史任务，要负担起这一个任务，就要求人们掌握正确的思想方法论——辩证唯物论，来当作实际生活行动之指导。我们这里所讲的可以说是哲学最重大的用处。

其次，哲学可以帮助青年们建立一个正确的人生观。所谓人生观，就实质上说，其实不过是一种对于人生的根本看法，它是以对社会生活的看法为根据的。不过，确立一个正确的人生观对于青年来说确实是一件很重要的事，因为只有有了正确的生活观点、态度和方法，我们才会有坚定的意志为人民服务，真真正正地做一个老百姓的勤务员。

再次，哲学可以帮助我们认识和批判各种错误的反动思想理论。有许多反动的封建法西斯思想是用漂亮的言词装饰起来的，要从五光十色的言论中认识它的反动的本质，就要求我们掌握哲学。因此，哲学可以帮助新民主主义的新中国的建设，其首先就是直接地帮助了新民主主义的科学文化的建设。新哲学应当是新民主主义的文化统一战线的核心和灵魂。

最后，哲学可以帮助我们研究一切科学。哲学是一种思想方法，而研究科学非有思想方法不可，因为研究总离不了思想。因此，哲学成了科学的总的方法论，即是成为科学的指导者和启发者。当然，各个科学部门有着他们的专家，但有一种科学是不论哪一个部门的专家都应当懂得的，这就是哲学。

我们来谈谈学习哲学的态度和方法的问题吧。

怎样学习辩证唯物论呢？首先，我们不要光是背诵书本上的词句，而是要学习新哲学之精神及实质。当然，在开始的时候，学习些书本上的知识不但是需要的，而且是必需的。但新哲学不外是告诉人们提出问题、分析问题、解决问题时所应采取的态度和方法。因此，更重要的是从实际生活及工作中去学习，做什么工作就从什么工作中去学习。只有从不断分析、调查、研究以及实践之检验中，我们才能够真正地运用哲学；而且哲学是历史实践的产物，我们只有从实践生活中去摄取，才能够丰富和发展辩证唯物论的内容，而推动它向着一个更高的阶段发展。其次，我们要学习前人运用思想方法的经验，学习前人怎样提出问题、分析问题和解决问题，因此，我们必须详细地精心研究革命领袖的创造性的名著，特别是伟大的中国革命导师近十年来的几部马克思、列宁主义的中国化的著作，因为这些著作是中外革命实践的理论的总结。此外，重要的是必须从历史中去学习，特别是从革命史中去学习，学习中国革命史（特别是近代革命史）和世界革命史（特别是苏联革命史及世界近代革命运动史）。最后，我们必须从具体科学（各个自然科学及社会科学）中去学习，新哲学是立足在最进步和最正确的科学水准之上的。因此，一位哲人曾经再三指出："每当自然科学上有一重大之发现，哲学便要采取一个崭新的形态。"今天的职业青年很多是从事科学之研究工作的，因此一方面固然要掌握哲学以当作各个具体科学研究之出发和指导；而另一方面更要加深各个具体科学研究来提供哲学以新的内容，充实哲学和发展哲学，并推动它走向一个崭新的阶段。

（原载《萌芽》1946 年第 1 卷第 4 期）

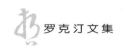

近代中国启蒙运动与科学的发展

1840年是中国走入半殖民地社会的始点，鸦片战争的失败改变了人们的心理，首先就改变了当时的开明的地主阶级和一部分士大夫们的心理。封建社会的"木乃伊"遇到了空气，迅速地开始风化了。过去以为中国是"天皇圣朝"，现在知道了有一个更广大的世界；过去认为中国是"礼义之邦"而其他都不过是些夷狄，现在知道西洋人的物质文明确实厉害；过去以为"天朝无所不有"所以是要"闭关自守"的，而现在呢？这一个"关"欲闭而不可得了，坚船利炮打破了这一个"关"，海禁被打开了，通商已经不是愿意不愿意的问题了。

正因为这样，结果便产生了当时的"洋务运动"，著名的领导者便是曾国藩、李鸿章、张之洞等人。"洋务运动"当然不会是一个启蒙运动，正因为这样，在当时决不会展开一个强而有力的自然科学运动。无论如何，由于世界时代上的不同，由于中国社会发展本身的特点，在当时要产生一个"牛顿时代"是不可能的。当时的洋务运动的基本理论现在一般都是两句话来概括它："中学为体，西学为用。"当时的地主阶级和士大夫还是满脑子的四书五经、满口的"子曰""诗云"，因此他们决不会承认过去的东西是不好的，他们决没有能力去看穿过去这一种封建文化的根本性质。相反地，他们总还是认定东方精神文明是一种"进步"的东西，中国缺乏者不过是"物质科学"而已。换句话说来，中国需要的是坚船利炮，中国需要的是有组织的军队，为了达到这些目的，需要有机械工业。总结起来，他们需要的就是富国强兵。因此，他们所谓变法者只不过是要多开些军事工厂，多设立些制造局，多派些人出洋学习物质文明而已。他们并没有企图在思想文化的领域中掀起一个革命，更没有企图反对传统的封建文化思想。他们没有这样想，根本上也不会这样想。选派学童出洋留学为的是什么呢？为的是学会制造坚船利炮，且又"随时课以中国文义，俾识立身大节"。这样一来，这些出洋留学的"学童"无可避免地要变成"上午声、光、电、化，下午子曰诗云"了。

洋务运动有些什么成绩呢？有的，有的，有机器局，有铁路局，有军事工业，有外国语文馆，有铁道，有电报局……这一切不正是以李鸿章为中心的洋务运动的成绩的表现吗？

读者们如果还不清楚，那就请看下面这一个清单吧：

一八六三年一月：在上海设立外国语言文字学馆。

一八六五年八月：在上海设立江南机器局。

一八七〇年十月：在天津设立机器局。

一八七一年四月：倡议在大沽筑新式炮台。

一八七二年五月：开采煤矿铁矿。

一八七二年十一月：招商局成立。

一八七五年十一月：举办铁甲兵船。

一八七五年十二月：申请在各省分设西学局，派通晓测算、舆图、火轮、机器、兵法、炮法、化学、电学各科，通晓时务大员主办。

一八八〇年二月：购买铁甲兵船。

一八八〇年七月：在天津设立水师学堂。

一八八〇年八月：在南北洋设立电报局。

一八八〇年十二月：奏请建筑铁路。

一八八一年四月：设立开平矿务局。

一八八一年六月：国营商船初航英国通商。

一八八一年十一月：招商局接办各省电报。

一八八二年二月：在旅顺筑码头。

一八八二年四月：在上海设立织布局。

一八八五年五月：在天津设立武备学堂。

一八八七年十二月：开漠河金矿。

一八八八年：北洋海军成立。

（梁启超《李鸿章》，转引自《近代中国启蒙运动史》一书，第45、46页）

看了上面这一个统计，我们便明白自当时起中国第一次有了机械工业和军事工业。既然需要成立这些工业，就得有懂得工业的人才，于是便连老头子也摇头摆脑地念起洋文来了。过去人们满脑子"子曰""诗云"，现在也不得不分出一部分来记忆些什么"声""光""电""化"的东西了。自然科学这时不被认作"异端邪说"了,反过来被认为是富国强兵的有力手段。在这时候,因为没有以市民为领导的启蒙运动,所以强大的自然科学运动绝不会展开。但是正如我们不承认这是近代最早的启蒙运动一样,我们也不能够不承认这是中国自然科学运动的前驱,自然科学这时才开始被人注意,并播下了最初的种子。

中国近百年社会,从鸦片战争一连吃了好几次败仗以后,便不得不完全沦于半殖民地的地位了。首先是英国打了我们,我们吃了一次大败仗,其后英法又联合打了我们,我们也吃了败仗,最后,1894年就连日本三岛也敢于打我们,结果我们也吃了败仗,1895年4月签订了丧权辱国的《马关条约》。

中日甲午战争的失败带来了一个新的刺激,它证明了只是洋务运动绝不足以救中国。西洋人不仅是物质科学好,不仅是船坚炮利,而且政治也是好的。在中日甲午战争以后,有一帮士大夫出来了,他们自然不会看到自明治维新以来日本资本主义的发展,他们只看到了一些假象,认为日本之所以能够胜利,就是因为他们在政治上是采取所谓"君主立宪"的政体,而中国却是封建的专制主义。于是改革政治的风浪又掀起了。

> 总之,甲午一役粉碎了新政派的图谋,打破了洋务运动的迷梦,洋务已不行了,求国富民强,只有改弦易帜,实行政治改革。于是康有为大摇大摆地走出来喊:"戊戌维新万岁!"(《近代中国启蒙运动史》,第51页)

以康有为为中心的维新派人士自以为替中国找到了一条康庄大道,其实,从思想文化上来说他们并没有跑出"中学为体,西学为用"的范围,在本质上他们依然是贯彻这种主张的。不过在反对封建传统思想上他们却比洋务运动的中心人物进了一大步。"康有为对于孔学的怀疑(《新学伪经考》和《孔子改制考》),对于新社会的憧憬(《大同书》),和他四次公车上书,是表示在破碎的国土里的一种上层分子的改革运动。康有为的私淑弟子谭嗣同的《仁学》,更是一本有胆色有见地的著作。他大声疾呼,叫人'冲决罗网',叫人反古(他说过一句很有趣的话:'古而可好,则何必为今之人哉?'这句话虽然有点武断,但也可见他对于传统思想所抱的不妥协态度)。梁启超提倡民治主义(《新民说》),提倡新道德,更足表示那时上层士大夫的国体观念是怎样。"(《近代中国启蒙运动史》,第6页)

但是,无论他们如何果敢、勇猛,当时中国的新兴工业基础还是薄弱得可怜,最重要的不过是一些新开办的军工机械工业,市民还没有能够形成一支新兴的生力军,更不要提领导这一个运动了。结果保守力量的回击,终于使这个运动在血泊中失败了。

在这个阶段里,恰像市民力量在这时没有急激地增大一样,自然科学运动也没有能够广泛地展开,这时主要的不过是翻译和介绍过来一些西洋自然科学知识,自然科学运动只有在资本主义产业更发展的基础上,在市民及大众的推动下才能够广泛地展开。

屡次对外战争的失败动摇了清廷的皇座,义和团运动的失败更刺激了民众的觉醒。而这时呢?民族资本的力量渐渐地壮大起来了,只在1910—1911年就建立了民间企业177所。民族资本主义的壮大,帝国主义殖民政策的加进,清廷软弱无能和腐化程度的增加,市民及大众力量的壮大——所有这些都成了清廷崩溃的前提,在国父领导下,辛亥革命终于发生了。

但是这时"思想运动不能够与民众运动联系起来,不能利用思想运动作为政治运动的前驱及其后卫",因此,这时自然科学运动还不能够广泛地展开。

中国近代自然科学运动划时代的转移应当从五四运动说起。1914年(民国三年)爆发了第一次世界大战,欧美列强都忙于战争,无暇东顾,于是便使中国的民族资本取得了一个空前景气的机会,他们毫不放松地抓紧了这一个机会,使民族资本主义急激地向前发展。各种民营的企业相继地成立了,于是在这种基础上出现了新兴的市民力量。

中国近代近百年来的历史就是一部走向殖民地和走向民族独立相互斗争的历史,中国近代近百年的历史就是封建力量和反封建力量斗争的历史。帝国主义和封建力量是近代半殖民地半封建的中国社会的大敌人,为了使力量薄弱的民族资本主义能够向前发展,必须要列强放松压迫的力量。正因为这样,第一次世界大战便成了民族资本发展的一个最顺利的机会了。既然工业发展了,市民力量也发展了,于是他们便想着要扫清一切市民社会发展的阻碍力量,扫清一切封建军阀力量,摧毁一切传统的封建思想文化。要摧毁封建的思想文化,就一定要拿出自己的货色来。货色吗？有的，有的，于是他们捧出了"德先生"和"赛先生"来。

当时他们怎样呼喊呢？且看下文吧：

> 要拥护德先生便不得不反对孔教、礼法、贞节、旧伦理、旧政治；要拥护赛先生，便不得不反对旧艺术、旧宗教；要拥护德先生又要拥护赛先生，便不得不反对旧国粹和旧文学。（《新青年》第六卷第一期，陈仲甫《本志罪案之答辩》）

这样，科学运动是被提出来了。在这个运动的开头，当然最多不过是展开一个介绍的阶段。换句话说，就是要把市民自然科学在西欧所结成的果实移植到中国来。如果我们说过去的介绍是零零星星的，而且带上了浓厚的封建气味（如像严复翻译西洋科学名著便是一个最著名的例子），那么现在的介绍呢？是大量而且有系统了。在语言文学上发生了一个重大的变革，语体白话文代替了过去的文言文，因此替西洋自然科学的介绍工作造下了顺利的条件。

如果我们说在戊戌维新以前是以"中学为体，西学为用"做骨干，那么到了辛亥革命前，科学上的介绍工作还仅仅止于最有关于"富国强兵"的一部分，所以科学观和科学方法是他们所不接受的。自然科学和社会科学是市民文化的灵魂，科学观和科学方法是市民社会的思想体系。过去人们主张"中学为体，西学为用"那一套东西，因此自然不会赞同西洋市民社会的科学观和科学方法。正确地说来，他们对于市民社会的科学观和科学方法是抱着一种敌对的态度的。和市民的科学观及科学方法相反，他们有着一套"东方精神文明"，有着一套维持"纲纪伦常"的封建传统思想。辛亥革命时，国父虽然看到了西洋科学观和科学方法的进步的地方，看到了西洋民主主义和科学相结合而一同发展的优点，所以在言论中再三昭示人们需要学习西洋的科学观和科学方法，需要使科学体系和民主主义结连起来，但可惜的是当时保守力量太大，能够彻底赞同和实行国父这一种言论的人实在很少，有许多人都用理论过高的漂亮名词来拥护早已过时的"东方精神文明"，而或明或暗地反对接受西洋的科学观和科学方法。因此在五四运动前，一般地说，来西洋社会的市民科学观和市民科学方法论还没有介绍到中国来。

但是五四运动时西洋社会市民科学观和科学方法是介绍到中国来了。

科学观和科学方法论介绍到中国来，一方面引起了人们思想上的一个重大的变化，改变了人们对哲学思想的观点；另一方面又直接地大大推进了自然科学的向前发展，打开了人们过去狭隘的眼光，拓宽了人们的眼界，在基本学科理论上、在研究方法上都指导了人们怎样从事自然科学的研究，结果自然科学取得了划时代的发展机会。五四运动是近代中国文化运动史的转捩点，也是中国近代自然科学发展史的转捩点。

在最早的时候，他们首先抓住了进化论，我们且看他们怎样应用生物学中的理论来建立他们的科学观吧。陈仲甫先生在《新青年》第一卷第二期的《今日之教育方针》中写道：

> 个人之于世界，犹细胞之于人身，新陈代谢，死生相继，理无可逃，惟物质遗之子孙……精神传之历史……个人之生命无连续，全体之生命无断灭。以了解生死故，既不厌生，复不畏死。知吾身现实之生存，为人类永久生命可贵之一隙，非常非暂，益非幻非空，现实世界之内有事功，现实世界之外无希望，唯有尊现实也，则人治兴焉，迷信斩焉。（《近代中国启蒙运动史》第110页）

这样，他们是完全应用生物学，特别是进化论的观点，来解释生命及其意义了。

在五四运动的时候，科学观和科学方法的介绍，最引人注目的要算胡适的了，他贩进来了杜威的实验主义。

杜威的实验主义在实质上说来是建筑在观念论的基础之上的，胡适贩进了这一种科学观，没有加以任何增减便发售出去了。实验主义在市民们看来那确实是够"科学的"，他极力宣称要"尊重事实，尊重证据"，扬言要发挥实验的精神，大胆立假设，小心求结论。什么东西是对的呢？他们便大呼要看"证据"了。你说是这样呢？"拿证据来！"（赫胥黎）皮尔生也力赞这是一种"科学实验室的态度"。这样看来，他们似乎确实够"科学"，好像真是要按照自然界事物的样子而不加以任何增减地去解释一样。不过，这只不过是个表面，在实质上呢，他们完全没有这样做，不会这样做，也不想这样做。

杜威和詹姆斯（James）认为科学并不是一种什么真理，真理不过是一种便利人们的知识，实用的就是真理的，他们无耻地这样宣称。看似以实用，而实际上是以人们主观的利害作为真理的标准，胡适把这一种货色连看也来不及细看便贩进来了。我们且看下面胡适的话吧：

  一切学说理想都当作待证的假设。(《介绍我自己的思想》)
  科学律例不过是一些最适用的假设，不过是现在公认为解释自然现象最方便的假设。(《实验主义》，引论六卷号B第342页)
  律例不过是人做的假设，用来解释事物现象，解释得满人意，就是真的，解释不满人意，便不是真的，便该寻别种假设来代它了。(同上，第343页)
  一切真理都是应用的假设。(同上，第344页)

  总之，胡适以为科学真理不过是一种"假设"，科学真理从来没有绝对性。这样，胡适变成了绝对相对论者。胡适只是把科学真理当作一种主观任意的东西来看，而不知道科学虽然离不开假设，要从假设开始研究，但一经证明，它便是一种反映客观实际的科学客观的真理了。在我们还没有证明地球是绕日而转以前，地动说是一种假设(虽然这是一种天才的科学合理的假设)，但当证实了以后，它是一个客观真理就不容置疑了，而它反映着客观实际这一点也不容考虑。同样，"星云假设"在没有证实以前是一种假设，而在证实了以后便是一种科学真理。在苏联没有出现以前，科学社会主义的思想还只是一种假设理论，但自苏联出现以后这便是一种客观真理了。
  至于科学的能动性呢？这一点胡适却是承认的。他说过："真理不过是对付环境的一种工具。"(同上，第345页)又说：

  我们且莫问那绝对究竟的真理，只须问我们在这个时候，遇着这个境地，应该怎样对付它：这种对付这个境地的方法，便是"这个真理"。……因为这个真理是对付这个境地的方法，所以它若不能对付，便不是真理，它若能对付，便是真理；所以说它是可以证实的。

  不过其中胡适又抱有一种狭隘的经验主义的观点。在进化上他也是赞用了进化论的渐进主义，他没有懂得革命式的飞跃，而只是提倡一点一滴的改良主义。他说"文明不是笼统造成的，是一点一滴做成的。进化不是一晚上笼统进化的,是一点一滴的进化的",因此他便主张人们"一点一滴的不断改进","一点一滴的解放","一点一滴的改造"。这一种东方市民怯懦的性格与十六七世纪时代的勇猛战士对比起来太鲜明。

总之,在五四运动的时候,无论是胡适、陈仲甫,或是丁文江,都没有能够把握正确的科学观和科学方法论。

在民国十二年(1923年)科学和玄学论战的时候,科学阵营中的猛将丁文江、吴稚晖等虽然击溃了以张君劢为首的玄学神秘主义。但是,丁文江却贩进了马赫的东西,他认为所谓物质不过是一种人类主观感觉的集合物,这是马赫主义的中国版。我们且来看看丁文江先生的话吧:

> 我们之所谓物质,大多数是许多记存的感官感触加上了一点直觉感官感触。假如我们的感官的组织是另外一个样子的,我们所谓物质一定也随之而变——譬如色盲的人眼睛里头蔷薇是绿的。(《科学与人生观》中《科学与玄学》,第7页)
>
> 我们所晓得的物质,本不过是心理上的觉官感触,由知觉而成概念,由概念而生推论。科学所研究的不外乎这种概念同推论,有什么精神科学和物质科学的分别。(同上,第90页)

这样看来,丁先生认为科学所研究的不过是这些主观感觉的集合物——物质之感慨和推论罢了。谁都知道这种理论在本质上是主观观念论的,马赫是他们的"老师",而"巴克莱"则是他们的"师祖父"。

就算是被称作"倒转过来做先锋"的科学观战线上的"押阵老将"吴老先生(吴稚晖)吧,他也在根本的地方向马赫主义投降。他以为只有能够感觉的才算是物质,不能够感觉的便不算是物质,以感觉为物质的特征不是马赫主义的论调吗?同时,在解决思维和存在的关系时,吴老先生又向观念主义让步了。

和马赫主义在五四时代得到了中国版一样,康德的不可知论这时也取得了信徒。我们且看看陈仲甫先生怎样皈依康德吧:

> 吾人感觉所及之物,今日科学,略可解释。(《有鬼论质疑》)
> 感官有妄,而物体自真,现象无常,而实质常在。(《今日之教育方针》)

自然科学已经说明了自然界许多现象，这是我们不能否认的。社会科学已说明了人类社会的许多现象，这也是我们不能够否认的。（《科学与人生观》，序言）

和康德一样，当陈先生承认物质是一种客观实在，我人的认识是起源于感官作用（感觉）的时候，他是一个唯物主义者。但当认为物自体和现象划分开来（《现象无常而实质常在》），而认为我人的认识只能知道现象的时候他便退到康德的"不可知论"的阵线里去了。

总之，在科学观和科学方法论看来，无论丁文江或是吴稚晖都还不是彻底的唯物主义者。在这时，大多数的人都持着不彻底的二元论，左脚踏入了唯物主义的大门，而右脚却又立即掉进观念主义的深坑里去；左手皈依了唯物主义而右手却又马上求援于康德和马赫。其实这也不足为怪，五四运动本身就不是一个彻底的市民启蒙运动。有一位学者曾经说过，市民愈渐近东方便显得更懦弱。我们翻一下历史便知道这句话说的不错了。十七八世纪的市民掀起了轰轰烈烈的行动，曾经出现了卢梭也出现了18世纪的唯物论者，而我们中国的五四大将胡适呢？却背向现实，大呼一点一滴的进化，变成了一个不折不扣的"一点一滴论者"。

这归根到底地说来要归咎于五四运动物质基础的脆弱。这时的民族资本还表现得脆弱可怜，只有轻工业有了某些重大的发展，不够坚实的民族资本力量自然不会产生足够有勇气的市民哲学家和科学家。从学术思想上来看，这时西欧的帝国主义已产生了各种退步的思想，杜威的实验主义是美国市民思想在帝国主义时代的代表；而马赫主义也是帝国主义时代的胡调；以复活康德的一切胡言而彻底唯心化的新康德主义也出现了，它从右面来批评和修正了康德的"不可知论"。然而，这些东西竟被中国五四运动时代的市民们贩进来了，结果充斥在中国学术界的不但有达尔文（当然，他们不会正确地去理解达尔文），而且也有康德、马赫、新康德、柏格森！

第一次世界大战终于结束了，这时列强又用尽了一切力量放到远东来，曾经得到了一个发展机会而蓬勃一时的中国民族资本，这时又遭到了重大的劫运。当然，以中国当时这样脆弱的民族工业，绝不足以对付西欧的压力，于是曾经一度繁荣过的民族资本主义这时又"奄奄一息"了，过去曾经热烈提倡过反对国粹的人们现在又返过去主张青年读古书，提倡

"整理国故"了。

在科学和玄学论战后,曾经思潮澎湃的五四运动结束了。无论如何,五四运动虽不是一个彻底的启蒙运动,但正因为它,才会有以后的哲学和科学运动。

不过,我们无论如何都不能过低地评价五四运动时代的成就,这时,我们不但有了易卜生,而且也有了达尔文。在中国呢?严复之流是滚蛋了,这时,我们又有了丁文江。虽然有不少人贩过来了康德、马赫的货色,但我们这时也有了唯物主义的大将军李守常。

五四时代提倡个人主义,提倡怀疑和实证主义的精神,主张个人解放、大胆研究、小心下结论,尊重客观事实,破坏偶像,崇尚真理,反对折中主义,主张抛弃古书、学习西洋科学……所有这一切,不能不提供自然科学研究以一个发展的动力和机会,在这时的学者们,多数是以进化论的思想为始点的(作为中国近代思想家的鲁迅也开始于进化论的思想)。为了更能认识这时候的精神我们且看下面这些话吧:

> 破坏!破坏偶像!吾人信仰当以真实合理的为标准……虚伪的偶像倘不破坏,宇宙间实在的真理和吾人心坎里彻底的信仰,永远不能合一。(陈仲甫《破坏偶像论》,《新青年》第五卷第二号)

> 这样才是创者生。我辈即使才力不及,不能创作,也该学习;即使崇拜的仍是新偶像,也总比中国陈旧的好。与其崇拜孔丘、关羽,还不如崇拜达尔文、易卜生;与其牺牲于瘟将、五道神,还不如牺牲于 Apollo。(鲁迅《新青年》第六卷第二号)

> 其实世界上没有这样如意的事。即使一头牛连生命都牺牲了,尚且祭了孔便不能耕田,吃了肉便不能榨乳。何况一个人,必须自己活着,又要驮了前辈活着;活着的时候,又须恭听前辈先生折中:早上打拱,晚上握手;上午"声光化电"下午"子曰诗云"呢?(鲁迅,同上)

> 要想进步,要想太平,总得连根的拔去了"二重思想"。因为世界虽然不小,但彷徨的人种是找不到出路的。(鲁迅《新青年》第六卷第三号)

看了这些话,我们便知道,五四运动不但成了近代中国自然发展的运动，而且确实也曾替自然科学的发展肃清了不少的阻碍。自然科学是广大地向前发展了，许多自然科学的研究机关相继地成立了，西洋自然科学被贩进来了。实验室中从此陈列了西洋科学实验的仪器和药品；英文的化学书、德文的医学书代替过去线装的"西洋探源"；毕达哥拉斯定理代替了过去的"勾""股""弦"定理。所有这些都告诉我们，从此中国自然科学得到生机了。

但可惜的是"五四"时代市民们太梦想了，这就恰如"五四"时的科学家也太梦想了一样。外有帝国列强的压力，内有封建力量的阻碍，而这两者竟联合了起来，抑制了中国民族资本的生机；这时候，帝国主义的力量在农村不仅没有破坏封建力量和封建的生产方式，而且恰恰相反，他们和封建力量联合起来了，变成了农村中的顽固支柱。这妨碍了中国民族资本主义的发展。过去梦想列强来帮助我们建设一个市民社会，而现在呢？这些梦想破产了；过去市民们以为借第一次世界大战中国民族资本便可以有一个翻身的机会，但大战后，列强加紧了对于中国民族资本的压力，因而又使这一个梦想完全破产了。

中国向前发展就必须反对这两重阻碍的力量——对外消除帝国主义的压力，对内肃清封建力量。因此，大革命便以反封建（首先是反对军阀的封建势力）和反帝国主义（首先是反对日本帝国主义）的狂潮而掀起了。五四运动带来了爱国的热潮，而这一种热潮推动了中国的民众走向革命的道路。终于，北方的许多军阀便不得不在国民革命军前屈服了，而这对于中国科学运动有着重大的影响。

科学与玄学的论战于民国十三年（1924）结束了，而接着不久，国民革命军便开始北伐，在北伐后，中国的哲学和社会科学获得了广大的发展。从前的人民还是没有什么知识的，而现在呢？由于国民革命的影响，人们需要认识自己，同时也需要认识社会。因此大革命后，许多问题都提出来讨论了。中国社会是什么呢？中国社会发展的规律是怎样呢？中国的科学为什么不发达呢？正确的哲学观是什么呢？什么科学方法论才是正确的呢？

所有这些问题在当时都被展开来讨论了。这个时期的特点是社会科学研究和自然科学研究的脱节，社会科学的发展大大地超过了自然科学，无论在广泛性上还是在深刻性上来说都是这样。自然科学的研究，这时除了少数部门（如地质学、生物学等）有若干成果以外，许多科学都没有脱离介绍西洋科学的成果这一个阶段。当然,并不是说我们中国的自然科学家这时的研究没有什么重要成绩,但大致上说起来,这时自然科学的研究创造性还是很少,比起社会科学来说这些成果是相差得太远了。

在这时期里,另外一个重要的特点就是科学观、科学方法论和自然科学实际研究上的脱离。在这一个时期里,自然科学观和科学方法的研究简直没有什么重大的进步。谈到科学观和科学方法呢,依然不外是从西洋自然科学家或哲学家中贩来一些劣等货色;而这时自然实际的研究呢,却取得了若干成绩。

在这时,新哲学在中国虽然已经清算了许多错误的理论而开启了一条正确的大道,但是要来指导自然科学的研究却是不可能的。这时,有些想用新哲学的理论来解释自然科学研究成果的著作都充满了机械主义的色彩。

由于国难的日益严重,中国需要集合了一切人民的力量来对抗日本帝国主义的侵略。在抗日的爱国主义大旗下,一般先觉的人们又提出再来一次新的启蒙运动了。

过去人们有许多不同的思想、意见,因此发生了很大的争论,但是许多乡下老百姓呢?还是不懂。为了抗日,就要他们懂得社会知识;为了要他们懂得生活知识,就要他们知道自然科学的常识。于是人们又提倡理性了,要人们理智的眼光来认识一切,要人们懂得科学的一切,要人民彻底和一切盲从、因袭、保守……的传统搏斗。

我们说,如果五四运动的启蒙性质是肯定的,而北伐后的社会科学运动是否定的话,那么现在的新的启蒙运动就是否定的否定了。

在抗战后,自然科学的研究虽然因为战事的影响而受到了重大的阻碍,许多自然科学家都被迫不能在一个完备实验室中工作,但是这时却也有了三个特点:

首先,科学大众化、通俗化的工作开始了,虽然这一步的工作还没有做得够。问题是简单的,为了防空,就需要老百姓懂得化学的一些初步知识;为了要老百姓参加抗战工作,就需要他们有各种新的科学知识。过去,自然科学是和大众生活没有什么关系的,现在开始,它以实际、实用为目的而开始替老百姓服务了;过去,自然科学家是不接近民众的,知识分子也不大接受民众,现在,许多知识分子带着自然学科的初步知识深入乡村了,许多自然科学家开始接近民众了,一向关在实验室里面的学者们开始勇敢地踏出大门而跑向民众群里去了。

其次，这时候的理论研究虽然由于各种客观环境的限制而没有取得什么重大的成绩，但却解决了抗战生活而引起的许多重大的问题。过去，自然科学虽然没有和实际完全隔离开来，但也没有密切地和实际结合起来。现在呢？虽然结合的程度还不够严密，但比过去进步得多了。

最后，这时候某些先进的自然科学家和哲学家已经开始运用新哲学来研究自然科学，虽然这一种工作在目前还不能够完全令我们满意，但是显然地，这正是一条正确的康庄大道，沿着这一条大道而努力迈进，终有抵达目的地的一天。

（原载《中华论坛》1946 年第 1 卷第 12 期）

胡塞尔现象学是对现代自然科学发展的反动

20 世纪初,在帝国主义时代,现代西方资产阶级哲学出现了两个思潮,即实证主义——逻辑实证主义运动(包括作为实证主义哲学变种的实用主义哲学思潮)和现象学——存在主义运动。现代西方资产阶级哲学这两个思潮的产生,从阶级根源上看,是体现了帝国主义时代资产阶级的需要和利益的;而这两个思潮在本质上也都是为资产阶级效劳的。但是,在阶级社会中一种哲学思潮的产生,它不仅同阶级基础有着密切的联系,体现和反映了阶级斗争的实际;而且也同人类认识史、自然科学史有着密切联系。在哲学史上,特别是在现代哲学史上,不论是唯物主义哲学或唯心主义哲学,对现代自然科学的发展都不能不做出一定的反应。所有各种反应,主要表现为两种根本不同的类型。第一种类型是唯物主义哲学对于自然科学发展的反应。唯物主义自然观从本质上说是同自然科学发展史一致的,不过是按照自然界的本来面目加以朴素的了解,不断地吸取和概括自然科学发展的成果而使它自己丰富和发展起来。因此,恩格斯指出:"唯物主义也经历了一系列的发展阶段。甚至随着自然科学领域中每一个划时代的发现,唯物主义也必然要改变自己的形式。"(《马克思恩格斯选集》第 4 卷,第 224 页)

第二种类型是唯心主义哲学对自然科学发展的反应。这种类型的反应,在现代西方哲学中又可以分为两种主要不同形式。第一种形式表现为,表面上顺应自然科学发展的潮流,打着依据自然科学最新成果的旗号,标榜他们的唯心主义和形而上学的世界观是所谓现代自然科学的最新结论。在这种幌子底下,他们用歪曲现代自然科学研究成果的手法来宣扬唯心主义和形而上学,并同唯物主义(特别是同辩证唯物主义)做斗争。这种形式的典型代表是作为现代西方资产阶级哲学思潮之一的实证主义——逻辑实证主义运动。

现代西方唯心主义哲学对自然科学发展反应的第二种形式表现为,他们把哲学与自然科学从根本上对立起来,宣布哲学与自然科学是一种在性质上根本不同的知识。哲学是一种没有任何错误的绝对知识,而经验自然科学则只是一种含有错误的相对知识。因此，他们声称，哲学是一种高级知识，自然科学是一种低级知识，哲学不能以自然科学为依据，自然科学没有资格批评哲学；相反地，作为相对知识的自然科学应当以哲学为基础。他们力图用这样一种手法来回避自然科学发展的锋芒，抵挡自然科学发展对于唯心主义哲学基础的冲击。20世纪初，以德国唯心主义者埃德蒙德·胡塞尔（1859—1938）为创始人和主要代表人物的现象学运动，正是用这一种形式来对现代自然科学发展做出反应的。在20世纪初，物理学成为自然科学发展的先导学科，因而物理学在当时所取得的革命性的进展，集中表现了当时自然科学发展对唯心主义理论基础的冲击。在这一意义上，我们可以说，胡塞尔的现象学运动的出现是对当时自然科学发展的反动。本文的任务就在于通过分析，对胡塞尔的现象学做些初步的批判。

一

19世纪末20世纪初，以物理学的革命性的进展为先导和核心的自然科学发展猛烈地冲击和动摇了唯心主义的理论基础。在这种形势之下，保卫和稳固唯心主义的理论基础，就成为当时唯心主义阵营中一个重要任务。胡塞尔的现象学正是在这种形势下出现的。胡塞尔的现象学是以保卫和稳固唯心主义的理论基础，并对唯物主义哲学和自然科学中的唯物主义倾向进行反击为根本任务的。

胡塞尔把保卫和稳固唯心主义理论基础作为他自己的根本任务，这绝不是一种偶然的事情。胡塞尔在德国早年攻读数学、物理学和逻辑学。并且他曾经作过当时著名的数学家K. T. 魏拉斯特拉斯（1815—1877）的助手。后来，他到了奥地利，进入维也纳大学，成为唯心主义者布伦坦诺（1838—1917）的学生。因此，胡塞尔对于数学、物理学、逻辑学、心理学和唯心主义哲学都是非常熟悉的。胡塞尔的第一部重要著作《算术哲学》，就是企图从心理学原则引申出算术的基本概念。正是因为胡塞尔熟悉当时物理学和数学的发展，所以他对于当时以物理学的进展为先导和核心的自然科学发展冲击唯心主义理论基础也就感到特别关切，比较充分地认识到这种冲击对于唯心主义理论基础的威胁性和危害性。

他在早期著作《逻辑研究》（两卷集，1900—1901）的第一卷《纯粹逻辑引论》中，就已经在反对心理主义的口号下，对经验科学加以批评和指责。他认为经验科学规律不过是一种归纳性的概括，这种概括必须受到后来经验揭露的修正。胡塞尔又断言：哲学和逻辑是一种在性质上和方法上与经验科学规律完全不同的知识，即哲学、逻辑和数学是一种必然规律的知识，是非真不可的知识，是绝对没有任何错误的知识。后来，胡塞尔在他的《纯粹现象学的理念和现象学的哲学》（1913）和他死后才出版的《第一哲学》（两卷集，1956年和1959年，荷兰、海牙版）等著作中又更深入而详细地阐明了这一根本观点。

在胡塞尔看来，唯心主义理论基础之所以不能抵挡自然科学发展的冲击，是由于现代哲学还没有成为一门严格的科学。如果，现代哲学成为一门严格的科学，那么，唯心主义哲学便可以独立地在它自己的范围内稳固它的理论基础。从这一根本要求出发，胡塞尔便宣布哲学应当成为一门严格的科学、真正的科学。而经验自然科学在胡塞尔看来就变成了一种不严格的科学，所以不是一种真正的科学。这样一来，自然科学既然不是科学，因而也就没有资格批评唯心主义的理论基础，更不用说什么冲击唯心主义的理论基础了！

胡塞尔从把哲学、逻辑、数学同经验科学加以割裂，并根本上对立起来的观点出发，认为必须严格地把现实科学（real sciences）和观念科学（ideal sciences）区别开来。现实科学也就是经验科学或事实科学。胡塞尔认为建筑在这种科学上的规律只能具有大体上的一致性，而不能具有绝对的正确性。但哲学、逻辑、数学等观念科学或理论科学的规律，却要求具有绝对正确性。因而他认为事实科学和本质科学两者是根本对立的，前者以事实为对象，后者以本质为对象。

胡塞尔断言，以事实为对象的科学所处理的是个别的、被时间决定的各种事实；如经验自然科学以及历史学、经济学等都属于关于事实的学科。同处理事实问题的科学不同，观念科学或本质科学，它处理的是一般真理的普遍本质，即它处理的不是各种个别的、时间的过程，而是普遍的、非时间性的各种本质观念关系。由此可见，胡塞尔把关于事实的科学和关于本质的科学对立起来，目的是要否认经验自然科学是一种真正的科学，即否定它具有必然性、确实性和绝对性，而只承认关于本质的科学才具有必然性、确实性和绝对性。这种观点是同辩证唯物主义的反映论根本相反的。

在辩证唯物主义看来，作为客观事物的对象是现象和本质的对立统一。在实践的基础上，人的认识不断深入，从现象进到本质，再从不甚深刻的本质进到更深刻的本质，这样不断地深化。但胡塞尔反对辩证唯物主义的反映论，他认为，对象和思维的关系不是一种被反映和反映的关系，对象和思维的关系是决定于对象及其存在的意义的。换句话说，在胡塞尔看来，根本就没有什么作为客观事物的本质，本质只是一种纯粹本质、理想本质或观念本质，这种本质是自我意识给予对象及其存在的一种结构、意义。因此，萨特在解释本质时，按照胡塞尔的现象学认为："本质不在对象里，本质是对象的意义，是暴露这个对象的一系列表现的理由。"① 既然所谓本质是以自我意识为基础的，那么，纯粹的自我意识便成为认识的最初源泉。

胡塞尔认为，只有哲学才是绝对正确的真正科学知识，因为它是唯一严格的科学知识，绝对没有错误；因为它奠基于纯粹意识、自我意识之上，并且具有先验的特征，所以具有绝对肯定的不容置疑性。胡塞尔认为现象学就是这样一种关于绝对知识的科学，即是关于纯粹意识的实质和表现的科学。他说："它（指先验哲学——引者）是这样的一门哲学，同科学以前的客观主义，甚至同科学的客观主义相反，它回到作为创造一切客观意义和有效地肯定一切关于存在的原始中心的那种主观性上去，而且把世界作为一个意义化和价值化的产物来进行理解。"② 这样，胡塞尔就把先验现象学宣布为具绝对意义的科学，只有它才配称为严格的科学，因为，一般地说来，只有先验现象学才能是关于绝对的、超时间的知识，而自然科学当然就不是这样绝对的、超时间的知识了。因此，胡塞尔否定自然科学具有真理意义。在他看来，真理应当是超时间的、绝对的。他说："任何真理都不是事实，即不是某种在时间上被规定的东西。……真理本身高于一切时间性的东西，把时间上的存在、产生或消灭强加于真理，那是没有意义的。"③ 既然自然科学并不是真理，而只有作为观念科学的哲学、逻辑学才是真理，那么，在胡塞尔看来，唯心主义便可以在它自己独

---

① 萨特：《存在与虚无》，1943年法文版，第75页。
② 胡塞尔：《欧洲的科学危机和先验现象学》，《哲学研究》1949年法文版第4期，第129页。
③ 胡塞尔：《逻辑研究》，1909年俄文版，第65页。

立存在的范围内巩固它的理论基础。由此可见，胡塞尔的现象学是为了否定自然科学的真理性，从而避开19世纪末20世纪初自然科学发展对于唯心主义理论基础的冲击，以保卫和稳固唯心主义的理论基础的。

二

胡塞尔认为应当把事实和本质、事实的科学和本质的科学严格地区分开来，并且认为只有本质的科学才是严格的科学。因此，根据这种区别，胡塞尔认为也应当有两种不同的认识方法：即个别的、经验的直观和普遍的、本质的直观。这种洞察本质的方法在胡塞尔看来是达到纯粹本质领域的唯一手段。他说："本质（eidos）一种新型的对象，正如个别的所与或经验的直观是一种个别的对象，本质的直观的所与是一种纯粹本质。"①

胡塞尔力图用"纯粹"数学来论证这种所谓本质直观的知识。他断言：现象学与几何学都是研究纯粹本质的科学，如几何学中"两点中间直线最短"这一类命题便是一种"自明的""先验"的命题。他说："如所周知，纯粹数学的学科，不论是物质的，如几何学或运动学，或者是形式的（纯粹逻辑的），如算术、分析学等等，都是自然科学在理论工作应用的基本工具，而大家都看出，这些学科都不是经验地产生出来的，它并不根源于各种圆形、运动以及显现于经验中的各种观察和实验。"② 这样，在胡塞尔看来，现象学连同"纯粹"数学一起，就变成了一种超实践、超经验、超时空的纯粹观念的产物了。人类实践和认识的历史证明了像"两点中间直线最短"这一类所谓"自明"的公理，本身就是人类长期实践历史的产物，并且它本身也反映了客观世界的空间形式的关系，并在实践中被证明是正确的。正因为这样，它才获得"公理"的意义。所谓脱离实践、经验和超时空的纯粹本质知识，不过是一种唯心主义的虚构而已。

胡塞尔一方面认为现象学的主要任务之一在于领会纯粹本质；另一方面他又认为这种领会的唯一途径是"本质直观"或"本质洞察"。这种

---

① 胡塞尔：《纯粹现象学的理念与现象学的哲学》第1卷，1913年德文版，第10－11页。
② 胡塞尔：《纯粹现象学的理念与现象学的哲学》第1卷，1913年德文版，第44页。

"本质洞察"的途径就是胡塞尔的现象学还原的方法。

胡塞尔的现象学还原的方法认为,要达到纯粹本质的领域,首先和主要的是排除关于自然界独立存在的观点,并把它搁置起来。

胡塞尔提出所谓现象学还原的方法称为现象学的eroché(意即停止判断或对一定判断的保留,字义来自古希腊晚期怀疑论哲学的述语),如果用胡塞尔自己的话来说就是"使从属于自然观点的本质的总的命题失去作用",即"完全阻止我们运用任何关于时间—空间存在的判断"。① 因此,胡塞尔又在比喻的意义上把现象学还原的方法称为"括弧法"。即用加括号的方法使"从属于自然观点的本质的总的命题失去作用"。所谓"括弧法",按照胡塞尔的观点,首先是"历史括弧法",即通过这种手段,把我们接受的各种事物的意见、理论、观点搁置起来。其次是"存在括弧法",即抛弃一切存在判断。胡塞尔认为哲学知识是关于本质的知识,它本身并不包含任何对个体存在(例如自然的)的肯定。因此,只有排除存在判断,才能够使哲学知识成为一种必然的知识。在这里我们可以看出:胡塞尔提出所谓"括弧法",打击的锋芒完全是对着唯物主义哲学观点、自然科学和日常生活中的朴素唯物主义观点的。胡塞尔断言:只有排除自然观点,即消除对唯物主义、对自然科学、对朴素唯物主义思想的信仰,才能获得关于本质的知识。唯物主义哲学观点、自然科学和朴素唯物主义思想都是一种认识的障碍,这正好暴露了胡塞尔的现象学是唯物主义和自然科学的敌人,是19世纪末20世纪初自然科学发展的反动的面目。

胡塞尔的现象学还原方法除了上述两种"括弧法"以外,他认为还必须用其他"还原"方法加以补充。因为在他看来,其上述的"括弧法"还只是停留在个别上面,还没有达到普遍的、本质的领域。因此,胡塞尔在他的现象学还原中又提出了所谓"本质的还原"和"先验的还原"。所谓"本质的还原"也就是从事实领域转到本质领域。例如,从个别的红色转变为进入本质的红色;从个别的人转变为进入本质的人等等。所谓"先验的还原"就是通过这种所谓"还原"的方法,在意识材料中,使朴素意识转变为"纯粹意识"中的"先验现象"。在胡塞尔看来,通过"本质的还原"和"先验的还原",任何物质的内容都完全被排除出去了,留下的只是纯粹自我和绝对的领域。胡塞尔认为只有在这样的条件下才能洞察

---

① 胡塞尔:《纯粹现象学的理念与现象学的哲学》第1卷,1913年德文版,第56页。

本质，他说："本质的直观不是事实（matter of fact）的认识。"① 而自然科学呢？在胡塞尔看来，正是一种关于事实的认识，是一种绝不能进入本质领域，因而也就绝不能成为一种真正科学的知识。因此，胡塞尔断言：自然科学"无论在任何一个个别问题上都不能使我们识破我们生活、活动和生存于其中的当前这个现实的奥秘"②。这正好充分说明了胡塞尔的现象学是通过否认理性、否定自然科学来宣扬唯心主义的。

帝国主义时代，唯心主义哲学流派的特征之一在于力图用第三条路线、中立主义等幌子掩盖它们的真面目，并避免公开反对唯物主义哲学。在这一个问题上，逻辑实证主义表现为用反对"形而上学"的口号来否定哲学基本问题和反对唯物主义，但在表面上避免公开反对唯物主义路线，而是宣布唯物主义为一种没有意义的"形而上学"假命题。胡塞尔在他的现象学中所采取的手法同逻辑实证主义者所采取的手法是类似的，他力图避免公开反对唯物主义和自然科学的结论，而是用所谓"停止判断"的办法来否定唯物主义和自然科学的结论，并通过这种手法来妄图保卫和稳固唯心主义的理论基础。

三

胡塞尔的现象学在认识论上具有浓厚的非理性主义色彩，这也显示出：胡塞尔的现象学的产生是19世纪末20世纪初自然科学发展的一种反动。非理性主义的唯心主义的认识论思潮否认科学的逻辑思维，强调神秘主义的直觉，这实质上是否定自然科学；因为没有科学的逻辑思维，没有理性认识，也就不可能有自然科学，更不要谈什么自然科学的革命性的进展了。胡塞尔的非理性主义的认识论，突出地表现在他的"理智的直观"的唯心主义观点中。

胡塞尔所宣扬的"理智的直观"的思想，来源于比胡塞尔的现象学略早一些的柏格森（1859—1941）的直觉主义。柏格森把直觉与理智根本对

---

① 胡塞尔：《哲学是一门严格科学》，1911年俄文版，第29页。
② 胡塞尔：《哲学是一门严格科学》，第50页。

立起来，他认为理智是以在空间中运动的、具有广延的外在物体作为研究对象的；而精神却是在时间中运动的。柏格森断言：只有直觉才能掌握进入时间中这种没有物质的运动，即掌握这一种被称为"纯绵延性"的不断的纯粹精神连续。

柏格森的直觉主义一方面把科学的唯物主义即辩证唯物主义和自然科学及其丰富成果一概诬蔑为机械论，以回避唯物主义和自然科学发展对于唯心主义理论基础的冲击；另一方面又以非理性主义的精神反对科学的逻辑思维，反对在实践的基础上从感性认识而能动地发展到理性认识的认识途径，并宣布只有依靠神秘的直觉才能掌握作为纯粹的精神持续的这种"生命之流"的宇宙本质。

柏格森的直觉主义的哲学力图避免自然科学的发展对于唯心主义理论基础的冲击的手法，都被胡塞尔吸收进他的现象学的著作当中。

在胡塞尔看来，理智的直观是一种天生的理智能力，这种能力成为真正的科学知识的唯一源泉。他断言："一切原则中的原则，每一个最初所与的直观，就是正确认识的泉源；应当把所有本源的直观中表现为真实的东西当作一般真实的东西，并且立即加以接受。"① 由此可见，在胡塞尔看来，理智的直观和经验的直观是根本不同的。经验的直观并不能提供没有错误的"理论"知识。只有依靠理智的直观才能够获得没有任何错误的关于本质的知识、"理论"的知识。因此，胡塞尔认为只有作为本质的科学、理论的科学的现象学，才是具有真理的知识，才是关于真理的科学，因为它具有绝对的和超时间—空间的价值，即具有"观念"上和"理论"上的价值。而经验科学，特别是自然科学，在胡塞尔看来是关于事实的知识、低级的知识，不能成为关于真理的科学，因此，自然科学不能成为哲学的基础。现象学作为以纯粹意识为对象的严格科学，必须通过理智的直观来认识，任何科学中的抽象思维都只能与经验事实打交道。因而胡塞尔断言，哲学抛弃自然科学的"干涉"，可以在独立的范围内，成为一门关于本质的唯一的科学。

胡塞尔断言："观念的存在"和"事实的存在"是根本对立的。因此，他把理智的直观称为"观念化"，并且认为只有通过"观念化的抽象"才能获得关于"观念的存在"的知识，这种知识是一种绝对没有错

---

① 胡塞尔：《纯粹现象学的理念与现象学的哲学》第 1 卷，1913 年德文版，第 43-44 页。

误的知识。因此，只有这种知识才配称为严格的科学。从这种理智的直观的认识方法出发，胡塞尔认为："在现代的全部生活中，很可能没有一种思想比科学思想更加强大、更加不可遏止、更加所向无敌了。任何东西也不能阻止科学思想的胜利进军。"① 在这里，胡塞尔所讲的科学思想的进军是指关于本质的科学知识，即指所谓作为严格的科学的现象学和先验逻辑，至于经验自然科学，由于它只是关于经验事实的科学，在他看来，当然是不属于"科学思想的胜利进军"之列的。胡塞尔把现象学宣布为关于真理的绝对知识，并把自然科学从真理的领域中排除出去，从而回避19世纪末20世纪初自然科学的发展对于唯心主义理论基础的冲击。从这一要求出发、胡塞尔提出了他的非理性主义的理智的直观的认识方法，这正好暴露了胡塞尔的现象学在认识方法问题上，也是对19世纪末20世纪初自然科学发展的反动。

四

胡塞尔的现象学的认识论的非理性主义和神秘的思辨本质，还突出地表现在它的"意识作用"（noesis）和"意向性"（intentionality）的学说中。

胡塞尔在它的现象学中，通过各种思辨的解释、论证，通过所谓"现象学还原"的现象学方法，力图取消物质与精神、存在与思维谁是第一性、谁是第二性这一哲学基本问题，力图回避对哲学基本问题做公开解答，以免公开暴露出它对哲学基本问题解答时的唯心主义反动路线，从而回避19世纪末20世纪初自然科学发展对唯心主义理论基础打击的锐利锋芒。

但是胡塞尔的现象学方法，并没有取消哲学基本问题，也不可能取消哲学基本问题。因为，不管是什么哲学流派，它不可避免地总是要对哲学基本问题做出这样或那样的回答。胡塞尔的现象学也并不例外。其实，胡塞尔通过"现象学还原"只不过是把物质与精神、存在与思维这一根本对

---

① 胡塞尔：《哲学是一门严格的科学》，1911年俄文版，第8页。

立转移在意识领域,即把物质与精神的对立,归结为意识内部领域中物质与意识的对立。这样,实际上胡塞尔也并没有能够从根本上避免或取消物质与精神、存在与思维这一哲学基本问题。因为在所谓绝对领域中,即在意识现象的领域中仍然存在着物质与精神、存在与思维、客观与主观这一个对立。

另一方面,胡塞尔虽然把物质归结为意识,但它承认本质、理念。这种本质、理念是一种超经验、超时空的理想的观念。胡塞尔声言:这种本质只能直观。在他看来,一般并不是从对象中把共同的东西抽象出来的结果,而是一种理想的观念的本质,这种本质是科学的抽象无法掌握的,只能通过本质直观去领会。这样,本质便变成了是一种与纯粹意识相对应的东西;变成了一种奠基于纯粹意识基础之上,并由纯粹意识规定的一种理想的观念的东西,它是关于对象的一系列表现的理由、意义和解释。因此,胡塞尔说:当我们"在进行直观时,就说出判断的本质"。"当我们通过直观十分清楚地理解了'花'的全部实际情况时,这个东西就变成了本质。"① 胡塞尔这种观点当然是一种主观主义哲学。

尽管胡塞尔对本质做了主观唯心主义的解释,但是他认为只有关于本质的科学知识才是真正的科学知识,这样,仿佛本质是真正科学知识的来源和可靠保证;并且认为经验科学,特别是自然科学只有在理论科学基础之上才能成立,这样就使得胡塞尔的观念本质带有柏拉图的"理念"的色彩。但 19 世纪下半期,以物理学为先导的自然科学的迅速发展,充分地论证了自然界物质运动的自动性质,使得直接与神学结合起来的客观唯心主义无法自圆其说。因此,在帝国主义时代,主观唯心主义便较客观唯心主义更为流行,虽然垄断资产阶级在任何时候也没有抛弃利用客观唯心主义作为一种与唯物主义做斗争的反动工具。但主观唯心主义同客观唯心主义比较起来,神学色彩更隐蔽,欺骗性也更大,并且也比较容易回避现代自然科学的发展对唯心主义理论基础打击的锐利锋芒。胡塞尔当然也察觉到这种形势。他意识到,用柏拉图式的客观唯心主义的理念来公开同自然科学的发展(特别是同物理学的发展)相冲突是不明智的,因此,他在现象学中力图用思辨的解释和论证来强调主观唯心主义。胡塞尔的"意识作用"和"意向性"学说就突出地表现出他的现象学是一种思辨的主观唯

---

① 胡塞尔:《哲学是一门严格的科学》,1911 年俄文版,第 31、28 页。

心主义哲学。

在胡塞尔看来，在意识领域中，"意识作用"和"意识对象"之间的关系是两者相互关联、不可分割的，这正是一种臭名昭著的"原则同格论"。如所周知，这种"原则同格论"并没有能够回避或取消哲学基本问题，并且从实质上说，这种观点本身便是对哲学基本问题的一种主观唯心主义解答。因为，如果说经验批判主义把自我叫作同格的中心项、环境叫作同格的对立项，那么在胡塞尔的现象学中，把意识领域中的"意识作用"作为同格的中心项，把"意识对象"作为同格的对立项，不过只是换了一些名词术语而已，理论实质完全是同经验批判主义者的"原则同格论"一样的，是一种彻头彻尾的主观唯心论。

实际上，胡塞尔把"原则同格论"引入意识领域中，也确实不能回避或取消哲学基本问题。因为在物质与意识的关系中，总有一个被产生和产生、被动和主动的关系问题。在胡塞尔看来，某物作为意向对象是被产生的、被动的，他称为"意识对象"（noema）；而精神，即纯粹自我则是一种生气勃勃的、积极的、活动的作用因素，他称为"意识作用"（noesis）。胡塞尔断言：在意识领域中，"意识作用"和"意识对象"是相互联系、不可分割的，因为它们都是作为纯粹意识中的有机因素而存在的。但是，从被产生与产生、被动与主动的关系看来，"意识对象"是"意识作用"的产物，它总是同"意识作用"的实行、完成相关联的。这就是说，在胡塞尔看来，"意识对象"是纯粹意识意向某物的产物，换句话说，也就是意识构成对象。在这里，我们必须对胡塞尔的"意向性"学说，做一个分析。

"意向性"学说是布伦坦诺的哲学思想中的一个基本观点。布伦坦诺认为，意向性是一种基本的心理现象，心理现象与非心理现象的根本区别在于有没有"意向性"这一根本特征。布伦坦诺认为，作为一种心理现象的特征，意识具有一种"指向对象"的特性。后来，胡塞尔发展了布伦坦诺这种主观唯心主义观点，认为"意识总是关于某物的意识"，这就是说，"意识作用"总是有所构造的，由于这种作用才形成"意识对象"。因此，胡塞尔说："客观世界是作为观念，作为位于主观的东西和客观的东西之间的观念相关概念而出现的。"① 在这里，胡塞尔明确地提出了意识领域

---

① 胡塞尔：《笛卡尔的沉思录》，1956年德文版，第138页。

中的"原则同格论"。那么，在胡塞尔看来，作为第一性的基础是什么呢？他明确地回答说："存在的意义、客观世界都是在我的第一性的意识世界的基础上形成的。"① 这就充分地暴露出胡塞尔的"意识作用"和"意向性"学说是一种神秘主义的思辨的主观唯心主义哲学。

五

从上面的分析我们可知：逻辑实证主义运动和现象学运动都是对于 19 世纪末 20 世纪初的自然科学迅速发展的反应，都是把保卫和稳固唯心主义的理论基础作为根本任务的。但逻辑实证主义和现象学运动对于现代自然科学发展的反应各自采取了不同的形式：逻辑实证主义运动采取了歪曲自然科学（特别是物理学）和数学的研究成果来宣扬唯心主义的方式；而现象学运动则采取了把哲学宣布为绝对知识，并贬低和否定自然科学的方式来宣扬唯心主义。由此可见，逻辑实证主义运动和现象学运动都是现代西方资产阶级保卫和稳固唯心主义理论基础，并向唯物主义哲学进行反击的两种方式。逻辑实证主义运动与现象学运动绝不是两种根本相反的哲学思潮。

胡塞尔断言，现象学是同实证主义根本相反的一种哲学思潮。他说："实证主义的科学方法的明证性是一个骗局……这种明证性本身就是一个问题。"② 胡塞尔一方面提出反对实证主义，另一方面又强调对科学的价值的估计要改变，要强调"人的存在"的意义。他说："我们的出发点在于对科学的估计的改变，这种改变是上世纪的末期出现的。这种估价的改变并不牵涉到各门科学的科学性，而只牵涉到各门科学，即绝对意义上的科学，对于人的存在所已经赋予的和可能赋予的意义。"③ 在这里，胡塞尔攻击科学忽视人的价值和意义，因而认为必须对科学的估计作根本的改变。由此可见，胡塞尔的现象学反对实证主义是假的，反对 19 世纪末 20 世纪初的自然科学及其发展是真的。如果我们分析一下胡塞尔现象学产生

---

① 胡塞尔：《笛卡尔的沉思录》，1956 年德文版，第 61 页。
② 胡塞尔：《欧洲科学的危机和先验现象学》，《哲学研究》1949 年法文版第 4 期，第 300 页。
③ 胡塞尔：《欧洲科学的危机和先验现象学》，《哲学研究》1949 年法文版第 4 期，第 129 页。

的认识论根源，我们就更加能够看清这一点。

在 20 世纪初，列宁在论述到"物理学"唯心主义产生的认识论根源时，指出了两点：即物理知识的数学化和相对主义原理，"这个原理在旧理论急剧崩溃的时期以特殊力量强使物理学家接受，在不懂得辩证法的情况下，这个原理必然导致唯心主义"。[①] 列宁关于"物理学"唯心主义产生的认识论根源的分析，可以应用于分析逻辑实证主义产生的认识论根源，因为逻辑实证主义者正是利用物理学的数学化和逻辑化、利用物理学家不懂得辩证法的弱点来宣扬唯心主义的。列宁对于"物理学"唯心主义产生的认识论根源的分析，在一定程度上也适用于分析胡塞尔的现象学产生的认识论根源，因为，胡塞尔的现象学也是利用物理学的数学化和逻辑化和物理学家不懂辩证法的弱点来宣扬唯心主义哲学的。逻辑实证主义和现象学运动产生的认识论根源基本上是相同的。

第一，胡塞尔同逻辑实证主义者一样，利用了物理学数学化和逻辑化的特点来宣扬唯心主义。20 世纪初，物理学的数学化取得了辉煌成就，例如，爱因斯坦把黎曼几何引进现代物理学当中。在广义相对论中，黎曼几何成为引力理论的表现形式，这标志着当时物理学发展的伟大成就，这一成就同物理学的数学化是分不开的。但这同时就产生一种可能性，即通过把数学方程式片面地夸大成为第一性的东西而走向唯心主义。胡塞尔的现象学正是在这一点上陷入唯心主义和宣扬唯心主义的。

在 19 世纪数学的发展很快，特别是非欧几何学和"集合论"，这种发展要求数学具有严格的证明，要求数学定理的逻辑结构清楚，这样就促进了数理逻辑的发展并使它在 19 世纪末 20 世纪初成为一门独立的科学。由于意大利的皮亚诺（1858—1932）和德国的弗雷格（1848—1925）等人的研究，奠定了数理逻辑作为一门独立科学的基础。但胡塞尔利用物理学知识数学化和逻辑化的特点，把逻辑变成一种超实践、超经验、超时空的第一性的东西，这样便变成了一种所谓先验现象学的唯心主义了！

胡塞尔力图否定弗雷格等人对数理逻辑研究的重要成就，他攻击弗雷格等人的数理逻辑的一些概念是未经过检查的，最多只能够提供解决某一类特殊问题的特殊方法，因而数理逻辑缺乏普遍性和确定性。胡塞尔断言：逻辑的真应当是具有普遍性和确定性的。因此，他认为逻辑必

---

① 列宁：《唯物主义和经验批判主义》，第309页。

须是一种理论学科,即建立一种超实践、超经验、超时空的"纯粹逻辑",这种所谓"纯粹逻辑"要求建立一些先验命题,在这些命题之上建立起真理、判断、定义等概念。这样胡塞尔便在攻击数理逻辑的科学成就的同时,把逻辑命题、真理、判断、定义等通通夸大、歪曲、神化为绝对的、第一性的、基础的和根源的东西了。正是在这一根本问题上,胡塞尔的现象学陷入并宣扬唯心主义。这同逻辑实证主义者歪曲当时的数理逻辑的研究成果,从而陷入和宣扬唯心主义,在手法上和实质上都是基本相同的。

第二,在不懂得辩证法的情况下,相对主义必然导致唯心主义。逻辑实证主义正是这样陷入并宣扬唯心主义的。从表面上看来,胡塞尔的现象学在这个问题上与逻辑实证主义不同,因为它不是通过相对主义,而是通过绝对主义陷入和宣扬唯心主义的。但在胡塞尔看来,只有超实践、超经验、超时空的绝对知识才是唯一真正的科学知识,而现象学正是这样的一种绝对的科学知识。这就说明了胡塞尔的现象学是通过绝对主义而陷入和宣扬唯心主义的。但是把绝对性和相对性绝对地割裂开来,不论是夸大相对性、否定绝对性,或夸大绝对性、否认相对性,都是反辩证法的,都是一种彻头彻尾的形而上学。因为在辩证法看来,任何科学真理都是绝对性和相对性的对立统一。逻辑实证主义者夸大相对性而否认绝对性和客观性,这样科学真理便变成了一种任意的、主观的东西,即成为相对主义的真理观,并从这里陷入唯心主义的泥坑。胡塞尔从表面上看来同逻辑实证主义者不同,他只承认科学真理具有绝对性,否认具有相对性,并且把绝对性歪曲为超实践、超经验、超时空的东西,这样便从绝对主义陷入唯心主义。但不论是逻辑实证主义者的相对主义的真理观,或是胡塞尔的绝对主义的真理观,都是彻头彻尾形而上学的、反辩证法的,两者都是通过形而上学而陷入唯心主义的泥坑的。

从上面分析可知:逻辑实证主义和胡塞尔的现象学产生的认识论根源基本上是相同的。逻辑实证主义和胡塞尔的现象学都是对于19世纪末20世纪初自然科学发展的一种反应,虽然二者采取的表现形式和理论形式不同,但都是以保卫和稳固唯心主义的理论基础作为根本任务的。

完稿于1979年7月2日
(原载《哲学研究》)

从胡塞尔到萨特现象学本体论的演变

法国哲学家让－保罗·萨特（1905—1980）是现代西方哲学思潮中的一个重要代表人物，他的存在主义哲学是现代西方哲学史中的一个重要环节。对萨特存在主义哲学进行具体分析和正确评价，是现代西方哲学研究和批判的一个重要课题。

萨特哲学的出现是符合现代西方哲学发展史规律的历史现象。过去一般研究者对于萨特哲学思想的前驱都上溯到19世纪上半期丹麦的唯心主义哲学家基尔凯郭尔（1813—1855）。当然基尔凯郭尔曾经阐述过一些存在主义的基本思想，提出过一些存在主义哲学的基本概念，但由于基尔凯郭尔哲学和萨特哲学相距整整一个世纪，社会历史条件和人类认识历史（包括自然科学史在内）条件都很不相同，因此，很难认为萨特哲学与基尔凯郭尔哲学具有重要的直接的继承关系。也有很多研究者认为萨特师承海德格尔（1889—1976），这当然是事实，但应当认为对萨特存在主义哲学影响最大的是德国现象学的创始人和主要代表人物埃德蒙德·胡塞尔（1859—1938）。

如所周知，萨特是科班出身的哲学家。从1924年起，他在巴黎高等师范学校攻读哲学四年，直到毕业。1929年参加哲学教师学衔会考，以第一名的优异成绩获得哲学教师资格。1933年又到德国柏林法兰西学院，在胡塞尔门下进修哲学。他在1934年写成的《胡塞尔现象学的第一个基本思想：意向性》和《论自我的超越》，论题都是关于胡塞尔现象学的。1943年，萨特出版他的主要代表哲学著作《存在与虚无》，副题是"现象学本体论散论"。这些历史事实说明，胡塞尔现象学对于萨特哲学具有重大的影响。如果我们对胡塞尔到萨特的现象学本体论的演变做历史的考察分析，便可以看到二者是一脉相承的。从历史的发展来考察，包括萨特哲学在内的存在主义哲学可以说是现象学运动的一部分。本文的宗旨在于通过分析从胡塞尔到萨特现象学本体论演变的规律和特点，来阐明现代西方哲学发展史中继承性与更新性的相对独立规律性，从而有助于对萨特存在主义哲学做出恰如其分的正确分析评价。

从胡塞尔到萨特现象学本体论的演变,第一个主要方面表现在他们两人的哲学体系,在哲学的出发点和基础立足点上是一脉相承的,在继承的同时,又有更新。

胡塞尔现象学理论体系的出发点是:现象学是唯一严密科学的哲学;在现象学成立以前的哲学,虽然也曾要求成为严密科学,但都没有达到这个要求;哲学成为一门严密科学,是从胡塞尔现象学才开始的"革命"。在胡塞尔看来,哲学是一门严密科学意味着哲学成为绝对真理,没有任何错误因素。这样的科学,胡塞尔称为观念科学或本质科学。在他看来,以现象学为典范的观念科学或本质科学是同经验科学或事实科学(其中包括自然科学和社会科学)根本对立的。经验科学(特别是自然科学)由于有经验的性质和特点,因此必然会受到后来经验的修正,必然包含有待修正的错误因素,不能成为不包含错误因素的绝对真理,最多只能是相对真理。胡塞尔从形而上学地割裂绝对真理与相对真理的辩证关系出发,把观念科学、本质科学同经验科学、事实科学从根本上对立起来。他以心理学(经验科学中的一门科学)和现象学(理论科学的典范)为例来说明哲学,认为现象学与经验科学(特别是自然科学)是根本对立的。他说:"心理学是经验的科学,按照经验这一个词的通常意义,具有双重意味:一、心理学是事实的科学……二、心理学是实在的科学……同这种心理学的'现象学'正相反,纯粹的乃至先验的现象学,并不是作为事实科学建立起来的,而是作为本质科学(形相科学)建立起来的,即它的目标唯一地是建立'本质认识',而且是绝对地没有事实的认识。"①

胡塞尔把现象学与经验科学(特别是自然科学)根本对立起来的观点,反映了19世纪末20世纪初唯心主义哲学所面临的困难处境。

从阶级斗争和意识形态斗争方面看,以穆勒(1806—1873)和斯宾塞(1820—1903)为主要代表人物的实证主义哲学已经衰落,原因之一是脱离了以物理学为核心和先导的自然科学发展史的潮流,故而受到自然科学发展史的批评,并使人们逐渐对实证主义失去兴趣。在实证主义衰落的同时,虽然新黑格尔主义乘机而起,流行过一阵子,但由于远离自然科学发展史,生命力不强,抵挡不住唯物主义哲学,特别是辩证唯物主义和自然科学发展史的批评。于是在这从自由资本主义转到帝国主义阶段的关头,

---

① 胡塞尔:《纯粹现象学与现象哲学的理念》,第一卷,1926年德文版,第6页。

垄断资产阶级便积极要求建立具有比较强固生命力的新唯心主义哲学流派。胡塞尔正是在这种历史条件下，宣告自然科学是包含错误因素的低级知识，没有资格批评作为"严密科学"的绝对真理体系的哲学的。他企图撇开自然科学史及与自然科学史实质一致的唯物主义的批评，在唯心主义的范围内，不依赖自然科学而建立起现象学的理论体系。他说："先验现象学并不是纯粹为了回答唯心主义的历史问题而发明的一种理论，它是在自身当中建立起来的一种科学，并且是绝对地站立在自身的基础上，它当然是一种在自己领域中建立起来的科学。"① 这样建立的"严密科学"的哲学是一种具有超时空的永恒真理价值的理论科学，它的出发点和基础立足点是绝对的。

胡塞尔提出上述这些问题，不但具有阶级斗争和意识形态斗争方面的原因，而且也有人类认识史和自然科学史方面的原因。从 19 世纪下半期至 20 世纪初年，物理学发展迅速，与此相联系的数学和数理逻辑也取得了重要进展，到 19 世纪末，数理逻辑发展成为一门独立学科已经成为势不可挡的科学发展潮流。在这样一种人类认识史的条件下，青年胡塞尔作为一个数学家和逻辑家进入了哲学研究领域。他在把绝对与相对的关系割裂开来之后，便把逻辑加以夸大，把它绝对化和神化，变成第一性的逻辑王国、绝对真理王国的本质领域。他在《逻辑研究》（1900—1901）中就是把逻辑本体论化，以逻辑王国的本质领域为基地来建立现象学本体论基础的。在胡塞尔看来，这样可以撇开自然科学发展史的干扰和冲击，单纯以本质领域为基础来建立具有超时空的永恒价值的绝对真理理论体系。

在胡塞尔看来，只有本质的理论才是绝对的，其他一切经验科学都是相对于本质领域而存在的，最多也不过是相对真理。他认为哲学的出发点只能是不以任何经验科学为前提的绝对出发点，如果以经验或经验科学为前提，依赖于经验和经验科学，哲学就无法成为绝对真理的理论体系。因此，在胡塞尔的理论体系中，以绝对的无前提为出发点和以绝对为哲学的基础立足点，根据是一致的，首尾是一贯的。

依据这个理论，胡塞尔从现象学的角度高度评价了笛卡尔的"我思"，他认为"笛卡尔的沉思给予先验现象学以新的推进力"。因此，"人们几

---

① 胡塞尔为《纯粹现象学与现象学哲学的理念》第 1 卷英译本所写的序言，1913 年英文版，第 20 页。

乎可以称先验现象学为一种新笛卡尔主义"①。胡塞尔从以先验现象学改造过的"我思"出发，断言："一切同意并且相应地选择从整个贫乏与破坏作为始点，那么，我们的首要问题就是要发现绝对的确实无疑的始点及其诸实行程序。"②

胡塞尔现象学本体论要求从绝对无前提的零点出发，便在方法论上确立了一种为达到这种要求的手段，这种方法论就是他的现象学还原。他说："纯粹笛卡尔主义的方法论对我（哲学化的人）要求现象学的停止判断。停止判断，从我的判断范围排除作为包括一般客观世界实在和世界上诸科学两者在内的世界事实。"这样"我发现到'我'是独特的纯粹自我"③。"纯粹自我"就是胡塞尔现象学本体论的根本立足点和根据。这一本体论根据是从无前提出发，借助于现象学还原的方法论来发现的；而这纯粹自我、先验的自我又是一切客观认识的条件，在认识论上优先于一切对象的实在性。这样，胡塞尔现象学从绝对无前提的所谓零点出发，通过现象学还原，以纯粹自我、先验的自我为基础立足点，把本体论、认识论、方法论以主观唯心论的"纯粹自我"的基本范畴为根据联结起来，成为一个比较完整的主观唯心主义理论体系。胡塞尔认为这样就完成了在哲学本身范围之内，撇开自然科学，建立和巩固主观唯心主义的理论基础的历史任务。

在哲学的出发点和基础立足点这个问题上，萨特师承胡塞尔。他继承了胡塞尔从无前提的绝对出发，并以绝对作为哲学的基本立足点、根据的基本思想。萨特认为存在主义者的共同点在于"必须以主观性为出发点"④，但这只是在"严格的哲学意义内应用"⑤。萨特所说的严格的哲学意义就是现象学本体论意义，这种现象学本体论要求有一个无前提的绝对出发点和有一个哲学的绝对立足点或根据。因此，萨特类似于胡塞尔，也从存在主义的现象学本体论来修改并高度评价笛卡尔的"我思"。他说："我们需要一个建立于真理之上的学说，……世间决没有一种真理能够离开'我思维故我存在'。我们凭此，可得到一个绝对真实的自觉意识……

---

① 胡塞尔：《笛卡尔的沉思》，1977年英文版，第1页。
② 胡塞尔：《巴黎讲演》，1975年英文版，第4页。
③ 胡塞尔：《巴黎讲演》，1975年英文版，第10页。
④ 萨特：《存在主义是一种人道主义》，载《存在主义哲学》，1963年，第336页。
⑤ 萨特：《存在主义是一种人道主义》，载《存在主义哲学》，1963年，第350页。

离开笛卡尔的'我思维',一切观点都只成为或然的。……同时,要描述或然的东西,必定要坚持着真实的东西;所以,在有任何一种真理之前,一定要有一种绝对真理。"① 在萨特看来,哲学是从无前提的个人主观性出发,又以个人主观性这个绝对真理为基础立足点或根据,并用这种绝对真理来描述一切或然的相对的。这个观点,萨特在《存在与虚无》一书中说得更加清楚:"'被知觉'将我们归结到一个'知觉者',它的'存在'是作为意识而对我们显露自己。因此,我们便得到认识的本体论基础,得到第一存在,一切其他显现都是对于它而显现,得到绝对;相关于这个绝对来说,每一现象都是相对的。"② 萨特认为这样就避免了唯心论,其实这恰好与胡塞尔现象学本体论的主观唯心主义一脉相承。

不但这样,萨特又认为哲学从无前提的个人主观性出发并以它为哲学的立足点,应当把绝对看作是意识、纯粹显现,而不应看成是实体。他说:"笛卡尔的理性主义本体论的错误,在于没有看到如果把绝对定义为存在优先于本质,它就不能被陈述为一个实体,意识是没有任何实体性的东西,它是纯粹显现,就这一意义来说,它只有在显现的层次上才能实存,但是正因为意识是纯粹显现,因为它是总体的虚空(因为整个世界都在它之外),因为有显现和实存这种同一性在它之内,因此,可以被认为是绝对。"③

这种观点同胡塞尔所主张的不应当把纯粹自我看作实体的观点是一脉相承的。在胡塞尔看来,如果把纯粹自我看作是实体,那就破坏了从无前提的绝对的零点出发的本体论基本思想。而且如果把哲学的立足点或根据看作是实体,那就会陷于"实在论"的错误。他指责笛卡尔说:"不幸地,笛卡尔仍然致命地把自我转变为我的实体,转变为独立的人的灵魂……总之,这种转变使得笛卡尔成为有几分荒谬的先验实在论的祖师。"④

从上面分析我们可以认为在哲学的出发点和哲学的立足点或根据这一重大问题上,萨特是继承了胡塞尔的现象学的本体论的基本思想的。但也

---

① 萨特:《存在主义是一种人道主义》,载《存在主义哲学》,1963 年,356 页。
② 萨特:《存在与虚无》,1972 年英文版,第 33 页。
③ 萨特:《存在与虚无》,1972 年英文版,第 32 页。
④ 胡塞尔:《巴黎演讲》,1975 年英文版,第 9 页。

应当指出，虽然萨特的个人的主观性的范畴是从胡塞尔的纯粹意识、纯粹自我演变而来，但也有更新。二者的区别表现在下面两点。

首先，胡塞尔提出的纯粹意识、纯粹自我和萨特提出的个人主观性既有相同的历史条件又有不同的历史条件，从而表现出继承性与更新性的统一。其相同点表现在虽然萨特哲学和胡塞尔哲学在时间上相差30年左右（胡塞尔先验现象学系统化的标志是1913年出版的《纯粹现象学与现象学哲学的理念》一书，1943年萨特才发表他的存在主义哲学理论系统化的著作《存在与虚无》），在这30年当中，唯心主义，特别是包括萨特的存在主义哲学在内的现象学运动的根本任务——在哲学本身的范围内独自建立和巩固唯心主义的理论基础这一点并没有改变。在20世纪的30年代前后，逻辑实证主义运动通过物理学、数学和数理逻辑来讲哲学，虽然有许多歪曲，但仍然是顺应了当时作为先导学科的物理学取得迅猛发展（与此相联系的是数学和数理逻辑取得了重大进展，数理逻辑发展成为有丰富成果的独立学科）的自然科学史潮流的。因此，逻辑实证主义在30年代便压倒了当时远离物理学、数学和数理逻辑的研究成果的实用主义而在当时现代西方哲学流派中占有明显的优势地位。但由于逻辑实证主义本身包含着不可克服的内在矛盾，并日益走进彻底唯心主义经验论和极端形式主义的死胡同，因此在30年代便有哲学家出来批评维也纳学派，其中包括塔尔斯基、刘易斯、莫里斯等人。卡尔纳普（R. Carnap，1891—1970）虽然也接受了一些批评意见，但并没有能够从根本上医治逻辑实证主义的彻底唯心主义经验论和极端形式主义的致命伤。到了40年代以后，逻辑实证主义衰落的命运已经无法挽回。1951年，奎因（1908—2000）发表了《经验主义的两个教条》一文，对逻辑实证主义进行了批评，标志着逻辑实证主义的衰落。萨特的存在主义哲学正是在逻辑实证主义运动走向衰落的时候，针对逻辑实证主义极端形式主义的致命缺点，提出个人的存在、个人的主观性、人的尊严和意义等问题的。这些问题正是逻辑实证主义认为大多数是形而上学问题而没有讨论或很少讨论的。在这个时候，人们已经对逻辑实证主义把哲学研究的对象限于对科学语言做逻辑分析感到厌倦，因此，萨特提出的以个人主观性作为哲学的出发点和基础立足点便广泛地引起了人们的兴趣。于是在50年代，以法国为中心，存在主义便代替逻辑实证主义，在现代西方哲学流派中取得了优势地位。从上面分析可以看到萨特提出的个人主观性是对逻辑实证主义的极端形式主义的反动。

胡塞尔的纯粹意识、纯粹自我是在另一种人类认识历史条件下提出来的。在 19 世纪末 20 世纪初，数学和数理逻辑迅猛发展，特别是数理逻辑，迅速发展成为一门众所公认的独立学科。因此，当时与数理逻辑发展相联系而提出来的数、概念的客观性、普遍性、独立性和真理性等问题成为人们关心的问题。佛里格对当时流行的算术哲学的批评，正是针对上述问题的。胡塞尔当时提出的本质科学、逻辑王国的观点虽然犯了把逻辑、真理片面绝对化、本体论化的错误，但他提出逻辑的客观性、普遍性、独立性和真理性问题，并针对当时流行的心理主义观点进行了批评，为数理逻辑发展成为独立科学扫清了道路，这应当说是顺应当时数学和数理逻辑发展的历史潮流的。胡塞尔早期，即在《逻辑研究》一书发表的时候（1900—1901），由于把逻辑、真理片面夸大，把它本体论化，因而带有柏拉图理念论的客观唯心主义色彩，虽然在主要倾向上，由于把纯粹自我看作是哲学的基础立足点或根据，因而仍然属于主观唯心主义。胡塞尔的现象学本体论在后来日益主观唯心主义化，这是同现代西方哲学的主流是主观唯心主义这一情况相吻合的。但是胡塞尔的纯粹意识、纯粹自我的提出终究是与解决逻辑、真理的绝对性、客观性问题相联系的，他是通过本质领域、逻辑王国的探究才归结于主观唯心主义的纯粹自我的基础立足点的。这同萨特针对反对逻辑实证主义的极端形式主义而提出个人主观性问题，具有不同的人类认识历史上的原因和根据。

其次，胡塞尔提出的纯粹意识、纯粹自我与萨特提出的个人主观性的不同，还表现在从现象学的本体论到存在主义化的现象学本体论的不同。萨特是一个存在主义哲学家，他当然是从存在主义的立场和角度阐述现象学的本体论的，这就是更新。

从上述分析可知，胡塞尔是从逻辑王国、本质领域的立场和角度来归结于纯粹自我、纯粹意识的。他主要关心的是绝对真理，作为严密科学的哲学问题，对于人的存在和意义、对于个人的主观性没有萨特的存在主义哲学那么关心；萨特的存在主义对逻辑实证主义的极端形式主义感到厌恶，因此萨特并不是从逻辑王国、本质领域出发来讲存在主义哲学，而是从人的存在，即人的主观性出发的。胡塞尔从本质领域出发，归结为纯粹自我，因而带有鲜明的本质论色彩；萨特提出人的主观性，并把人的主观性引申出存在先于本质，这就用存在论的色彩更新了胡塞尔现象学本体论的本质论的色彩。这就是说，随着历史（包括人类认识史）的发展，萨特根据新的历史条件把胡塞尔的现象学本体论发展为存在论的现象学本体论。

二

从胡塞尔到萨特现象学本体论的演变,第二个主要方面表现在他们两人的哲学体系,在中心论题上的继承性和更生性。

一般说来,哲学的中心论题是贯串于整个哲学理论的。从横向方面来说,贯串于整个哲学体系的各个组成部分,比如说贯串于本体论、认识论、方法论、价值论,以及社会历史政治观点等各个部分;从纵向方面来说,贯串于一个哲学家研究的始终,是一个哲学家终生追求渴望解决的中心论题。

胡塞尔哲学的中心论题可以概括为"哲学职责论"。它是由五个论点组成的。

第一,哲学具有崇高的历史目的。他说:"按照哲学的历史目的是所有一切科学中最崇高和最严格的科学,它如实地描绘出对纯粹和绝对的不朽要求。"① 在胡塞尔看来,哲学、哲学家的天职就在于教导人们怎样从事人类的永恒事业。

第二,从哲学、哲学家从事的是人类永恒事业这一观点出发,胡塞尔认为哲学应当成为超时空的永恒真理,成为绝对真理的体系,哲学的理论内容的任何一部分,即使是很小的一部分,也应当有客观根据。

第三,因此,哲学是一切科学中最严格的科学,它应当成为一门严密科学,成为其他一切经验科学的理论根据。

第四,现象学,即唯一的严密科学,是同经验科学根本对立的,这种对立是本质领域和事实领域的根本对立在科学上的体现,因此,哲学的目标是寻求本质领域的绝对真理。

第五,绝对真理的根据在于寻求排除一切事实因素本质理论,由于排除一切事实因素这一根本要求,因此现象学必定是先验现象学。先验现象

---

① 胡塞尔:《现象与哲学危机》,1985年英文版,第72页。

学由于依靠现象学还原而使纯粹意识、纯粹自我能够成为绝对真理的最后根据和可靠保证。

从上面的分析可知，胡塞尔哲学的中心论题"哲学职责论"最后归结为纯粹意识、纯粹自我，因此，在胡塞尔看来，现象学是关于纯粹意识的科学。

与此不同，萨特哲学的中心论题可以概括为"自为的绝对自由论"。萨特哲学的"自为的绝对自由论"是师承胡塞尔哲学的"哲学职责论"的。为了弄清"自为的绝对自由论"的来龙去脉，我们必须将萨特对胡塞尔继承和更新的内容做一具体分析。

胡塞尔哲学的中心论题是奠基于本体论之上的，即贯彻和实行哲学、哲学家的职责，必须追寻本质真理，要一直追寻到最根本的、最后的根据。这个最后根据就是纯粹意识、纯粹自我。这种追求本体论的最后根据就是胡塞尔所谓彻底主义。同样，萨特哲学的"自为的绝对自由论"也是奠基于现象学本体论之上的。对于萨特哲学来说，"绝对自由论"的最根本的、最后的根据就是"自为"的本体论范畴。

萨特用存在论代替了胡塞尔的本质论后，进一步认为存在与意识的不可分离的联系是现象学本体论的基础问题。他说："意识是关于某物的意识，这就意味着……意识一诞生便被一个不是意识的'存在'来支撑它。我们称这为本体论证明。"① 萨特所谓本体论证明，不过是意识与存在不可分离的"原则同格论"。他从这一本体论基础出发，认为存在有两种方式：自在的存在和自为的存在。自在的存在就是意识客体，即意识之中所包含的世界事物（如这张桌子、这包烟草等）。显然，这种自在的存在并不是指离开人的意识而独立存在的客观实在，而是指意识中之物，这同胡塞尔所说的意识对象基本上是一致的。在胡塞尔看来，意识构成的图式"是一个三边概念：自我、我思、我思对象"②，或者可以等价地写成"自我、心理过程、意向对象"③。在胡塞尔看来，通过现象学还原，外界事物都"加括弧"悬搁起来，因此，作为外界事物影子的意识对象、我思对象，便同自我不可分离，并通过我思或心理过程（即意向性）而构成与之

---

① 萨特：《存在与虚无》，1972年英文版，第37页。
② 胡塞尔：《巴黎演讲》，1975年英文版，第14页。
③ 参考《现象学：连续性与批判主义》一书，1973年英文版，第24页。

相联系的意识对象或意向对象。这样，自我、我思、我思对象便联结成意识之流。显然，萨特哲学根据存在主义哲学的要求，把胡塞尔的自我演变为自为，而把胡塞尔的意识对象或意向对象演变为自在，但基本的思想、观点依然是一脉相承的。不论是胡塞尔还是萨特，都把纯粹意识与意识对象的"原则同格论"作为现象学本体论的基石。在胡塞尔哲学中，现象学本体论的基石是在纯粹意识范围内的作用与对象、意向与意味的"原则同格论"；在萨特哲学中则表现为在意识包涵之中的自为与自在的综合统一，即所谓总体的存在的"原则同格论"。这两种"原则同格论"基本上是一致的。

应当指出，胡塞尔的自我与萨特的自为又是有区别的，这表明了萨特哲学的更新性。从胡塞尔的自我到萨特的自为的演变、更新主要表现如下：

首先，萨特把胡塞尔的自我彻底地进一步主观唯心主义化。当然，萨特也许是力图（至少是在口头和文字上）避免唯心主义的，但实际上萨特的存在主义哲学不但没有避免唯心论，而且是进一步发展了胡塞尔的主观唯心主义。胡塞尔虽然强调自我是一种构成作用，当自我通过心理过程（即意向性）反省地播放开来的时候就构成意向对象或意识对象，但自我作用只是逻辑王国、本质领域这种带有客观唯心主义色彩的范畴的本体论根据，也就是说自我这个本体论的基础范畴是以带有客观唯心主义色彩的逻辑、本质、观念、真理等范畴为中介，才在最后归结为主观唯心主义的自我作用论的。萨特哲学同胡塞尔哲学不同，他从存在主义出发，把个人的存在、个人的主观看作是个人的感情、欲望、意志、心理状态等因素，这样"自我"这个胡塞尔的本体论基础范畴便被改造和更新，进一步变成了更加彻底的主观唯心主义范畴，"自为"也就成为彻头彻尾主观唯心主义化的存在论的现象学本体论的基础范畴。

其次，萨特继承胡塞尔自我的构成、创造作用的主观唯心主义思想，认为"自在和自为是借助于综合联结而团聚起来的，这种联结并不是别的东西，而是自为本身"①。正因为自为有联结的创造作用，因此它是自在与意识统一的基础，这种统一，"这个理想的存在，是由自为来奠定基础

---

① 萨特：《存在与虚无》，1972年英文版，第617页。

的自在,并与为它奠立基础的自为同一,即自因的存在"①。萨特对于胡塞尔的自我的另一更新表现在他把胡塞尔的自我进一步非理性主义化,从而使萨特哲学的自为比之胡塞尔的自我更加富于非理性主义色彩。当然,胡塞尔哲学的主要倾向也是非理性主义的(特别是表现在他的以理智的直观为核心的认识论上),但胡塞尔作为一个逻辑学家,为了顺应数理逻辑发展的历史潮流,也强调逻辑、本质、真理的普遍性和必然性,这在一定意义上也带有理性主义的某些色彩。而萨特的人的存在、个人的主观、自为等本体论的基本范畴却排斥一切理性、思维、逻辑、科学的东西,并且宣扬只能通过非理性的体验来掌握。在这非理性的体验中,最基本的体验就是"呕吐"。他认为,通过以"呕吐"的非理性的体验为核心的一系列体验才能领会存在的荒谬性。这样,从胡塞尔的自我,演变为萨特的自为的存在,就进一步非理性主义化了。

最后,萨特哲学的自为的存在对于胡塞尔哲学的纯粹意识、纯粹自我的更新和演变,最重要的表现是萨特哲学把自为与绝对自由结合起来,提出自为的绝对自由论。这是萨特存在主义的现象学本体论的最重要特征。它不但同胡塞尔的现象学本体论有重大区别,而且同其他存在主义代表人物(比如说海德格尔)的哲学特点也有重大区别。因此,我们在这里有必要对萨特的自为的绝对自由论进行具体分析。

萨特哲学的出发点是人的主观性。从人的主观性出发,他认为存在先于本质,但存在与自由是同一的,存在先于本质,也就是人的自由先于本质。他说:"在人之中,人的自由先于本质,并使得人能够成为人。"② 在萨特看来,人的存在总是个人的存在,因此,他进一步认为"人的实在性"是与自由不可分的,他说:"我们所谓自由的东西是不能够与'人的实在性'的存在区别开来的。"③ 这样,萨特便赋予了自由以绝对的本体论意义,自由取得了作为现象学本体论的绝对根据的资格。在萨特看来,自由之所以是绝对自由,有其现象学本体论的根据。自由是植根于人的存在、个人的主观性、"人的实在性"之中的,因此自由与存在在本体论的范围内,不依靠任何社会历史条件、社会制度、力量、外界事物、科学等

---

① 萨特:《存在与虚无》,第623页,参考《存在主义哲学》,第302页。
② 萨特:《存在与虚无》,1972年英文版,第25页。
③ 萨特:《存在与虚无》,1972年英文版,第25页。

等，只依靠作为本体论范畴的绝对自由本身便能够成立；自由也不能容忍任何历史条件、社会制度、力量、外界事物等的"干扰"和"阻碍"，任何对于绝对自由的"干扰"和"阻碍"都是在本体论上没有根据的。总之，萨特认为自由，或者是绝对自由或者是没有自由。自由不可能是相对的，这种把绝对与相对割裂开来的形而上学观点使萨特断言："人不能够时而是奴隶，时而是自由，他整个地并且永远地是自由的，否则他就是完全没有自由。"① 由于自由是植根于现象学本体论的，因此绝对自由只依靠自身作为选择、计划、行动的标准。如果有绝对自由本身以外的原则作为选择、计划、行动的标准，那么，自由便不成其为绝对的自由，而只能是"完全没有自由"。因为绝对之所以成为绝对，正是在于除了相对于本身之外不相对于任何东西，除了参考自身之外不依靠任何前提。这就是作为现象学本体论的绝对的含义。这种观点不但带有无政府主义和极端个人主义的明显色彩，而且也与唯意志论的冒险主义相联系。萨特一方面提倡乐观主义和行动，同时又提倡不冒险无所得，其理论根源就在这里。

从这种绝对自由论出发，萨特反对决定论。他把唯物辩证法的决定论和机械决定论混同起来，认为任何决定论都是机械、保守、宿命的东西，因为"决定论最根本的意义就是在我们之内确立坚不可破的实存自身的连续性"②。他断言，作为现象学本体论的根据的"人的实在性"是不能容忍这种与绝对自由根本相反的"坚不可破的实存自身的连续性"观点的。他断言，人的自由就是由人的实在性的本体论根据来确立的。他说："人的实在性是自由的，因为它不足。人的实在性是自由的，因为它永远从它自身转开去。"③ 这样，人便成为"命定在每一刻都得创造人"④，而自由和虚无、自为也变成不可分离的同一范畴。因此"自由并不是任一存在，而是这个人的存在，即是他的存在的虚无"⑤。这样，萨特便把虚无与自由合而为一，但自为在萨特看来不过是自在的纯粹虚无化，他说："虚无就是这种存在的洞穴，这种自在下降为自我，由于这种下降，自为便被构

---

① 萨特：《存在与虚无》，1972年英文版，第25页。
② 萨特：《存在与虚无》，1972年英文版，第440页。
③ 萨特：《存在与虚无》，1972年英文版，第440页。
④ 萨特：《存在主义是一种人道主义》，参考《存在主义哲学》第342页。
⑤ 萨特：《存在与虚无》，1972年英文版，第441页。

成。"① 这样，萨特不但把自由、虚无、自为看作是三位一体的本体论范畴，而且由于萨特把自为看作是具有创造作用的自因的存在，又由于自由与自为是不可分离的同一范畴，这样，自由也就成为具有创造作用价值的现象学本体论意义的基础范畴了。

这样看来，自由不但具有作为现象学本体论基础范畴的资格，而且也可以贯彻和应用于价值论、伦理学，成为价值论、伦理学的基础范畴。实际上萨特正是这样做的，他说："这自我存在的东西：它就是自由"，"价值常与自由为伍"。② 于是自由与价值便紧密结合起来，自由也就从本体论贯串于价值论，而且具有创造作用价值的自为是与价值成为一体的，"价值在其根本源泉上并不是被自为所断定，而是与自为一体"③。

依据上述分析，我们有充分理由把萨特哲学的中心论题概括为"自为的绝对自由论"。从胡塞尔的"哲学职责论"发展到萨特的"自为的绝对自由论"，既有继承也有更新。如果说胡塞尔是那些关心哲学成为严密科学的绝对真理，从而建立和巩固唯心主义理论基础的资产阶级知识分子集团的哲学家的话，那么和胡塞尔不同，萨特哲学把绝对自由提高到首要地位，他关心自由重于关心哲学是否能够成为一门严密科学，因此，他没有像胡塞尔那样反复论辩，要求哲学成为一门严密科学，并且把这一事业看作是终生奋斗的事业。萨特用绝对自由的宣言来代替胡塞尔哲学是一门严密科学的说教，他是带有自由主义倾向的资产阶级知识分子集团的哲学家。

（原载《晋阳学刊》1983 年第 3 期）

---

① 萨特：《存在与虚无》，1972 年英文版，第 79 页。
② 萨特：《存在与虚无》，1972 年英文版，第 92 页。
③ 萨特：《存在与虚无》，1972 年英文版，第 96 页。

论美国实用主义发展的主要趋势

实用主义哲学是现代西方资产阶级哲学中的一个重要流派。它在20世纪初至30年代，以美国为中心，在现代西方资产阶级哲学中，占有明显优势地位，影响较大。

美国实用主义产生于19世纪70年代，它后来的发展和演变是有一个过程的。大体可分为三个阶段：第一阶段的主要代表人物是美国实用主义哲学的创始人皮尔斯（Charles Sanders Peirce, 1839—1914）；第二阶段的主要代表人物是詹姆斯（William James, 1842—1910）和杜威（John Dewey, 1859—1952）；第三阶段的主要代表人物是刘易斯（Clarence Irving Lewis, 1883—1964）和莫里斯（Charles William Morris, 1901—1979）等。

在现代西方资产阶级哲学史中，一个流派的产生和发展不但同阶级斗争条件和人类认识史、自然科学史条件有着密切联系，而且它自身也具有相对独立的发展规律性，即继承性和更生性。本文将以这一观点为指导，来分析刘易斯和莫里斯对美国实用主义哲学的发展。

詹姆斯和杜威的实用主义同皮尔斯的实用主义的主要区别之一就在于，皮尔斯是一个数理逻辑学家、物理学家，是符号学的创始人之一。他从数理逻辑和物理学方面来讲实用主义哲学。19世纪末和20世纪初，物理学、数学、数理逻辑是最有生命力的学科。物理学取得了革命性的进展，而数理逻辑则成为一门独立的科学。因此，从自然科学发展史来考察，皮尔斯的实用主义是顺应自然科学发展这一潮流的。

詹姆斯是一个心理学家，杜威主要研究教育学和社会学。因此，美国实用主义在第二个阶段中便远离了数学、数理逻辑、物理学的研究，这是背离了当时自然科学发展潮流的。正是由于这个主要原因，在20世纪30年代以后，美国实用主义衰落了。代之而起的是，着重从数理逻辑和物理学方面来讲哲学的逻辑实证主义。逻辑实证主义在三四十年代，占有明显优势地位。

正因为这样，在三四十年代以后，美国实用主义发展的主要趋势和倾向是向逻辑实证主义靠拢，采取逻辑实证主义，从数理逻辑和物理学方面来讲哲学的这一"特长",以补充和发展实用主义。美国实用主义发展的这种趋势的主要代表人物是刘易斯和莫里斯。下面我们将分别考察刘易斯和莫里斯对美国实用主义哲学的发展和演变所起的作用。

一

刘易斯在他的主要著作《精神和世界秩序》(1929)及《对知识和价值的分析》中,明确地、比较充分地表现出力图吸取逻辑实证主义的"特长"来补充实用主义的倾向。刘易斯把他的这种哲学观点称为"概念论的实用主义",以区别于詹姆斯和杜威的实用主义哲学。

所谓"概念论的实用主义"的主要特点是从数学、数理逻辑方面来讲实用主义。因此,刘易斯十分强调数学、数理逻辑对于哲学研究的重要意义。他对于逻辑实证主义从数学、数理逻辑方面来讲哲学给予肯定的评价,承认数学、数理逻辑的发展不可避免地要影响到认识论,这是一种不可抗拒的历史潮流。他说"数学和精确科学对有关知识的思想之间存在着的历史联系,……都是受当时的数学观所主宰,或在其观点下表述出来的。这种联系的理由也无需乎远求;在一切人类事务中,数学最明白地显示出确实性和精密性来。如果我们找出这种理想性的基础,则认识论的关键概念便可以揭露出来。因此,理论教学中每一种大的发现,和数学观的方式中每一种根本变化,或迟或早,总会把它的结果表现在认识论中"(《精神和世界秩序》)。他在分析了数学和逻辑的发展史以后,认为20多年来逻辑理论和数学理论所取得的发展成果"必然是革命性的",因为"凡影响基本学科(如数学和物理学)的东西,最后必然反映在全部科学中"。(同上)刘易斯认为,他的"概念论的实用主义"正是这种革命性的数学、数理逻辑、物理学的进展同实用主义认识论的基本理论相结合的产物。

刘易斯认为,逻辑理论和数学理论由于其确实性这种特征,因此具有重大的认识论意义。而"数学的确实性之所以产生是由于它的纯分析的性质,并由于它和经验的事实没有任何必然的联系"。(同上)作为这种特征之表现的就是数学的前提"是一些定义和设准,那些定义和设准展示出为数学体系的目的或多或少任意选定的抽象概念。它们与经验的内在联系或是微弱到难以捉摸的，或是完全没有的"。（同上）刘易斯又认为，这种抽象性和系统精密性的"携手并进"已经在物理科学（例如相对论）的发展中得到了强调，并且阐明——"精确的演绎程序可以不产生有关经验界的相应的确实性"。（同上）

在这里，刘易斯认为，数学和逻辑具有纯分析性质之特征，数学中的定义和设准不过是一些或多或少任意选定的抽象概念，这同逻辑实证主义者把数学、逻辑命题看作是具有与经验无关的分析命题的观点是一致的。例如，逻辑实证主义的主要代表人物卡尔纳普便曾经认为：逻辑规则和规则的性质取决于我们给基本逻辑概念所下的定义。刘易斯吸取了逻辑实证主义这一观点，并沿着这一观点所指明的方向，用逻辑实证主义的"长处"来补充实用主义，从而企图在"概念论的实用主义"这一"新商标"中，使詹姆斯、杜威的实用主义哲学，获得"新"的"生命力"。

从数学的确实性和抽象性在于其纯分析性质这一基本观点出发，刘易斯为"概念论的实用主义"确立了三个主要的关键论点。他说："这里所企图建立的看法，主要关键就在下列三个论点：（1）先验真理的性质是定义性的，并且专由概念的分析发生。……（2）概念的划定是先验的，而任何特殊概念在特殊的既定经验上的应用，则是假设性的；为了那样一类应用所进行的概念系统的选择是工具性的，或实用性的，而经验的真理永远只是概然的。（3）一般经验要能够用概念加以解释这件事，并不要求关于经验之契合于心灵（或其范畴）的任何特殊的和形而上学的假定；经验不能被人设想为另一个样子。"（同上）为了弄清楚"概念论的实用主义"是怎样用逻辑实证主义来补充实用主义的，我们必须对刘易斯所提出的三个关键论点加以分析。

第一，按照逻辑实证主义者的观点，把科学命题分为分析命题和综合命题，这种观点是同在认识论上把唯心主义的先验论和唯心主义的经验论折中主义地结合起来相适应的。他们断言：数学、逻辑、哲学的命题具有分析性质，而经验科学命题则具有综合性质，除了分析命题和综合命题以外的一切命题、概念都必须看作是要从科学，即理论知识体系中加以排除的形而上学。因此，在逻辑实证主义者看来，像物质、精神、本质等这样一类概念，都是必须加以拒斥的形而上学概念，是科学所绝不能容许的。刘易斯接受了逻辑实证主义关于划分开分析命题和综合命题，并且相应地划分开数学、逻辑和经验科学前论点，但他从实用主义的基本精神出发，不同意认为像物质、精神、本质、生命等这类概念是必须从科学中清除出去的形而上学。他断言，像物质、精神、生命等这一类概念是可以用来解释经验的。

逻辑实证主义者认为，哲学任务在于对科学语言做逻辑分析，并通过这种分析把无意义的形而上学命题、概念从科学中清除出去。如卡尔纳普认为，哲学就是科学的逻辑，因此，他说："哲学应当为关于科学的逻辑所替代，那就是说，应当为对于各门科学的概念和语词的逻辑分析所替代，因为关于科学的逻辑不是别的，而正是科学语言的逻辑句法学。"（《语言的逻辑句法》，1937年版，第13页）哲学的任务既然是要对科学语言进行逻辑分析，那么，哲学的目的在他们看来便是通过取消形而上学，把科学命题的意义弄清楚，并使科学的全部命题都由有意义的命题组成，这样便可以为科学提供坚实的基础。早在1926年，维也纳小组便提出，哲学的目的：第一是为科学提供坚实的基础；第二是指出一切形而上学是毫无意义的。这两者不过是一个问题的两方面，即哲学的研究对象是语言，因此，哲学只是同语言打交道。用卡尔纳普的话来说，逻辑分析的任务就在于使判断转变为句法的句子，即使句子从物质的模态转变为形式的模态。刘易斯从实用主义者的基本立场出发，在接受逻辑、数学命题具有纯分析性质这一观点的同时，认为哲学概念（如物质、精神、生命等）可以应用于经验科学，即可以用这一类概念来解释经验。他说："有关一整套基本范畴的合法的、必然的哲学问题——这些基本范畴，就如'生命''精神'和物质一样，而经验是可以一贯地，方便地用这些概念得到解释的。"（《精神和世界秩序》）

第二，刘易斯力图把伦理学、认识论和意义论三者统一起来，这也是站在实用主义基本观点的立场上，用逻辑实证主义的观点加以补充。逻辑实证主义者是不大讲价值论的。卡尔纳普甚至认为有两种不同情况：一种情况是把伦理学看作是属于经验科学研究范围的一种经验科学，即对人类行为做心理学的和社会学的研究。另一种情况是把伦理学作为一种规范伦理学，即一种关于道德价值与道德准则的哲学，这是一种无意义的形而上学，它既不属于哲学，即科学的逻辑的范围，也不属于经验科学的范围。和逻辑实证主义的这一观点不同，刘易斯在论证价值论的重要意义时，力图证明伦理学、认识论和意义论不但应当统一起来，而且可以统一起来。

因为伦理学是与认识论密切联系的,如"我认为,这个可认识与不可认识的问题,既同伦理学,也同认识论很有关系。它包含整个普遍有效性问题,也包含有效的认识同合理指导我们一般行动的关系问题"。(《价值和命令》)因此,他认为价值论不但同意义论不冲突,而且是密切结合的。因为"哲学所可能希望表述的是善的逻辑本质,有效性的准则,美的标准,还有实在与非实在的区别原则。心灵本身在它解释、区别和评价所与的材料时,就把这些标准和原则带到经验中"。(《精神和世界秩序》)经过这样解释以后,刘易斯便把实用主义的价值论和逻辑实证主义的意义论结合起来。并且断言,伦理学、认识论和意义论不但可以统一起来,而且它们一旦统一起来以后,便在理论上成为一座巩固和完整的哲学大厦。因此,他说:"伦理学和认识论,和意义论本质上是关联着的。伦理学虽然是顶石,而基础必须打在意义的考察上。"(《对知识和价值的分析》)

第三,逻辑实证主义在真理论上提出了"融贯说"和"约定论"。"融贯说"认为,真理的标准是句子与句子之间的一致性,这样融会贯通、首尾一贯的无矛盾性便成了真理的标准。逻辑实证主义者纽拉特(Otto Neurath)说:"陈述应当和陈述相比较……每一个新的陈述,都必须和那些现有的自身已达到调协的陈述对照一下。如果一个陈述能够容纳到这些自身已达到调协的陈述中,我们就认为这一个陈述是正确的。""约定论"是同"融贯说"一致并且密切结合起来的,因为我们创制语言可以赋予它以我们所喜欢的形式结构,这种形式结构是任意的、约定性的,每一个人都能自由按照自己的意愿建立自己的语言形式。这种形式结构由于是"约定性"的,因此只要求句子与句子之间的无矛盾的一致性,任何把陈述与"经验"或某种不是陈述的东西加以比较,在不同程度上,都是一种形而上学。

刘易斯从实用主义的基本观点出发,不同意逻辑实证主义的"融贯说"和"约定论",认为"约定论"与价值论是不相容的,"约定论"会破坏价值论,因而他要求用实用主义的价值论来修改"约定论"。即要求用"效用"观点来限制和修正逻辑实证主义关于语言形式结构只具有约定性质的观点。他说:"在任何经验的学科中,基础概念必须找到某种直接的应用,而且价值一名词所能应用于其上的事情永远有一个特征,即它对于行为有一种命令作用。"(同上)在这里,刘易斯要求限制和修正逻辑实证主义的"约定论",使它不同实用主义的价值理论相冲突,从而消除

"约定论的错误对价值理论特别有一种破坏作用"。(同上)

第四，刘易斯从实用主义的基本原理出发，认为在概念系统的选择上，应当以工具性和实用性为标准。这就表明，"概念论的实用主义"在认识论、真理论上是立足于实用主义立场的，即它是在实用主义基础上，吸收逻辑实证主义的研究成果，从而使实用主义具有着重研究数学和数理逻辑，从数学、数理逻辑方面来讲哲学的外观。

刘易斯从实用主义真理论出发，认为知识、行动、价值本质是互相关联着的。"知识的首要的、贯通全部的含义就在于它对行动的指导：知是为了行。而行动显然是生根于价值中的。"（同上）在这里，刘易斯把行动作为知识目的，而行动的能不能实施，又以评价为转移，即以效用、成败和利益为转移，于是行动对将来经验的控制，便表现出价值评价，这样便把意义论和行动在经验中的意义联结起来了，即把经验科学中命题的意义和行动在经验中的价值联系起来了。因此，他说："行动企图尽力控制将来的经验，借以谋求我们自己的利益。它的出发点是在所与的情境中；它的终点则在某一种经验中，对那种经验人是给与一种积极的价值的（或是与其他事物相比较之下的一种相对的价值）。"（同上）这样，谋求我们利益的行动便变成了贯串于整个经验始终的目标、目的了。至于概念系统的选择，当然要考虑到行动控制经验的效果，因而实用性、工具性便成为概念系统选择的标准。在论述这一观点的时候，刘易斯首先是从经验知识的本质出发的。他断言经验知识的本质是功利性的、实用性的，他说："经验知识的主要作用是一种工具的作用；那种工具使人由出发点过渡到终点，由现实的现在过渡到一个被欲求的将来，而且人们相信，现在就是预示这个将来可能实现的信号。所谓认识，就是来把握那为可以被行动所实现的那些价值所限定其性质的将来：经验的知识本质上是功利性的，实用性的。"（同上）为了要说明经验的知识在本质上是功利性、实用性的这一论点，刘易斯又力图从所谓进化过程加以说明。他断言，认识是同动物的行动与习惯相连续的，因而，从生物进化的过程上来看，有机体的任何一种反应，总会表现出有一种是否适应、是否有用的性质。这种性质在进化过程中就演变成为一种是否具有正确性的知识。这就表明了刘易斯的基本立场是继承了詹姆斯和杜威的实用主义真理论。不过刘易斯又把这种观点同逻辑实证主义的意义论和可证实性原则结合起来了。他认为，"意义的真实性就只有关于所希冀的行动结果的可证实性或不可证实性"。（同上）这就是用逻辑实证主义的意义论来补充实用主义了。不过，他仍然归结为实用主义的价值论，即知识的功用只在于帮助人们在经验中趋吉避凶，以改变人类命运。这就说明了刘易斯是一个不折不扣的实用主义者，不过是用逻辑实证主义的某些观点来补充实用主义而已。

二

莫里斯是符号学的主要代表人物之一，他发展了皮尔斯的符号学。在符号学中，莫里斯力图把实用主义和逻辑实证主义结合起来，并且比刘易斯所提出的纲领更加具体。

莫里斯是在论述哲学的四方面任务这一主题下，发挥他把实用主义和逻辑实证主义结合起来的观点的。他认为，哲学应当有四个方面的任务：①作为科学的逻辑学的哲学；②作为意义澄清的哲学；③作为经验的价值论的哲学；④作为经验宇宙论的哲学。我们现在对莫里斯关于哲学任务的观点做一概括的分析。

第一，莫里斯吸取了逻辑实证主义的观点，认为哲学是科学的逻辑学，不过，他认为这只不过是哲学的一个最低限度的定义。

莫里斯从科学发展史出发，认为科学的进步要求哲学有一种新型的精神，即所谓逻辑学家－科学家的精神。他又从这种"新"精神出发，肯定逻辑实证主义的逻辑分析，他说："事实表明这种方法的用武之地比最初人们所料想到的要广阔得多……毋庸置疑，把哲学和科学的逻辑看作一回事，就会给予哲学一种重要的地位，这种地位使得哲学和科学处在最紧密的关系之中，而又不模糊它自己的职能。作为对哲学的一种最低限度的定义，它是独创的、卓越的和值得赞美的。"（《逻辑实证主义、实用主义和科学的经验主义》）

但莫里斯认为，仅仅把哲学任务归结为科学的逻辑学是不够的，因为它只是一个最低限度的定义。逻辑实证主义者把哲学归结为科学的逻辑是应当肯定的，但必须把实用主义、传统经验主义同它结合起来。莫里斯在论述这一观点时，是从"意义"的三个方面出发的。他认为语言符号具有三种类型关系：①与语言中其他符号的关系；②与所意谓的对象的关系；

③与使用和理解这些符号的人的关系。他认为这三种类型关系规定了意义的三个方面,即意义的形式方面、经验方面和实用方面。和这相适应,便有三门学科。把意义的形式方面作为研究对象的便是语形学;把意义的经验方面作为研究对象的便是语义学;把意义的实用方面作为研究对象的便是语用学。

在莫里斯看来,意义的三个方面是一个相互联系着的统一整体,而逻辑实证主义、传统经验主义和实用主义都只强调作为意义三个方面之整体的某一个方面,即逻辑实证主义只强调意义的形式方面,传统经验主义只强调意义的语义方面,实用主义只强调意义的实用方面。其结果是逻辑实证主义、传统的经验主义和实用主义都没有能够掌握作为意义整体的三个方面,因而都有片面性。莫里斯认为意义的三个方面是统一的,相互补充的。他建议,符号学应当是一门总的科学,它包括语形学、语义学和语用学。他说:"我们建议把这三类关系的每一类都叫作意义的一个方面;符号对对象的关系将被称为 M_E(读作'意义的存在方面'或者简称'存在意义')。符号过程的心理学、生物学与社会学方面将被指称作 M_P ('意义的实用方面'或'实用意义');在语言范围内对别的符号的语形关系将用 M_F 来表示('意义的形式方面'或'形式意义')。符号的意义因而便是其各个意义一方面的总和:$M = M_E + M_P + M_F$。"(《符号学与科学的经验主义》)莫里斯断言意义的三个方面相互联系而构成意义-情境的一个有机整体,对这一整体的陈述可以分别从对象的、形式的、生活的各个方面来陈述,但所有这三个方面的陈述在意义上都是等值的,绝不能超越任何一个方面。由此可见,莫里斯的符号学是力图把实用主义和逻辑实证主义结合起来的。

第二,莫里斯认为,哲学作为科学的逻辑学这只是最低限度的定义,哲学的任务比这更广泛,因而可以推广到作为对意义的澄清的哲学,即哲学可以作为澄清概念和命题的一种工具。

莫里斯所谓作为意义澄清的哲学,他的主要思想是要把实用主义的概念应用于分析经验,这一观点是同刘易斯基本一致的。他说:"刘易斯曾经……写道:'哲学的任务在对先验的东西作这样分析的描绘,——为善、正当、真、有效和实在下定义。'按照这一种观点,哲学仍然是逻辑分析,只不过论调并不是那么形式主义的,所思考的概念和命题的范围也是比较广泛的,并且对意义的兴趣也比形式意义的兴趣要广泛些。这样一种把哲学看作为澄清观念提供和应用一种方法的概念,当然是在美国的实用主义中从它产生到现在一直表现着的。"(《逻辑实证主义、实用主义和科学的经验主义》)

莫里斯认为澄清一个概念、词是可能的,因为一个词的意义是完全明确的。但要从意义的三个方面,即从经验方面、实用方面及形式方面来进行澄清。不过他认为这三个方面虽然都应当受到同等看待,但基础是在实用方面,他认为由于运用符号的习惯起作用,即由于适应环境起作用,因此逻辑分析本身其实也就是一种经验分析。他说:"如果我们承认在运用符号中有一定的习惯在起作用,即如果我们遵循一定的语形规则,那么,逻辑分析本身是一种经验分析,也就是规定我们在符号领域内应当作的事情。"(同上)在这里,莫里斯把逻辑分析归结为经验分析,不但这样,他又把经验分析归结为以实用方面的意义为基础,因为符号是一种工具,意义是随着实用目的而变化的。他说:"符号是工具,并且像一切工具一样是随着有待加工的材料和所要达到的目的而变化的。意义随着材料和目的而变化。"(《科学的经验主义内部形式科学与经验科学的关系》)很明显,这里莫里斯是以实用主义为基础,用逻辑实证主义的逻辑分析加以补充的。

第三,莫里斯认为哲学的任务不仅在于作为科学的逻辑学和对意义的澄清,而且还应当作为经验的价值论的哲学。莫里斯还认为,哲学作为经验的价值论必须以实用主义的工具主义作为基石。因此,他断言,哲学作为经验的价值论的哲学,是杜威的重大贡献。他说:"杜威已特别敏感地觉察到符号对个人生活和社会生活的工具关系。他把理智看作是为某种价值服务的工具,把科学看作是经过调整和系统化了的理智。对他来说,科学是富有可以控制人类生活、丰富和解放个人心灵的潜力的。"(《逻辑实证主义、实用主义和科学经验主义》)在这里,莫里斯突出了意义的实用性质。

第四,莫里斯认为,哲学的任务最后还应当作为经验宇宙论的哲学。所谓哲学是一种经验宇宙论,就是说"哲学的任务就在于创立这样一种为全部材料所证实的一般性的概念图式。它只是在一般性上,而不是在方法上,也不是在结果的可靠性上不同于狭义的科学"。(同上)莫里斯认为,作为经验宇宙论这样一种哲学体系,不同于早先的形而上学体系,正如科学不同于早先的魔术一样。莫里斯把哲学看作是最概括的科学,但实际上他把哲学看作是各门具体科学的简单综合,歪曲了哲学与科学之间的辩证关系。他的结论是:从最广泛的知识系统上看,作为统一、完备的科学与作为已完成的哲学是一个东西,这就不但歪曲了哲学与科学的辩证关系,而且也歪曲了哲学和科学研究的对象和任务了。

通过对哲学任务的四个方面的分析,莫里斯断言:实用主义与逻辑实证主义各有所长,也各有所短,因此,应当相互取长补短,争取发展。在他看来,实用主义运动和逻辑实证主义运动,不但并非互不相容,而且在本质上是互相补充的。因此,这两个运动不但应当结合起来,而且可以结合起来。他认为这种结合,"前途是有希望的"。这充分表明在20世纪三四十年代由于美国实用主义的衰落和逻辑实证主义的兴盛,使实用主义者内部出现向逻辑实证主义的靠拢,并力图与逻辑实证主义结合起来的趋势。从数学、数理逻辑、物理学的角度讲哲学,以争取所谓"有希望"的前途。

1980年6月初稿,1981年7月修改定稿

(原载《哲学研究》1981年12期)